藏羌彝

非遗档案

藏族卷

（下）

电子科技大学出版社
·成都·

主　　编／谢　梅　汪静泉
本卷执行主编／晋　敏
编 务 助 理／庄　溢　李卓然　刘晓芳
张丹丹　王正勋

图书在版编目（CIP）数据

藏羌彝非遗档案. 藏族卷. 下 / 谢梅, 汪静泉主编.
-- 成都：电子科技大学出版社, 2020.10
ISBN 978-7-5647-7537-7

Ⅰ. ①藏… Ⅱ. ①谢… ②汪… Ⅲ. ①藏族－非物质
文化遗产－介绍－中国 Ⅳ. ①G122

中国版本图书馆CIP数据核字（2019）第270511号

藏羌彝非遗档案 · 藏族卷 下
ZANG QIANG YI FEIYI DANG'AN · ZANGZUJUAN XIA

谢 梅 汪静泉 主编

策划编辑 杨恩华 杨仪玮
责任编辑 辜守义 段 勇
责任校对 杨雅薇

出版发行 电子科技大学出版社
成都市一环路东一段159号电子信息产业大厦九楼 邮编 610051
主 页 www.uestcp.com.cn
服务电话 028-83203399
邮购电话 028-83201495

印 刷 四川煤田地质制图印刷厂
制 作 成都华桐美术设计有限公司
成品尺寸 170mm×240mm
印 张 28
字 数 445字
版 次 2020年10月第一版
印 次 2020年10月第一次印刷
书 号 ISBN 978-7-5647-7537-7
定 价 198.00元

前言

文化是民族的血脉，是人民的精神家园。“藏羌彝走廊”拥有底蕴深厚、内涵丰富的民族文化，项目繁多、千姿百态的非物质文化遗产，是中华民族不可多得的宝贵精神财富，也是中华优秀传统文化的重要组成部分。

东西绵延2000多公里的唐古拉山脉、冈底斯山脉、喜马拉雅山脉在青藏高原东侧突然90度转向，形成中国最长、最宽和最典型的南北向山系群体。这片崇山峻岭的山群，因“横断”东西间交通，故称“横断山脉”。其山河相间、峡谷幽深，南北纵横几百公里，在极其窄小的地理空间里形成六江（岷江、大渡河、雅砻江、金沙江、澜沧江、怒江）相肩并行的自然奇观。

广义的“横断山脉”，东起邛崃山，西抵伯舒拉岭，北界位于昌都、甘孜至马尔康一线，南界抵达中缅边境的山区。山川南北纵贯、东西并列，自东而西有邛崃山、大渡河、大雪山、雅砻江、沙鲁里山、金沙江、芒康山、澜沧江、怒山、怒江和伯舒拉岭—高黎贡山、察隅河、岗日嘎布山（及西支）、丹巴曲、米什米山等。其地理区域主要为四川、云南两省西部和西藏自治区东部南北向。

千百年间，古人在横断山脉的高山河谷间建构了很多通道，众多的民族经此南下北上，在这里交往、交流和交融，形成了一条极为独特的多元民族交汇带和民族走廊——“藏羌彝走廊”。先秦时期，这里就有了从古蜀通往印度、中亚的国际商道，即蜀身毒道，也称为滇缅道，后又称为“南方丝绸之路”。从成都北上的岷山道（从西北出甘青，连接中原，远通西域）自古是西域入贡之孔道，也称“河南道”“西山道”。

山川纵横、村寨星落的“藏羌彝走廊”是历史上民族迁徙的大通道，也是历史中文明沉积的大宝库。走廊自古以来就是众多民族南来北往、繁衍迁徙和沟通交流的重要通道，区域内自然生态独特、文化资源富集，在我国区域发展和文化建设格局中具有特殊地位。

独特的自然环境、数千年的民族交融，使这一区域的语言文字、宗教信仰、节庆习俗、服饰建筑等方面交织在一起，既有独特性、差异性，又有关联性、共同性，进而逐步建构了一个文化形态多样、文化资源富集的独特地带，沉积了丰厚的历史文化，构成了一个包罗万象的文化体系。“藏羌彝走廊”上佛教、道教、儒家多派并存，神秘、原始的苯教文化、毕摩文化、释比文化、东巴文化等各自传承。中华民族“一体多元”“同源异流”“多元合流”的特征在“藏羌彝走廊”中表现明显、源远流长。

2018年，电子科技大学数字文化与传媒研究中心启动了整理与编纂“藏羌彝非遗档案”（以下简称“非遗档案”）重点项目，组建了非物质文化遗产与民族学方面的专家团队，前后参与人员20多名。经过集体项目论证和可行性研究、确立工作路线图、制定编辑思路、论证编辑体例等前期准备工作，项目团队展开了紧密而严谨的资料搜集与系统归纳工作。

一年多时间里，项目组依照非物质文化遗产学科的特质，参照国家非物质文化遗产的评审标准与分类原则，根据七省（区）藏羌彝非物质文化遗产保护项目的普遍性与独特性，对七省（区）的“藏羌彝非遗保护名录”先后进行了四轮有针对性的甄别与筛选。在历次筛选工作中，我们一方面对七省（区）中部分重复或重叠的保护名录进行了系统整合，使本丛书保持系统性，避免信息资料的碎片化；另一方面，在整合的同时，又最大限度地保留了同一非遗项目在各地（种）文化中的差异性，使本丛书体现多元性，避免信息资料的简单化。

“非遗档案”以“藏羌彝走廊”覆盖的七省（区）省级非物质文化遗产保护名录为基准，全面梳理了藏族、羌族、彝族具有典型性与代表性的非物质文化遗产，编纂时以“藏羌彝走廊”为主线，通过对保护名录的梳理与整合，科学而系统地归纳了藏、羌、彝非物质文化遗产的历史概貌与传承现状。本丛书着眼于对藏、羌、彝非物质文化遗产的文化生态、文化功能、文化特质与文化价值等方面的整体性记录，着力通过藏、羌、彝非物质文化遗产本身的多元化形态来实现“藏羌彝走廊”非物质文化遗产的体系建构。

同时，为了突出藏、羌、彝非物质文化遗产保护项目的丰富性与独特性，本丛书中也收录了部分既具有民族文化独特性，又具有重要价值的州、县级非物质文化遗产项目。这一点，在《藏羌彝非遗档案·羌族卷》中体现得尤为明显。

在本丛书的编纂过程中，我们对入选项目进行了大量的资料查证与重点田野考察，信息资源与参考的途径主要有国家、省、州（市）非遗保护中心网站、“中国十大文艺集成志书”、非遗原生地的政府官网，以及相关非遗名录考察专家论述等。

作为首部系统而全面地介绍“藏羌彝走廊”沿线的藏、羌、彝非物质文化遗产的大型集成文献，“非遗档案”是响应“藏羌彝文化产业走廊总体规划”国家战略的一项重要成果，也是落实“藏羌彝走廊文化品牌传播工程”的具体实践。

“非遗档案”的整理编纂有以下几个重要特点。

1. 全域化构架

“藏羌彝走廊”涉及川、黔、滇、藏、陕、甘、青七个省（区），藏、羌、彝作为走廊的主体民族，广泛分布于七个省（区）之内，族群之间互有联系，文化既有交合又显现出地域化的差异。这意味着对“非遗档案”的全面梳理与编纂，不仅是一项跨界的庞大工程，也是一个以非物质文化遗产的特质为基础进行的系统归纳与整合工程。例如彝族的“羊毛擀毡及纺织技艺”被列入四川省第一批非物质文化遗产保护名录，云南省彝族的“擀制毛毡技艺”又被列入云南省第四批非物质文化遗产保护名录（扩展项目），贵州省第一批非物质文化遗产保护名录中又有“彝族赶毡制作工艺”，对于这种跨省（区）出现的名录重叠与交叉现象，我们遵循“原则为主、文化兼容”的编制原则，既严格遵照非物质文化遗产保护名录的申报原则与评审标准确定主次，又兼容各省（区）同类（同质）非物质文化遗产保护名录的多样性。体现在本丛书中，就是既对主要保护名录进行了详尽介绍，又通过附录等方式对交叉或重叠的保护名录加以阐述。

这种整体性的体系建构，既呈现出“藏羌彝走廊”民族文化的多元性与差异性，又使“非遗档案”体现出体系化与全域化的科学框架。

2. 翔实化数据

非物质文化遗产保护名录中收录的都是体现中华民族优秀传统文化，具有重大历史、文学、艺术、科学价值的项目。《中华人民共和国非物质文化遗产法》第四条规定：“保护非物质文化遗产，应当注重其真实性、整体性和传承性，有利于增强中华民族的文化认同，有利于维护国家统一和民族团结，有利于促进社会和谐和可持续发展。”阐明了非物质文化遗产“真实性”的重要意义。

本丛书是对“藏羌彝走廊”七省（区）的藏、羌、彝非遗项目的首次集成。我们坚持原生性、客观性与系统性相结合的原则，以数据的真实性与翔实化为基础，不仅着眼于显现走廊内藏、羌、彝文化的系统性，更着力于入选项目内容的客观性与精准性。

3. 专业化编纂

本项目在立项之初便成立了专业化的学术团队，聘请的校内外专家、学者涉及民族史学、少数民族艺术、文化人类学与民俗学等多个学科。在本丛书的编纂过程中，大家统一尺度、缜密考证、联合攻关，使本丛书在学术实践中显现出体例规范、梳理科学、内容专业等特点。

“藏羌彝非遗档案”分三卷共六册，收录了非物质文化遗产项目400余项。在入选项目的审定与编纂过程中，我们坚持整体性归纳与科学化整合，遵循了人文学科的共性学科规范，又兼顾了非物质文化遗产的特殊性原则，定性清晰，梳理科学，阐释客观。我们还对非遗项目的相关资料进行了大量的补充和完善。通过项目组的田野考察，依现今情形，对部分非遗项目的原有数据内容进行了更新和升级。这一切努力，都使本丛书的内容呈现出专业化与指导性的特色。

希望“非遗档案”的出版，可以为“藏羌彝文化产业走廊”的非物质文化遗产抢救与保护提供一点帮助和支持，并借此推动走廊内众多少数民族非物质文化遗产的深入挖掘、整理、保护和传承，助力推进“藏羌彝走廊”非物质文化遗产的数字化与融媒体创新工作；同时也希望“非遗档案”可以为今后研究与关心“藏羌彝走廊”非物质文化遗产的社会各界提供不可或缺的基础性、工具性的研究资料，促进以藏、羌、彝为代表的西南众多少数民族非物质文化遗产事业的全面繁荣与发展。

谢　梅

2020年10月28日

藏族非物质文化遗产简介

藏族的先民们像许多经历过石器时代的先民一样，他们先经过群居采集、狩猎生活阶段，逐步学会了饲养和农耕。雅鲁藏布江南岸雅隆地区的藏族先民后来又分成六部，即六牦牛部诸部落。公元6世纪，雅隆部落首领做了部落联盟的领袖，号称王（藏语音“赞普”），藏族先民进入奴隶制社会。公元7世纪初期吐蕃建政之后，吐蕃与唐朝的接触日益频繁。公元10世纪到16世纪，是古代藏族文化兴盛时期。在经历了漫长的奴隶制社会发展过程，到辛亥革命后，北洋政府在北京设有管理蒙古、西藏等少数民族地区地方事务的专门行政机构。1949年，中华人民共和国成立。1965年9月，西藏自治区正式成立。随之在西南、西北的藏族聚居区也相继成立了藏族自治州、藏族自治县和藏族自治乡。

藏族聚居区主要集中在我国的西部地区，西藏省、青海省、四川省、甘肃省、云南省都有藏族自治地方。其中，青海的藏族自治州有六个，分别是玉树藏族自治州、黄南藏族自治州、果洛藏族自治州、海南藏族自治州、海西藏族蒙古族自治州、海北藏族自治州；四川有两个，分别是阿坝藏族羌族自治州、甘孜藏族自治州；云南有迪庆藏族自治州；甘肃有甘南藏族自治州。另外，在国际上，喜马拉雅山脉南麓的不丹王国和锡金也属于藏文化区。

藏语属汉藏语系藏缅语族藏语支。我国境内的藏语三大方言区是指卫藏方言（即拉萨话）、康巴方言（德格话、昌都话）、安多方言（安多及其附近地区）。不丹、印度、尼泊尔、巴基斯坦四个国家的部分地方也有人说藏语。

藏文属于音位文字类的元音附标文字，关于藏文的起源有三个著名论点。有学者认为是吐蕃时代公元7世纪由国王松赞干布派遣藏族语言学家吞弥·桑布扎到北印度学习梵文，回国后引用梵文字母创制的。一些学者倾向于藏文是依据象雄文创制的说法。还有一种观点认为藏文在松赞干布以前就已存在。在汉藏语系诸语中、同时也在中国各族文字中，藏文的历史长度、文献丰富程度都仅次于汉文。

藏族普遍信仰藏传佛教，公元7世纪佛教从天竺传入吐蕃，至今已有1 400多年的历史。藏传佛教的流传地集中在中国藏族主要聚居地区（西藏、青海、四川、甘肃、云南），以及蒙古、尼泊尔、不丹，印度的喜马偕尔邦、拉达克和达兰萨拉，俄罗斯的卡尔梅克、图瓦和布里亚特等地。近现代，藏传佛教逐渐流传到世界各地。

几千年的历史进程中，藏族人民在创造物质文明的同时，还创造着灿烂的民族文化，在文学、音乐、舞蹈、戏曲、美术、服饰、雕塑、建筑、天文、历法、医药、科技等方面都留下了极为丰富的非物质文化遗产。

我国早在2006年就启动了国家非物质文化遗产的抢救保护工程。经中华人民共和国第十一届全国人民代表大会常务委员会第十九次会议于2011年2月25日通过，自2011年6月1日起施行的《中华人民共和国非物质文化遗产法》颁布以来，我国西藏自治区、青海省、四川省、甘肃省、云南省都先后颁布了本行政区内关于非物质文化遗产保护的相关实施细则。这样，就形成了对我国藏族非物质文化遗产的国家、省（区）、市（地）、县（市、区）四级抢救保护体系。这对各藏族非物质文化遗产的抢救、保护、传承、开发利用起到了重要的促进作用，使藏族非物质文化遗产保护工作全面进入法制轨道。

《藏羌彝非遗档案》（藏族卷）收入藏族非物质文化遗产名录总计180项。分别为：

民间文学17项，其中联合国级1项、国家级4项、省区级12项；

传统音乐22项，其中国家级13项、省区级9项；

传统舞蹈39项，其中国家级29项、省区级10项；

传统戏剧3项，其中联合国级1项、省区级2项；

曲艺4项，省区级4项；

传统体育游艺与杂技13项，其中国家级2项、省区级11项；

传统美术12项，其中联合国级1项、国家级7项、省区级4项；

传统技艺34项，其中联合国级1项、国家级14项、省区级19项；

传统医药1项，为联合国级；

民俗35项，其中国家级9项、省区级26项。

《藏羌彝非遗档案》（藏族卷）分上下两集。上集含“民间文学”“传统音乐”“传统舞蹈”“传统戏剧”“曲艺”五个大类，共85个项目；下集含“传统体育游艺与杂技”“传统美术”“传统技艺”“传统医药”“民俗”五个大类，共95个项目。由于非遗保护名录申报主体的属地不同，各地所报送获批的名录中存在一些重复现象。本卷在编选过程中，对部分具有代表性的国家级非遗项目做了适当归并整合。

《藏羌彝非遗档案》（藏族卷）的资料来源于中国非遗数字博物馆网、中国藏族网、西藏新闻网、青海省非遗网、甘肃省非遗网、四川记忆网、云南省非遗网、项目申报地政府网站，以及项目相关学者的文献资料。

CONTENTS

目录

一、民间习俗

目录 CONTENTS

四、传统体育

五、传统医药

一 民间习俗

民俗又称民间文化，是指一个民族或一个社会群体在长期的生产实践和社会生活中逐渐形成并世代相传、较为稳定的文化习俗，包括物质生活民俗、社会生活民俗、精神生活民俗、岁时风俗、人生礼俗、生产民俗、观念民俗等。

藏族民俗代表性非遗项目有『藏历年』『雪顿节』『望果节』『藏族服饰』『藏族婚俗』等。

藏历年

一、项目背景

1.1 流传区域

藏历年是藏族人民一年中最为隆重的传统节日，与汉族的农历新年大致相同。过藏历年习俗流行于整个藏文化地区。藏历年是根据藏历推算出来的。从藏历元月一日开始，到十五日结束，持续15天。因为藏族同胞全民信仰佛教，所以节日活动洋溢着浓厚的宗教气氛，是一个娱神和娱人、庆祝和祈祷兼具的民族节日。

1.2 民族简介

藏族是中华民族大家庭56个民族中的成员之一，是青藏高原的少数民族。在中国境内主要分布在西藏自治区、青海省和四川省西部，以及云南迪庆、甘肃甘南等地区。目前，全世界藏族人口约750万，中国境内约700万（2016年），藏裔人口保守估计在1000万以上。按方言不同，中国境内的藏族可分为卫藏、安多、康巴三大方言区，也被认为是三大藏族支系。卫藏指的是西藏拉萨、日喀则一带；康巴指西藏的昌都和四川的甘孜州、青海的玉树州、云南的迪庆州；安多指的是青海除了玉树以外的其他藏族聚居区和甘肃的甘南州、四川的阿坝州（部分）。在方言或民族交汇地带，还聚居或散居着如工布藏族、嘉绒藏族、白马藏族、木雅藏族、华锐藏族、卓仓藏族、夏尔巴人、阿尔麦人等特殊藏族支系。他们的语言在藏语基础上受到交汇区其他民族的影响而发生变化，习俗也有一些差异。

1.3 人文环境

藏族聚居区地域辽阔，族群支系繁多，各地民风习俗都呈现出鲜明的地域特色。藏族人民创造了灿烂的民族文化，在文学艺术、建筑科技、天文科学等方面，都留下了极为丰富的文化遗产。

二、场景内容

2.1 民俗背景

从有关文献史料及国内外研究成果来看，在吐蕃王朝建立以前藏族已经拥有历法。史料记载，公元前100年以前，藏族就有自己的历法，它根据月亮的圆缺来推算日、月、年。几百年后，雍仲苯教徒（西藏的原始宗教徒）又能精确推算出冬至日归时间，并以此作为一年初始，形成了节日及各种仪轨。现代藏族许多的习俗和生活方式，也都是古象雄时代所留下来的。

公元7世纪开始的吐蕃时期，唐朝文成、金成两位公主先后入藏成婚结

布达拉宫喜迎藏历年

盟，带来内地的历法。11世纪出版《敏竹林历书》，1206年西藏历书名为《萨迦历书》。

1027年开始的时轮历，已经在西藏流行一千多年，来源于《时轮经》里的天文知识。以绕迥纪年，60年为一周，以阴阳五行和十二生肖纪年，这与内地农历的60甲子体系大体相同，例如2016年农历丙申年在时轮历称为火猴年。但时轮历的阴历以月圆日为十五，初一与内地农历的可能同一天或差一天，而且闰月的设置不同，有闰月的某年两种初一相差一个月或一个月加一天。现有史书证明的藏族历书，最早出现在13世纪（元朝），到19世纪，藏族历书的编定已经趋于完善。

2.2 表现形式

新年的准备工作一般在前一年的十二月初就开始了。除购置吃喝玩乐的年货外，家家户户都要制作一个名叫“切玛”的五谷斗，即在绘有彩色花纹的木盒左右分别盛放炒麦粒和酥油拌成的糌粑，上面插上青稞穗和酥油塑制的彩花。还要用水浸泡一碗青稞种子，使其在新年时节长出一两寸长的青苗。“切玛”和青稞苗供奉在神案正中，祈祷来年五谷丰登。

临近节日，男人们忙着打扫庭院，妇女则精心制作“卡赛”——一种酥油炸成的面食，分为耳朵形、蝴蝶形、条形、方形、圆形等各种形状，涂以颜料，裹以砂糖。“卡赛”既是装饰神案的艺术品，又是款待客人的佳肴；其品种和花色常常成为女主人勤劳、智慧和热情的象征，在节日里分外引人注目。

旧年最后一个月的二十九日，人们把灶房打扫干净，在门窗上挂上新的帘布，屋里铺上新的卡垫，还要在打扫干净的灶房正中墙上或房梁上用干面粉撒很多白粉点，叫“亚色”，并画上“八宝吉祥”图案。傍晚，各家要吃面疙瘩“古突”；到了晚上，则要举行“古朵甲”仪式。三十日把糖果等饮食摆在主房的佛龛前作为供品，在大门外用白土画上“卍”符号等图案，同时还要在灶前供一份“卡赛”等供品，以供奉灶神。

以拉萨藏历年为例：大年三十晚上，家庭主妇要备团圆饭，与汉族的年饭相似。晚餐前，如家中有僧人，由他先在经堂里诵祝愿经（或称祈祷经）。经放在经堂神龛上，神龛前平放堆满青稞、酥油并插上象征吉祥的八宝图木板，还要点燃酥油灯和藏香。这时全家团聚，一起用饭，晚餐时切不可少了家神的份。饭后，人们一般一边喝酥油茶、青稞酒，一边聊天。

初一早晨鸡叫头遍后，主妇们便起床到附近水源处背回第一桶净水。每家派人到山顶"煨桑"。与此同时，各家各户的桑炉里都腾起桑烟。主妇们回到家后便把煮好的"观颠"送给正在床上的全家老幼喝。大家起床后一起吃"智土"。之后，全家穿上节日盛装到"竹素切玛"前，共同祝贺新年。一大早，"哲噶"（传统说唱艺人）会挨家挨户地闯门祝贺新年。上午，大家带上哈达等，到附近寺庙朝拜佛像，并到和自家关系比较密切的喇嘛和上师处登门拜年。太阳出来时，每家分派两个人带上青稞酒和"竹素切玛"到各村相互拜年。中午回家时，全家聚在一起吃午餐，喝酒、唱歌、跳舞，欢聚一堂。

从初二起，人们才开始相互走访、拜年、请客。新年里，人们相逢的第一句话是"罗桑尔让"（新年好）、"扎西德勒"（吉祥如意）等。

耍狮子、春牛、跳花灯的表演队也是从初二开始，走访各村寨部落，轮回表演。从初二开始，亲戚好友相互登门拜年，持续三五天。手捧吉祥斗祝福的人先是在门外高声祝福，里面的人听到，赶紧捧着"切玛"出来，互相问候。拜年时，男主人双手捧着"切玛"向客人祝福，客人用手捏取"切玛"里的一点糌粑、青稞向天空抛洒，然后在嘴里尝一点，祝贺道："扎西德勒"（吉祥如意）。接着，女主人提着披挂哈达的铜壶，频频向客人敬酒。节日期间，到处都在祝福，到处都在敬酒，到处都在歌舞狂欢，不管认识不认识的人，不喝三碗不准通过。

藏历初三敬奉"屋脊神"，人们都登上各家的屋顶，把崭新的经幡插在屋顶上，然后煨燃柏枝，向空中抛洒糌粑。飘动的经幡和袅袅上升的"桑烟"寄托着人们的祈愿向空中传去……初三这天，拉萨人习惯成群结伴到东面的宝瓶山和西面的药王山，插经旗、挂彩幡，祭祀山神和水神；然后，成群结队地在背风向阳的地方唱歌、喝酒、谈笑。

从初四起，举行西藏最大的宗教节日——拉萨"传召"大法会。这一法会是由格鲁派创始人宗喀巴于公元1409年在拉萨发起的一次祈愿大法会延续而来的。法会期间，西藏三大寺的僧人近2万人集中在大昭寺向释迦牟尼的佛像祈祷，并举行格西学位的考试。除政府给僧众发放布施外，西藏及其他地方的藏传佛教信众也到此添灯供佛放布施。法会直到元月十五日迎请弥勒佛后结束。

藏历正月初五，拉萨郊区的农民要举行隆重的开犁礼。人们穿上节日的盛装，耕牛的额头上贴着酥油图案，犄角上插着彩旗和彩色羽毛，牛轭上披挂着缀满贝壳和松石的彩缎，尾巴上系着五彩缤纷的绸带。开耕之前，农人还要从家里扛出一块白色山石（那是去年从农田请回收藏好的，称为“阿妈色多”，意即“金石头妈妈”，是庄稼的保护女神），重新恭恭敬敬地安放在农田中央。农人在地里煨起桑烟，插上祈福幡，赶着牛，围绕白石耕出五条畦子。每一畦撒一种作物，例如豌豆、青稞、小麦、油菜籽、蚕豆等。开犁礼完毕，大家会聚到一处，一边喝酒，一边唱歌，直到太阳西沉，尽兴而归。随着酒碗的轮转，歌声弥漫在整个初春的河谷。

初四至十五日，一般都是藏人新年的娱乐时间，各种娱乐活动十分丰富。十五日下午，有一种特别的锅庄，即“扎西杰”，表示新年结尾；过完下午最后的活动，每家都会把新年供品卸下来，各自准备进入忙碌的工作之中。

2.3 传承方式

藏族的各个族群依据其相同的宗教信仰、宗教仪轨，结合不同的地方民俗和文化认知，形成不同的年庆方式和活动规模，世世代代传承至今。

三、价值意义

藏历年是藏族人民在生产劳动过程中创造的节日，其内容和形式充满浓厚的民族和宗教色彩，是整个西藏文化习俗的一个缩影。

四、保护措施

2011年，“藏历年”由西藏自治区拉萨市申报，经国务院批准，被列入第三批国家级非物质文化遗产代表性项目名录。

雪顿节

一、项目背景

1.1　流传区域

雪顿节是西藏、青海、甘肃、四川、云南等地藏族人民的传统宗教节日。雪顿节在每年藏历六月三十日（公历8月下旬）开始，通常历时五天左右，具体日期各地不尽相同。“雪顿”意为酸奶宴。在藏语中，“雪”是酸奶子的意思，“顿”是“吃”“宴”的意思，雪顿节按藏语解释就是吃酸奶子的节日。因为雪顿节期间有隆重热烈的藏戏演出和规模盛大的晒佛仪式，所以有人也称之为“藏戏节”“展佛节”。200年来，拉萨出现了哲蚌雪顿、布达拉雪顿和罗布林卡雪顿并存的局面，其中以罗布林卡为中心。

1.2　人文环境

西藏位于青藏高原的西部和南部，占青藏高原面积的一半以上，海拔4 000米以上的地区占全区总面积的85.1%，素有“世界屋脊”和“地球第三极”之称，是世界上海拔最高的地方。全区地形可分为藏北高原、雅鲁藏布江流域、藏东峡谷地带三大区域。

西藏拥有独特的高原地理环境和历史文化，共有各级各类风景名胜资源点1 424处。其中，世界文化遗产1处，即布达拉宫—大昭寺—罗布林卡；国家地质公园3处，即易贡、札达土林、羊八井；国家级风景名胜区3处，即纳木措—念青唐古拉山、雅砻河、唐古拉山—怒江源；国家森林公园9个，即巴松措、色季拉、玛旁雍措、然乌湖、姐德秀、班公湖、热振、尼木、比日神山；中国优秀旅游城市1座，即拉萨市；国家历史文化名城3座，即拉萨、日喀则、江孜；历史文化名镇2处，即山南市昌珠镇、日喀则市萨迦镇。

二、场景内容

2.1　民俗背景

雪顿节在17世纪以前是一种原始宗教节日活动。民间相传，佛教的戒律有300多条，最忌讳的是杀生害命。由于夏季天气变暖、草木滋长、百虫惊蛰、万物复苏，其间僧人外出活动难免踩杀生命，违背“不杀生”之戒律，因此格鲁派的戒律中规定藏历四月至六月期间，喇嘛们只能在寺院里待着，关门静静地修炼，称为“雅勒”，意即“夏日安居”，直到六月底方可开禁。待到解制开禁之日，僧人们纷纷出寺下山。这时正值牛羊产奶的季节，当地百姓拿着新鲜的酸奶进行施舍，年复一年，这种习俗就固定延续下来，这就是雪顿节的起源。

雪顿节最初是一种原始宗教节日活动，17世纪下半叶至18世纪初，清

雪顿节（汪静泉供图）

朝皇帝册封了五世达赖阿旺·罗桑嘉措和五世班禅罗桑意希，赐予金册、金印，这样西藏政教合一的制度得到加强。1642年藏传佛教格鲁派掌权后，哲蚌寺甘丹颇章宫一度成了西藏的地方政治宗教文化中心。每年藏历六月三十日，成千上万的人涌进哲蚌寺，给五世达赖喇嘛和哲蚌寺的僧人们献酸奶，请求摩顶祝福。因五世达赖喇嘛喜欢藏戏，于是每年的夏令安居解禁后的奶酪宴上，引进各地的藏戏班子为宴会助兴表演。据记载，参加雪顿节演出活动的是扎西雪巴、迥巴、降嘎尔、香巴、觉木隆、塔仲、伦珠岗、朗则娃、宾顿巴、若捏嘎、希荣仲孜、贡布卓巴共12个藏戏团体。因此这个有300多年历史的民族传统节日，在某种意义上可以说是一个藏戏节。

如今，拉萨雪顿节是所有节日里最隆重、规模最大、节目内容最丰富的节日之一。人们除了观看藏戏外，还在树荫下搭起色彩斑斓的帐篷，在地上铺上卡垫、地毯，摆上果酒、菜肴等节日食品，边谈边饮，边舞边唱。许多文艺团体也来表演民族歌舞，以此助兴。商业部门把各种物资和节日食品运到罗布林卡内，摆摊设棚，供应游人。下午各家开始串幕作客，在劝酒时，主人向客人敬三口干一杯的“松准聂塔”酒，唱起不同曲调的酒歌。各帐篷内，相互敬酒，十分热闹。

2.2 表现形式

各地雪顿节的习俗不尽相同。传统的雪顿节以展佛为序幕，以演藏戏、看藏戏、群众游园为主要内容，同时还有精彩的赛牦牛和马术表演等。 晒佛即展佛，传统的雪顿节以展佛为序幕。拉开佛像——巨大的唐卡佛像遮盖有黄色丝布，缓缓地挂起丝布——佛像一点一点地展现在人们的面前，那一刻现场沸腾了起来。雪顿节从17世纪末期开始演出藏戏，1720年，七世达赖喇嘛执掌西藏政教大权后，修建了夏宫罗布林卡，雪顿节的活动重心随着政权的迁移发生了表演空间的转移，藏戏班子也来到罗布林卡表演。

雪顿节的前七天，人们或集体，或一家人，拿绳子（或石灰）在林卡的草坪上围（或撒）上一圈，意为此地已被占据。或合家而出，或约请亲友，人们三五成群，在帐篷内欢歌畅饮，频频起舞。也有的玩耍藏棋、藏牌等游戏，心旷神怡，其乐融融。

藏历六月二十九日至七月一日，举行“谐泼”，各团体朝拜布达拉宫、罗布林卡和哲蚌寺。六月二十九日清晨，先由扎西雪巴第一、迥巴第二，后按江嘎尔、香巴、觉木隆、塔荣、伦珠岗、朗则娃、宾顿巴、若捏嘎、希荣仲孜、贡布卓巴排列顺序，一个个团体相继到布达拉宫左右相对的两个大门口演出“谐泼”，即各团体的传统表演开场仪式。

藏历六月三十日举行传统的“哲蚌雪顿”。这一天正是哲蚌寺举行浴佛节的日子。其时，要把几十丈高的锦缎绣绘佛像大唐卡，由几百个青壮年喇嘛一字长蛇阵地抬着，宗教乐队为之伴奏着，抬到寺院西北边陡斜的

雪顿节（同仁县供图）

后山崖上再自上而下地铺挂开，供僧俗群众瞻仰礼拜。

作为节日的序幕，哲蚌寺展佛是最令人瞩目的仪式。早上8点钟，哲蚌寺背后的半山腰上，在第一缕曙光的辉映下，伴着凝重、庄严的法号声，一幅500平方米的、用五彩丝绸织就的巨大释迦牟尼像徐徐展露出祥和的容颜……数万名信徒和深受感染的游客无不双手合十，顶礼膜拜。

藏戏会演是雪顿节的重头戏。藏历七月一日与六月二十九日一样，各团体相继到规定的地方朝拜、跑演一遍“谐泼”仪式。后来也改变成由12个团体在罗布林卡露天戏台上联合布达拉宫演出，实际上就是正式的开幕仪式。

藏历七月二日，在罗布林卡孜恰勒空要为四大蓝面具藏剧团体在露天戏台上献演做好全部准备，噶厦僧俗官员和活佛等围绕露天戏台或在罗布林卡内选地搭起帐篷和围幔，摆放地毯、卡垫、食物饮料和娱乐用具等，准备看戏、玩乐和朝拜。这天开始的雪顿节由四大蓝面具藏剧团轮流正式献演。

藏历七月三日至六日，规定由迥巴、江嘎尔、香巴、觉木隆这些后期新派蓝面具四大藏剧团，轮流在罗布林卡露天戏台上，各演出自己拿手的、也是被规定的传统剧目整本戏一整天。迥巴演《顿月顿珠》，江嘎尔演《诺桑王子》，香巴演《文成公主》或《智美更登》，觉木隆演《卓娃桑姆》或《苏吉尼玛》或《白玛文巴》。这几天，实际上是雪顿节藏戏演出的最核心的活动。

藏历七月七日，由扎西雪巴这一早期白面具藏戏影响最大的团体，在罗布林卡戏台上举行一天的演出活动，演一段《诺桑王子》正戏片断。主要表演白面具派的开场仪式“甲鲁温巴”和“扎西”结束仪式，表示“扎西丹增”，即对雪顿节主要的核心活动圆满结束，进行欢庆祝福、祈赐吉祥。

藏历七月八日至十五日，各团体纷纷去拉萨城区各处演出，叫“拉萨雪顿”。按规定，这之前在罗布林卡内的藏戏演出，女演员是不准出场的，女角也由男演员戴面具或化妆来扮演。而“拉萨雪顿”期间的演出，一般都是拉萨城区的各机关、寺庙、官员和贵族家请自己喜欢的团体去进行的，各团体的女演员也可以同男演员一起出场表演。在这些地方，藏戏剧团不仅演规定的剧目，还能演其他剧目。

藏历七月十六日以后，觉木隆藏戏团可去拉萨城区以外的地方演出，外地个别团体也有被邀去城外郊区演出的，而一般都开始陆续回到本地区去。

2.3 传承方式

“雪顿节”通过宗教活动和严密的组织体系、传统节会模式沿袭至今，规模内容不断充实和发展。当地政府的大力扶持与宣传推广，使一年一度的雪顿节得到前所未有的保护和弘扬。

三、社会影响

雪顿节最初只是僧人吃酸奶的节日，源于藏传佛教格鲁派夏令安居仪轨，有着浓烈的宗教意味。随着历史的演变，如今雪顿节已经成为集传统展佛、文艺会演、体育竞技、招商引资、经贸洽谈、商品展销、旅游休闲为一体的传统与现代相结合的盛会。

雪顿节是藏族民俗文化的重要表现和集中体现。这一节日对传承藏族文化的独特性、增强民族团结和维护世界文化多样性有十分积极的意义。

四、保护措施

2006年，“雪顿节”由西藏自治区申报，经国务院批准，被列入第一批国家级非物质文化遗产代表性项目名录。

望果节

一、项目背景

1.1 流传区域

“望果”是藏语译音，意为“绕地头转圈”。藏语“望”指田地、土地，“果”即转圈的意思，“望果”的意思就是绕着丰收在望的地方转圈，以此表达对丰收的祈求和渴望。望果节是藏族农民欢庆丰收的节日，流行于西藏自治区的拉萨、日喀则、山南等地。时间在每年藏历七、八月间，具体日期随各地农事季节的变化而变化，一般在青稞黄熟以后、开镰收割的前两三天举行。所以，望果节的日程都以乡为单位，根据当地的农作物成熟情况由乡民集体议定。

1.2 人文环境

（略）

西藏望果节场景

二、场景内容

2.1 民俗背景

相传早在公元5世纪末，雅砻地区已经兴修水渠，开始使用木犁耕地，农业生产比较发达。这时，为了确保粮食丰收，藏王布德贡杰向雍仲苯教佛祖请教。佛祖施旨，让农民绕田转圈，由手捧香炉、高举幡杆的人作前导，由高举缠绕哈达的木棒和羊右腿的苯教教主领路，领着持青稞穗或麦穗的本村乡民绕地头数圈后，把各种谷穗插在粮仓和神龛上，祈求风调雨顺、五谷丰登，然后吃丰盛的野餐。最初的“望果”活动是一种祭祀神灵以祈祷丰收的仪式，后逐渐增加诸如赛马、射箭、歌舞、藏戏等民间活动。节日一过，紧张的秋收劳作也就正式开始了。望果节已有1600多年历史，欢度祈盼丰收的“望果节”，是辛劳了大半年后藏族农耕者们的最大喜悦。

公元8世纪后期，西藏进入以宁玛派为代表的印度佛教兴盛时期，“望果”活动也带上了宁玛教派的色彩。公元15世纪时，格鲁派成了西藏的主要教派，居统治地位。这时望果活动便渗进了更多的格鲁教派的色彩。也就是从这时开始，为预祝丰收，包括“绕田游行”和“庆典”两部分内容的“望果节”，才被列入藏族农区的传统节日。后来，随着时代的不断发展，该节日的内容和形式也在不断变化。

2.2 表现形式

由于西藏农区气候差异较大，庄稼成熟时间不一，因此，各地举办“望果节”的日期并不固定，一般在“鸟王”——大雁南飞的季节到来之前举办各种活动。节日三五天不等，规模大小和时间长短，依各乡经济实力而定。活动的举办可由几个乡联合，也可各乡单独进行。节日期间，男女老少身着盛装。男的手持“拉桑达觉”，女的背负经书，手持“打达”（用五彩布条缠在木条上），排队转庄稼地；之后进行赛马、藏戏等表演，或走亲戚、逛林卡，场面热闹非凡。

第一天早晨，最前边是由喇嘛和老农组成的仪仗队，高举佛像，背着经书，吹着佛号，感谢上天给人们带来了风调雨顺的好年成。对辛勤耕耘的农民来说，眼看着即将收割的庄稼，呼吸着麦田飘来的清香，都为此感到欣喜陶醉，悠悠唱起古老的丰收歌谣。转田仪式结束后的第二天举行群众性文娱体育活动，其中有藏戏、歌舞、跑马、射箭、拔河等，相互竞争技艺，十分热烈。这天，家家户户都要准备充足的酒食，穿上最漂亮的衣服，或在广场四周的草场上野餐，或在村子里邀集亲朋好友宴饮。青年男女喜欢在晚上围着篝火跳舞，对歌嬉戏，直到深夜。

西藏望果节（米林旅游局供图）

在西藏，望果节的内容大同小异，但其中最有意思的还属山南贡嘎县岗堆镇的望果节。按当地的习俗，望果节转田祭神的时候，每家出一人。村民们会从四面八方陆续来到村头寺庙旁的空地上。老年人此时显得比年轻人还要风光一些，因为他（她）们大多是能歌善舞的高手，一般在节日的庆典还没开始就舞上了。

转田的仪式是望果节最重要的仪式之一，也是最传统最核心的仪式。仪式开始时，依次站好，每人手上抓满糌粑面，当螺、号、鼓手吹响两遍号角时，活动正式开始。随后，由吴赞（骑兵官）开始念诵祝词，其余人员在他们的带领下应和着，在“吉！吉！索！索！”的高呼声中将糌粑粉洒向空中，第一个祭神仪式结束。之后，声势浩荡的转田活动正式拉开序幕。寺庙前广场上的气氛既庄重又热闹，这时会有村民提着青稞酒向转田的人们一一敬酒，以示美好的祝愿，让气氛变得好似出征前为将士们壮行一般。喜好喝酒的人这时会从自己的衣襟里面掏出酒碗，要求客人三口一杯之后，才被允许通过。转田的队伍前打头的一般是两个村姑打扮的“拉姆”（即仙女），以示天仙下凡同庆丰收。妇女们没有带酒碗的习惯，这时她们只好以手当碗捧酒喝。这也是西藏酒文化中一个有趣的现象。

按传统习俗，转田队伍每到一个乡神殿或山神殿前，都要举行祭祀仪式，一路祝福，一路欢歌。此刻，乡村的田园处处洋溢着欢快祥和的气氛。转田时，每名背经者摇着达达（五色彩旗缠绕的木棒），嘴里要念着“央库秀、央库秀”。每家每户也会事先在自家屋顶的桑烟炉上煨上桑烟，准备好祭神的糌粑。当队伍走到门前时，女主人会在屋顶右手摇达达，左手撒糌粑，嘴里念着“央库秀、央库秀”。最后，队伍回到了出发地（村头寺庙旁），举行最后的宗教仪式。彼时鼓乐齐鸣，糌粑飞扬。

望果节的舞蹈很有特色，如日喀则《大鼓舞》首先以热烈的圆圈舞队形，来呈现人们和谐而稳定的生活情景。转而在大鼓的快节奏下，鼓手们以相互穿梭、跑动的队形变化，表现好男儿搏击沙场、英勇抗敌，直至胜利归来的征战过程。

2.3 传承方式

望果节的初衷是为了确保粮食丰收，是农耕文明的集中体现，在发展过程中，不断地融进了丰富的宗教文化和世俗文化的内容。可以说，西藏的每一个百姓和僧人都是望果节的自觉传承者。

“望果节”代表性传承人
扎西罗布（西藏贡嘎县岗堆镇吉纳村人，区级非物质文化遗产代表性传承人）

三、社会影响

在以农牧业经济为主的西藏，望果节期间，机关放假，干部们为筹备集体活动而忙个不停；学校里的学生准备文娱节目为节日助兴；企业工人也用假期参加节日庆典……所以，望果节既是藏族的传统节日，也是全民的节日。

四、保护措施

2014年，“望果节”由西藏自治区申报，经国务院批准，被列入第四批国家级非物质文化遗产代表性项目名录。

热贡六月会

一、项目背景

1.1　流传区域

“热贡六月会”，藏语为六月“勒瑞”，有娱神之意，已流传1 400多年。每年农历六月十七日至六月二十五日期间，热贡地区的藏族、土族村庄都要举行当地民间祭祀活动。这是一种原始宗教氛围浓烈、表现形态与文化内涵丰富的人文现象。它包括祭神、请神、迎神、舞神、拜神、祈祷、送神、军舞表演、神舞表演、龙舞表演等内容，是热贡地区藏族、土族共同参加的盛大的祭祀性节日。主要流行于青海省黄南藏族自治州同仁县，举办活动的村庄达50多个。

1.2　族群简介

安多藏族聚居范围大致相当于青海省的海北、海南、黄南、果洛及海西五州，四川省的阿坝州北部（若尔盖、红原和阿坝县等），甘肃省的甘南州及武威市的天祝县。安多历史上称为“朵思麻”，是从“朵甘思”（今康区）分出来的。居住于同仁县境内的藏族主体是安多藏族。同仁县是一个藏族聚居区，同时还居住着汉族、土族、回族、撒拉族、保安族、蒙古族等民族。

1.3　人文环境

同仁县位于青海省东南部、黄南州东北部，东与甘肃省夏河县为邻，西与贵德县接壤，南临泽库县，北连尖扎县和循化县，地处青藏高原和黄土高原的交错地带。全县总面积3 275平方公里，总户数2.2万户，总人口9.4万人。其中藏族6.3万人，占总人口数的72.52%。同仁县是一个以藏族为主，汉族、土族、回族、撒拉族、保安族等多民族聚居区。

同仁县是“热贡艺术”的发祥地，有充满神秘色彩的藏族民间“六月会”和以唐卡、堆绣、雕塑为主的“热贡艺术”；是著名的藏族画家之乡，有国家级文物保护单位1处（隆务寺），省级文物保护单位11处；是青海唯一的国家级历史文化名城。

二、场景内容

2.1 民俗背景

同仁县隆务河谷地带的藏语称谓是“热贡”，直译为“梦想成真”的金色谷地。热贡六月会是青海同仁县藏族村庄特有的传统文化节日，其祭神方式在全地区是独有的。

热贡六月会的渊源有三种传说。第一种传说：早在混沌初开天地时，好勇斗狠的阿修罗常常和三十三层天的神兵恶战，世间的十三位战神帮助天兵天将打败了易怒善战的阿修罗将士，为庆祝胜利，阿妈贡玛加毛为首的十二位地母仙女表演优美典雅的神舞，让战神欣赏。后来，伏敌神转世来到人间，将神舞传授给百姓，从此这里有了“拉什则”，即神舞。第二个传说：很久以前，浪加地方干旱缺水，无法种地。有个叫阿尼阿拉果的老人，率众人寻找到清泉，但因龙神作怪，无法将泉水引入村庄。于是阿尼阿拉果带着村中孩童到泉边唱歌、跳舞、供奉、祭祀，终于感动了龙神，用泉水浇灌了庄稼。从此有了“勒合则”，即龙舞。第三种传说：元末明初时，元朝一支蒙汉混编的军队在此地接受了明朝的招安，并在当地解甲务农，举行了隆重的祭典活动，祈求和平安宁、人寿粮丰，从此就有了热贡六月会上的“莫合则”，即军舞。

热贡六月会有固定的时间期限，即每年农历六月十七到二十五。正式参加者是所有的男子和年轻未婚的少女，其他人只是观赏者。热贡六月会

热贡六月会（同仁县供图）

的节目形式多种多样，气氛热烈而庄重。

2.2 表现形式

每年农历六月十七到二十五，沿着隆务河两岸的四合吉、郭么日、年都乎、吾屯、浪加、瓜什则、保安下庄等20多个藏族、土族村寨依次在村庙广场举办热贡六月会，藏语称其为“六月勒瑞”，就是说要把这盛大的歌舞献给心中的神灵。热贡的人们通过六月会，企盼一个五谷丰登、六畜兴旺、村寨平安、人寿安康的太平盛世。热贡六月会的节目形式多种多样，气氛热烈而庄重。少则包括“煨桑”“请神”“龙鼓”“舞蹈”、祭祀等，多则还有“插口扦”“开红山”、小品和山歌等。

最具特色的是“插口扦”“插背扦”和“开红山”。“插口扦”是法师为自愿的年轻人在左右腮帮扎入钢针，也称为“锁口”。据说，此举可防止病从口入。“插背扦”是将4~20根不等的钢针扎在脊背上，舞者赤裸上身，右手持鼓，左手击鼓，边敲边舞。“开红山”是法师用刀划破自己的头顶，把鲜血撒向四面八方。这三种热贡六月会最具代表性的血祭，并不是每一个隆务河流域的村庄都会在六月会上举行。

农历六月十七日，祭祀活动在一个名叫四合吉的藏族村庄拉开序幕，而后，在隆务河流域的几十个藏族、土族村庄相继展开。各村祭祀活动的天数也不尽相同，长则5天，短则2天。凡举办六月会祭祀的村庄都有一座神庙，庙内供奉着本村和本地区的保护神。

举行祭祀活动的村庄都有一两名“拉哇”（藏语意为神人，汉语称为法师或巫师）在祭祀活动中扮演着特殊的角色。法师被认为是人与神的沟通者，能使神降临附体，代神言事。法师不是藏传佛教的神职人员，因此他的生活完全是世俗化的。但祭祀活动开始前几日，法师必须保持身体洁净，不能接触女性，并要到寺院里接受活佛们的洗礼，举行诵经祈祷仪式。

热贡六月会从头到尾贯穿歌舞表演，主要分为“拉什则”（神舞）“勒什则”（龙舞）和“莫合则”（军舞）三大类，在不同村庄的具体样式不同。“拉什则”，是祭祀山神、二郎神、龙神及其他地方保护神的舞蹈。只有此舞当地女子可参加。此舞是以祈求各路神灵保佑当地风调雨顺、平安吉祥，融合了苯教、佛教、道教多种信仰于一体。该舞蹈由13个舞蹈组成，包括“请神舞”“右旋海螺舞”“白鹰展翅舞”“鸟舞”“白马跃沟舞”等等。热贡地区共有27个村庄跳神舞。“勒什则”，也有13种跳法。各村大同小异，但又各有特点。它包括手持“面具舞”、“雄鹰展翅舞”“请观音”、“龙女舞”、“伏虎除孽”等舞蹈。有20个村庄跳此舞，其中有年都乎、郭麻日、尕沙日等。“莫合则”，该舞一般由6至13个舞蹈组成，以郭麻日、尕沙日的军舞最为完整，也最具代表性。军舞以棍棒作舞，舞蹈程序为排列阵法、相互攻战和庆祝胜利等。在跳此舞时，本村的法师带领村民不断敬酒、煨桑村，这不仅表达着他们对神的敬畏，同时也感谢诸神为村庄带来了和平。

各村在祭祀活动中要相互进行礼仪性的客演，10~20人不等的舞队必须在法师的带领下行进。当客演舞队到达邻村时，全村的人出村举行隆重的欢迎仪式，茶饭招待。而后，双方舞队在各自法师的带领下表演，共同娱神，展示各自舞蹈的独特风采。整个祭祀活动处处显现出原始巫风的遗迹。在这里，“巫风就是舞风，祭坛就是舞坛”，他们的舞蹈规模之大、人数之多、时间之长、体系之完整规范，在当今现存的民间舞蹈文化形态中是较为罕见的。

当地人说，四合吉村跳的是神舞——“拉什则”。当然，也有人认为，四合吉村的傩舞包含了神舞、军舞和龙舞，是一种综合性的傩舞，应该也有其依据，而从整体来看，其核心部分应该是神舞。

四合吉村的神舞一直要跳三天，每天都重复同样的舞蹈。最后一天的下午，所有的舞蹈都跳完了，所有人都整齐地排列在神庙前，所有的供品都被分到每个人手中捧着……法师站在庙门的台阶上泼洒酸奶和酒……众人齐声高呼，然后排队走上煨桑台，把所有的供品全部倒入火堆。在漫天的烟雾中，“隆达”四处纷飞，海螺声悠长而肃穆，藏民们把最好的祭品全部献给了神。

热贡六月会有以下几个特点：第一，有固定的时间段——每年农历六月十七到二十五举行。但并不是所有村庄都同时开始，各庄错开以利于互相邀请观赏。第二，这是在敬神的庙中（而不是供佛的寺中）举行的供奉山神的节日。第三，节日活动的主持者是村庄中德高望重的长者和法师，长者代表着民意，而法师则上达民意下传神旨，可预知吉凶祸福、除灾祛病。第四，活动形式多种多样，气氛热烈而庄重。第五，热贡六月会会用血祭表示对神灵的崇敬膜拜，其中最有代表性的血祭有三种，即插口扦、插背扦和开红山。

2.3　传承方式

在黄南州，那些流传在民间的传说和神话早已成为他们的信仰、他们的生活。这种信仰使他们在生活中自觉地传承着热贡六月会的各种民俗活动。

“热贡六月会”代表性传承人
当曾本（青海同仁县人，国家级非物质文化遗产代表性传承人）
夏吾才让（青海同仁县人，国家级非物质文化遗产代表性传承人）

三、价值意义

热贡六月会蕴含着宗教历史、民俗风情等丰富的文化内容，充满了神奇与欢乐，它集仪式、庆典、歌舞、民间小戏表演为一体，具有艺术学、宗教学、人类学、民俗学、文化学等方面的研究价值。

热贡六月会蕴含有浓厚的苯教遗俗，它只在民间举行，娱神娱人，体现了当地人民的淳朴、虔诚、热情的性格。热贡六月会丰富多彩的民间舞蹈是祭神娱神的重要载体，它是民间保持多神崇拜的原始形态，更是民间艺术得以存活而又兴盛不衰的根本所在。热贡六月会有待深入研究，才能真正揭开它神秘的面纱。

热贡六月会，已成为青海黄南州重要的文化品牌。一年一度的热贡六月会民俗活动为带动当地人文旅游、促进社会经济发展，起到了非常重要的作用。

四、保护措施

2006年，“热贡六月会”由青海省同仁县申报，经国务院批准，被列入第一批国家级非物质文化遗产代表性项目名录。

康定转山会

一、项目背景

1.1 流传区域

康定转山会是藏族传统节日，又称沐佛节、敬山神，本档案特指流行于四川省甘孜藏族自治州康定市的转山会民俗活动。

1.2 族群简介

康巴地区范围大致相当于现今西藏自治区的昌都地区、那曲地区东部（聂荣、巴青、索县、比如、嘉黎五县）、林芝市东部（察隅、波密、墨脱三县），四川省的甘孜州、阿坝州部分（小金、金川等）及凉山州的木里县，青海省的玉树州（治多县西部除外），云南省的迪庆州。康巴地区即康区，旧称“朵甘思”地区，最早是指卫藏以东广阔的地区；后来这一地域又分为“康”和“安多”两部分，康区现多指青藏高原东南部的横断山区。居住于康定市境内的藏族主要是康巴藏族。在甘孜、阿坝地区，还有嘉绒、白马、阿尔麦等特殊藏族支系。

1.3 人文环境

甘孜藏族自治州（简称甘孜州）位于四川省西部，青藏高原东南缘。全州总面积15.3万平方公里，辖康定、泸定、丹巴、九龙、雅江、道孚、炉霍、甘孜、新龙、德格、白玉、石渠、色达、理塘、巴塘、乡城、稻城、得荣18个县（市），325个乡（镇），2679个行政村。州府驻康定市，2018年末，甘孜州有户籍总人口110.05万人，以藏族为主。

甘孜州是康巴文化发祥地，南派藏医发源地，是名扬海内外的《康定情歌》的故乡。境内有：蜀山之王——贡嘎山；国家AAAAA级旅游景区——海螺沟；全国重点文物保护单位——泸定桥；藏文化大百科全书——德格印经院；蓝色星球上最后一片净土——稻城亚丁等。

康定市位于四川省西部，甘孜州东部，地处四川盆地到青藏高原与云贵高原之间过渡地带，素以“藏卫通衢”“川藏要冲”著称。2016年末全市常住总人口13万余人，是一个以藏族为主，藏族、汉族、回族、羌族、彝族等多民族聚居市，是全州的政治、经济和文化中心，因一曲《康定情歌》而名扬海内外，被誉为“情歌故乡”。

康定古为羌地，三国蜀汉称“打箭炉”，是历史上汉藏“茶马互市”的商品物资集散中心和藏族聚居区三大文化中心之一。

二、场景内容

2.1 民俗背景

跑马山转山会活动的由来，存在几种说法：一说康定位于藏汉交界处，因此其文化主要秉承了藏文化的优良传统，又不可避免地接受了汉族文化的长期影响，“跑马山转山会”的形成，与藏汉文化融合关联。另一说是转山活动早在佛教传入这里之前就已经形成，是原始苯教盛行时期的祭山仪式沿袭而来。还有一种说法认为，这个节日是由原来的两个节日逐渐融合而成。一个是在农历四月初八，传说这天是佛祖释迦牟尼诞辰，九龙喷圣水为其沐浴，故称“浴佛节”。“浴佛节”这一天，康定城区各佛教寺庙都要组织僧众，自康定东门出，上跑马山，下经公主桥，转金刚寺、南无寺，沿阿里布谷山腰至子耳坡返回。广大群众在转山礼佛的同时，又踏春畅游，故称“转山会”。另一个是农历五月十三的跑马会。相传明正土司每年的这一天都要在康定跑马山举行祭祀活动和赛马，因而得名“跑马会”。据说，“跑马山”也就因此而得名。康定解放后，这两个节日逐渐合为一体，演变成为“四月八转山会”这样一个民俗节日。

2.2 表现形式

康定跑马山（康定市供图）

每年这一天，甘孜地区远近群众身着民族服装，汇集到跑马山上和折多河畔。人们先到寺庙里燃香祈祷，焚烧纸钱，然后转山祭神，祈求神灵保佑；转山后，支起帐篷进行野餐，演藏戏，唱民间歌谣，跳锅庄舞、弦子舞，骑手们还进行跑马射箭比赛。在此期间，人们还要举行物资交易活动和其他文化体育活动。

佛教信徒认为，在转山会这一月内做善事一件，诵佛一声，可得十五倍功德。所以农历四月八日，康定城区的各佛寺都要组织仪仗队自康定东门出，上跑马山，下经公主桥、转金刚寺、南无寺，沿阿里布谷山腰至子耳坡返回。信徒们亦随之转山（藏语称“八角”），以纪念佛祖诞辰。农历“四月八”，正是康定春暖花开季节，宗教信徒们转山礼佛的同时，又踏春畅游，久之成俗，“四月八转山会”就成了康定各族人民的民间传统节日。

过去，人们在转山礼佛、焚香祈祷的同时，举家带上食品去南郊金刚寺、南无寺或跑马山，歌舞、野餐、郊游。改革开放后，各级政府十分重视发挥民间传统节日的特有功能，使文化与经济结合同步发展。康定市已正式将“四月八转山会”定为全市的传统节日，放假三天，在跑马山上开展丰富多彩的民族文艺活动，招商引资，商贸洽谈，物资交易，赋予“四月八转山会”以新的生机和活力。人们会提前上山，找好地方，搭好帐篷。这天的活动内容也十分丰富，除丰富多彩的文艺表演外，还有晒佛、对歌、跳锅庄、演藏戏、赛马、比武等活动。国内外许多游客也慕名而来，使整个跑马山上人头攒动，不分民族、不分国籍、不分老少地沉浸在一片欢乐之中，尽情享受美景，享受欢乐。入夜，燃起篝火，席地饮酒，载歌载舞，通宵达旦。

旧时的康定人从四月初一开始转山至四月十五日，这期间是转山高潮。初由佛教信徒带头邀约邻居亲朋，携嘛尼旗布、经幡，手拿佛珠、口念佛经转山，其意源于藏传佛教的“转八角”，目的在于祈福免灾。转的形式是多样的，小转即绕寺庙内转，大转即转一座山一座城。转山也有相应路线，从东面观音阁上跑马山，再由跑马山南路下山，经公主桥到金刚寺、南无寺朝拜，然后顺山路向北转往子耳坡下山，再回到起点观音阁。人们将此称为“转大经”。

2.3 传承方式

康定转山会这个节日起源于纪念佛祖释迦牟尼的诞辰，藏俗在此月中的宗教活动极为频繁。佛教信徒们在转山礼佛的同时，又踏春畅游。随着多民族、多文化融合其中，加之政府引导，久之成俗，“四月八转山会”逐渐成为康定各族人民的民间传统节日。

三、社会影响

2002年，国家旅游局批准“康定四月八转山会”改为“康定‘四月八’跑马山国际转山会”，为转山会增添了新的活力。每至农历四月初八，跑马山坪上专业和业余的歌舞、川剧、藏戏竞相演出，山坪上人山人海，山间像有万朵彩云竞美争艳。山下增添了物资交易、文艺演出等新的内容。“康定‘四月八’跑马山国际转山会”的盛况已闻名四方。

四、保护措施

2014年，“康定转山会”由四川省甘孜藏族自治州康定市申报，经国务院批准，被列入第四批国家级非物质文化遗产代表性项目名录。

青海湖祭海

一、项目背景

1.1　流传区域

青海湖祭海是环青海湖地区规模最大的一种民间祭海活动。

祭祀青海湖的历史最早可追溯到汉代。唐天宝十年（751）正月，朝廷在敕封东南西北四位海神时，将西海海神封为“广润王”并遣使礼祭，青海湖祭海活动由此延续下来，至今已有1 200多年的历史。

1.2　族群简介

海北州古代是西戎、羌、吐谷浑等民族杂居交错之地。时至今日，海北州境内除汉族外，尚有藏族、回族、蒙古族、土族、撒拉族等少数民族生活在这里。聚居于海北州境内的藏族主体为安多藏族。

1.3　人文环境

海北藏族自治州位于青海省东北部，东南与大通、互助、湟中、湟源县接壤；西与海西蒙古族藏族自治州的天峻县毗连；南与海南藏族自治州的共和县隔青海湖相望；北与甘肃省的天祝、山丹、民乐、肃南县为邻。自治州辖门源回族自治县、海晏县、祁连县、刚察县和青海湖农场，全州有11个镇、19个乡、214个村民委员会（77个牧业村民委员会）、13个社区。海北州是多民族地区，2013年年底，全州总人口292 617人。其中藏族72 766人，占总人口的24.87%；蒙古族15 560人，占总人口的5.32%；土族8 958人，占总人口的3.06%。

海北州境内共有国家级和省级保护的名胜古迹10处。有神秘的“原子城”，驰名中外的青海湖及鸟岛；有西部歌王王洛宾先生《在那遥远的地方》经典名曲创作地——美丽的金银滩草原和具有“祁连山下好牧场”美称的祁连山大草原；西汉时期的西海郡遗址；雄奇巍峨的祁连山和风景秀丽的门源仙米风光；有蝶飞蜂舞、菜花飘香的门源百里油菜花海；有古朴多彩的民族风情及其他诸多的名刹古寺。森林、草原、峡谷构成了海北独具特色的人文自然景观。

青海湖，藏语名为“措温布”（意为“青色的海”）。位于青藏高原东北部、青海省境内，是中国最大的内陆湖、咸水湖。由祁连山脉的大通山、日月山与青海南山之间的断层陷落形成。

二、场景内容

2.1 民俗背景

祭海就是祭祀青海湖，最初是蒙古族的传统。蒙古族人原来信仰萨满教，相信万物有灵，尤其认为天是至高无上的神。在元代，蒙古族就有祭天、祭山、祭海之风俗，清代以来对青海湖的祭祀活动更具规模、更加富有宗教色彩。与此同时，环湖地区的藏族人也参加了这项祭祀活动。

在唐代天宝年间，唐玄宗就赐封西海之神为“广润王”，后来北宋的宋仁宗又加封其为“通圣广润王”。雍正四年（1726年）三月诏封青海湖神为“灵显宣威青海神”，并在湖边立碑，派官员祭祀。并将“灵显青海之神”以满、汉、蒙三种字体立碑，建有亭宇为其遮风避雨。从乾隆三十八年（1773年）开始，政府规定每年农历七月十五日祭海并会盟。这里所谓的“会盟”原是蒙古族各部落商讨大事、制定章则的政治活动。最初的目的仅仅是为了定期联系青海蒙古诸部族，加之蒙古族历来有自然崇拜的观念，很自然将“祭海”与“会盟”联系起来。到光绪三十三年（1907年）经钦差大臣庆恕等在青海湖东察汗托洛亥的察汗城建成海神庙，正殿三间，额题“青海胜境”四字。东西配殿各三楹，中间建牌楼三楹。并历时三年，费银10万两，可谓耗资巨大，煞费苦心。并将雍正碑移到了大殿正中，并举行祭海祀典。到民国时期，政府又将祭海会盟的地点迁到了青海湖东岸名为群科加拉

青海湖祭海（和若清风供图）

的地方。原来的庙址遂成为了废墟，而石碑至今尚在。

2.2 表现形式

青海湖祭海于每年的农历七月十五举行，届时在海滨搭建煨桑台，点燃松柏枝，由喇嘛诵经，藏族、蒙古族等族群众投献哈达、白酒、五色粮食、酥油炒面等祭品，向空中抛洒纸风马“隆达”。祭献完毕，法师手持五色丝线缠裹的五谷包，率领手持各种法器的喇嘛仪仗队和吹着藏唢呐和法号，头戴鹿首、牛首面具的“鹿神”“牛神”以及其他地方神涌向湖岸。法师站在岸边朝着湖水念诵咒语，祭祀者则向湖中投掷祭物，表示对海神的崇拜，同时祈祷海神保佑众生幸福、国泰民安。祭海仪式后，在湖边举行赛马、赛牛、射箭等体育活动和跳神、佐斗侯、桑德舞、吉祥鹿舞等表演。

如今，青海湖的祭海仪式已全部藏化。对于藏族同胞来说，青海湖祭海是件非常神圣的事情，就如同他们马年转神山、羊年转圣湖。而大规模的祭海仪式一年就一两次，如能赶上青海湖边八大活佛主持的祭海仪式，那便是三生有幸。宝瓶是藏八宝之一，是祭海仪式中不可或缺的祭祀物品。宝瓶内装有青稞、小麦、豌豆、玉米、蚕豆五种粮食，还有名贵药材、八宝、精美布料、茶、酥油、瓜果之类的供养之物，甚至有虔诚者将自己的金玉首饰放入宝瓶内。最后还要放入经幡，然后由活佛加持五色线。在祭海仪式中，群众将承载着自己心愿的宝瓶投入青海湖，以祈求自己的心愿能够实现。

2.3 传承方式

青海湖祭海是带有浓郁宗教色彩的一种民俗活动，更是一种文化现象，其间包含着众多民风民俗。因此，其传承以宗教僧人为主导，农牧民主动参与其中，口口相传、代代相袭。

"青海湖祭海"代表性传承人
加火加木措（青海省海北藏族自治州人，国家级非物质文化遗产代表性传承人）

三、价值意义

青海湖是莽莽雪域高原上的一颗明珠，千百年来一直为人们所景仰。从青海湖祭海的渊源、历程、仪规以及当代的嬗变做系统的探寻，祭海这一现象的历史轨迹就是各民族发展、融合、演变的历史轨迹。青海湖是居住在这里的藏族人民心中的"圣湖"。每年，当地藏族同胞都会成群结队地来到湖边，用自己的方式来"祭海"，以祈求国泰民安、人畜兴旺、五谷丰登。

青海湖祭海保留了相当完整的传统民俗，其中的祭词、经文和传统体育比赛等内容具有较高的宗教学、民族学研究价值，是研究中国古老民族发展演变历史的宝贵资料。

四、保护措施

2008年，"青海湖祭海"由青海省海北藏族自治州申报，经国务院批准，被列入第二批国家级非物质文化遗产代表性项目名录。

江孜达玛节

一、项目背景

1.1 流传区域

江孜达玛节，藏语意为跑马射箭，是藏历四月十日至二十八日，在西藏自治区江孜县一带流行的集“体育竞技、文艺表演、物资展销”为一体的藏族传统节日。据说第一个达玛节，是为纪念绕丹桑帕巴桑布（江孜法王）而设立。到扎西绕丹帕（1447）统辖江孜时期，节日的娱乐活动更加丰富，增加了跑马射箭比赛等，江孜达玛节至此正式形成。

江孜达玛节（何胜科/摄影）

1.2 人文环境

江孜县隶属西藏自治区日喀则市，地处西藏南部、日喀则市东部、年楚河上游。县辖1个镇，18个乡，151个村，3个居民委员会，总面积3 771平方公里，总人口为7万余人，其中藏族人口占98%。

江孜全名为“江卡尔孜”，藏语意为“胜利堡垒之顶”。1904年英国“远征军”侵略此地时，该地军民进行英勇抵抗，故历史上有英雄城的称号。著名影片《红河谷》的故事便是以此为背景并在此拍摄的。江孜地势高峻，平均海拔4 000米以上，是南去亚东、西去日喀则等地的交通要道。江孜是国家级历史文化名城，原是西藏第三大城市，是与不丹、锡金、印度等国通商的商品集散地。江孜还素有“藏毯故乡”之称，主要产品有地毯、壁毯、藏被等。江孜卡垫闻名全国。江孜名胜除宗山、抗英炮台外，还有藏传佛教各教派共存于一寺的白居寺和独具特色的江孜白塔。

二、场景内容

2.1　民俗背景

江孜达玛节起源于萨迦王朝贵族的祭祀活动。达玛（即意为跑马射箭）节是一个独具藏族特色、拥有600多年历史的传统节日。据传，帕巴桑布是萨迦王朝的内务大臣，又是江孜法王，在群众中颇有威望。帕巴桑布去世后，其弟子每年设祭以示纪念。后因战乱，祭祀被迫中断。至藏历火鼠年（1408年），他担任江孜法王，遵照父亲贡桑帕的遗嘱恢复祭祀。这一年藏历四月十日至二十七日，他为其祖父设祭念经，直到二十八日才开始娱乐活动。活动由法王的部下、兵丁、佣人承办，主要内容包括展佛轴画、跳神、角力、跑马、抛石头等。由此开始，将藏历每年的四月十日至二十八日固定为祭祀节日。到扎西绕丹帕（1447年）统辖江孜时期，娱乐活动更加丰富，增加了跑马射箭比赛等内容，达玛节至此正式形成。

17世纪中叶，五世达赖进一步加强了政教合一的统治制度。统辖全藏后，统一委派僧俗官员管理各地宗溪，江孜达玛节也由西藏地方政府委派僧俗官员二人（一是江孜宗本，一是白居寺总管）主持这一节日活动。这一时期，参加跑马射箭比赛的人员与马匹，由江孜地区三家最大的贵族摊派。这时的宗教活动只是象征性的，主要进行大规模的跑马射箭比赛，活动由一天变成三天。第一天，简单举行宗教仪式，然后检查验证马匹，烙上印记，不准再换；第二天，跑马比赛；第三天，射箭。三天比赛完毕，还要进行三、四天郊宴活动。

2.2 表现形式

达玛节最初流行在江孜，现在许多地方都有举行，但仍以江孜为最。届时，农牧民着节日盛装，喜气洋洋，从四面八方汇集一起。节日内容有跑马射箭、赛牦牛、抱石头、拔河负重，后来又加入了足球、篮球、民兵实弹射击、群众性（或专业）文艺演出等活动。活动期间万人汇聚、竞技游玩、山货展销，场面非常热闹。

达玛节的主要内容是跑马射箭，赛马竞技以鸣枪为号。赛马的少年骑着不配鞍的打扮漂亮的剽悍骏马，策马扬鞭，风驰电掣，争雄斗胆，展现英姿，使人看后叫绝。随后进行的跑马射箭是一种竞技运动——高原上的神射手聚集一起，轮番骑射表演，一试高低，博得满场喝彩。

最具特色的是赛牦牛。牦牛的速度要慢些，但经过主人们的调教，个个不甘示弱放蹄狂奔。不过牦牛终归要倔些，常常要起了“牛脾气”，硬是在激烈的赛牛场上演了一出“闲庭信步”，把背上的骑手急得“火烧屁股”，惹得观众哄堂大笑，使比赛充满了趣味性。

“抱石头”比赛源于西藏古代，规则很简单，以选手抱着大石头行走的距离远近为决胜标准。选手们挑战的石头有100多公斤重。为了增加难度，选择的比赛用石头呈椭圆形，石面光滑。这项运动不仅需要选手有强劲的抓握能力，还需要双腿、腹部的协同能力。江孜达玛节抱石头小跑的历史记录经常被选手们刷新。

2.3 传承方式

传承至今，江孜达玛节在当地政府的大力扶持下，已成为江孜县一年一度重大的民俗节日。

三、社会影响

江孜达玛节在西藏自治区境内具有广泛知名度，也是当地重要的文化品牌。在各级政府和社会的帮助支持、广大藏族农牧民的积极参与下，这一传统民俗活动得到了很好的保护传承。

四、保护措施

2008年，“江孜达马节”由西藏自治区江孜县申报，经国务院批准，被列入第二批国家级非物质文化遗产代表性项目名录。

藏族天文历算

一、项目背景

1.1 流传区域

藏族天文历算是藏族“十明”文化的重要组成部分，藏语的“孜柔”即“算明”。它广泛流传于藏族聚居区和不丹、印度、尼泊尔等邻近国家，至今已有2 000多年的历史。藏族天文历算学是一门独特的学科，一般认为它由古老的物候历为基础，以公元11世纪从印度传入吐蕃特的时轮历为主，兼并吸收了从汉地传入吐蕃的“五行算”及公元18世纪自北京传入藏族聚居区的“西洋新法”时宪历的部分内容而形成的自成体系、独具特色的历法。相关知识与实践不仅包括五大行星运动值的推算、闰月和重缺日的设置、日月食的预报，还包括进行中长短期天气预报，依据天文历算学原理推算各地适宜的农耕牧作时机、物候、节令和人体脉相变化周期，等等。每年由藏医院天文历算研究所推算编制的藏历是天文历算研究成果的一种特殊表现形式。

1.2 族群简介

藏族是中华民族大家庭56个民族中的成员之一，是青藏高原的少数民族。在中国境内主要分布在西藏自治区、青海省和四川省西部，云南迪庆、甘肃甘南等地区。目前，全世界藏族人口750万，中国境内约700万（2016年），藏裔人口保守估计在1 000万以上。

二、场景内容

2.1 民俗背景

藏历有三个来源：一是藏族固有的物候历；二是从印度引进的时轮历；三是从汉地引进的时宪历。另外还有从汉族引进的“五行算”和从印度引进的“占音术”。

从有关文献史料及国内外研究成果来看，在吐蕃王朝建立以前，藏族已经拥有历法。从上古藏族物候历中观察，吐蕃统一高原之前各地主要流行的历法有阴历成分，也有阳历成分。在吐蕃王朝松赞干布之前，在藏族世代居住的地方——青藏高原上虽然还没有相对统一的文字，但据史料记载，公元前469年藏族第一个赞普（即聂赤赞普）即位时，当时西藏大地上便出现了12位有智慧的苯教徒，其中就有专门从事“资畚医药”的医者和“卜卦占算”的算者，说明当时便有专业从事藏医和历算的人员，也说明当时就有相对系统的历法。

据记载，早在公元前100年，藏族就有了自己的历法，那就是以月亮的圆、缺、朔、望来计算月份的苯教历法。《纺织老人月算》详尽地总结了当时藏族人民丰富的生产经验和天文历算知识。后来，文成公主进藏，带来了许多经书典籍，其中天文历算的书籍对原始藏历的完善和发展，起了重要的作用。

藏族天文历算到吐蕃时期得到发展。公元6世纪前后，西藏已经有了相对自然和准确的历法。公元7世纪，吐蕃王朝建立后，统一了文字，确立了法典，采取了大兴佛教、振兴藏医和历算等一系列措施。从内地，以及当时的印度、大食等邻近国家吸收了先进的医学和历算学内容，充实到西藏的天文历算中来，从而使藏医学和天文历算学得到了长足的进步和发展。

11世纪，从印度传入了《时轮经》历法，同一时期的波斯的班智达达互贡布入藏，著名译师卓希绕扎同他合作翻译了《时轮续文释解》。翻译《时轮释解》的时间恰逢火兔年，故印度的“绕琼”之推算法开始传播，并取代了西藏原有的“琼日”推算法，延续使用至今。

1683年，著名的大学者第司桑结嘉措对西藏的天文历算做了认真细致的研究，吸收了汉族和印度历算的合理部分，结合本地区的实际，创造性地编著了《白琉璃》一书。该书分别叙述了编定历书的规模、项目和内容，并逐月绘出固定的表格模式，对西藏的天文历算发展起了决定性的作用。

2.2　表现形式

藏历规定一年为12个月，大月30天，小月29天。每1 000日左右，便有一个闰月，用来调整月份和季节的关系。藏历采用时轮制的纪年法，把天体分为十二宫，即：白羊、双鱼、金牛、摩羯、双子、狮子、巨蟹、宝瓶、人马、室女、天蝎、天秤。用十二属相配五行纪年。以十二年为一小循环，六十年为一大循环，称为一“绕迥”（即一时轮）。第一“绕迥”是从公元1027年开始的。1987年是第十七个“绕迥”的第一年。1991年藏历称为金羊年。这与汉地农历的纪年法相似，属相也一致。

藏族历算学中的基础知识包括主要的类型特征以及藏族历算文化研究的特殊方法，描述性的概念、算法、性质和公式等方面的交融，尤其是其中的藏历纪年，它是藏族天文历算的重要组成部分；其次是藏族沙盘的计算方法，藏族天文历算的计算依据时轮历等。

藏族历算中的加法运算。藏族沙盘的计算方法就是笔算的一种形式。藏族的加法从自己的右手向左写，乘、除、减从左向右。乘数末尾的零要写到被乘数的末尾上去，除数里的零在末尾定位，被除数为零时不除，乘数为零时把被乘数全擦掉。我们在沙盘上演示藏族的计算过程如下。

例如，235和377相加就可以写成：个位数的和 5+7 =12，十位数的和3+7=10，百位数的和2+3=5，总和为612。藏文的加法从右往左加，先是5+7=12，把1写在377的十位下方，划去5和7，在5的上方写2，然后3+7+1=11，把十位的1写在377的百位下方，划去3、7、1，把各位的1写在235的十位上方，最后2+3+1=6，写在235的百位上方，划去2、3、1，这样加法运算就做完了，最后的得数是612。

藏传时轮历具有阴阳合历的特征，以月相圆缺的变化周期为一月，以季节变化的周期为一年；由于年、月的长度不成整数比例，除每个平年设置12个太阴月（即朔望月）以外，还要设置闰月来调整季节变化；同时，它又拥有一套独特的原理和数据系统，以推算预报天象，日、月食和预报一天中28宿和五星的方位，以及预报日、月食的各个项目等。藏传时轮历中计算时间的单位有7个：息（呼吸顷），6息为一分（漏分），60分为一刻（漏刻），60刻为一日，30日为一月，12个月为一年。其中“息”的测计方法为健康的壮年男子一呼一吸所需的时间，约等于一个太阳日的1/21 600；一刻相当于24分钟。

藏传时轮历的计算方法也很独特，它测定每个太明月为29.53 058太阳日，但又规定每个太阴月为30个整太阴日。为了相应地配合太阳日与太阴日之间的日序，便出现了“闰日和差日”，月的大小就依据同日和差日来解决。有差日无闰日或差日多于闰日的月份为小月，每月29天；闰差相抵或无闰日无差日的月份为大月，每月30天。

闰日与基日根法则：藏族学者自己编著的《时轮历精要》归纳出了简明扼要的口诀，即“重者去大，缺者重小”。两句话的第四个字表示天文历算中给出的日曜（星期）序数，第三个字代表历书中的日期，第四个字代表先后两天太阻日结束时刻数值的大小。日曜次序出现重复者就要把太阳日序去掉一个，日曜次序出现短缺者就增补一个太阳日序，主要依据日曜序数来保持日期的连续性。

藏传时轮历法中最重要的内容是“五要素”和“三日算”。“五要素”或称为“五括”：①曜（指太阴日结束的时刻）；②日期（指日期与喜、善、胜、定、满五名称的配合）；③星宿（指太阳日月宿，也就是当天太阳日开始时月亮所在之宿）；④“会合”（由定日与月宿相加而成）；⑤“作用”（指作用的前后分）。①②③是历算中的科学成分；④⑤与占卜之术有关。“三日算”指太阳日（从头天天明到第二日天明为一完整太阳日）、太阴日（指月亮运行白分、黑分弧长的各1/15所需的时间长度）、宫日（指太阳通过一宫所需的135弧刻时间长度的1/30）。

以上的“闰日和差日”设置、五括和三日算，是藏传时轮历法计算的最根本基础，被称为“历算要害”。其中“三日算”在推算五星运行时，往往3种算法同时进行，起到相互复核的作用。

时轮历还有3种年、月、日，各有太阳、太阴、宫的名称，其比例关系是：1太阳年=12太阳月=360太阳日；1太阴年=12太阴月=360太阴日；1宫年=12宫月=360宫日；65宫日=67太阴日；64太阻日≈63太阳日。时轮历中所说的宫年就是现代所说的恒星年。在时轮历中恒星年与回归年不分，只用宫年。在实际推算中，作用最大的是宫年、太阳日、太阴月和太阴日四要素，而时轮历中的太阳年和太阳月在天文学上没有什么实际意义。

时轮历中还有两个假想的天体，即罗睺、劫火（罗睺尾）。再加长尾彗星，它们也称为“曜”，共为“10曜”。五星的各个周期同现代科学测出的数据相同或近似。时轮历中视罗睺与其他天体一样，有自己的运行周期，不同的是只有数而无“象”，是个“隐曜”。它的运动周期为30个太阴月，合计6 792.04太阳日，已相当精确（今测为6 793.460日）。罗睺的方位以黄经表示，以周长27宿相减，所得结果在时轮历中称为“罗睺头”，与之相对的称“罗睺尾”，相当于天文学上的黄白升交点和降交点。时轮历中的长尾彗星就是九曜中的计都。

日食月食推算过程：先由积月除以罗睺的周期，商余化成日数，然后若推算日食加30日，推算月食加15日，再乘以罗睺每日运行的度数得到罗睺头数值（在此数值上以半周相加，则得到罗睺尾的数值）；接着求出太阳、月亮的黄经，以太阳、月亮的黄经与罗睺头、尾数值中最为接近者相减；最后以所得差数来判断有无日、月食。

藏历的正式使用，是在公元1027年开始的，并流行至今。本来，公元前一世纪藏族便有了自己的历算法，那就是以月亮的圆、缺、朔、望来计算月份的苯教历法，那时的新年初一，相当于现在的藏历十一月一日。有一本古老的历算书叫作《纺织老人月算》，详尽地总结了当时藏族人民丰富的生产经验和天文历算知识。后来，文成公主进藏，带来了许多经书典籍，其中天文历算的书籍对原始藏历的完善和发展，起了重要的作用。这时，新年日期的确定，已从月亮的亮度进步到以星辰为主要依据，即以鬼星的亮度、位置为标准。但是，新年还是现在藏历的十一月一日。后来，原始藏历吸收了汉地的历算技术，逐渐完善成为今天的藏历。

五行算法图主要展示五行（木、火、土、金、水）的具体推算等法。

整个图案主体从内至外有四个环形色带，分别为黄、蓝、红和绿色，依次代表“四大”中的土、木、风、火，余下的空白代表“空”。此外，藏历还包括五行、七曜、八卦、九宫、十二生肖、二十四节气、六十周年、春牛芒神、韵律占、身命气云、堪舆风水等依附的内容。

2.3 传承方式

在西藏，藏医和藏历是紧密联系的。8世纪，藏医学家宇陀宁玛·元丹贡布的藏医学著作《四部医典》的问世，使藏医学形成了较完整的理论系统。由于藏医认为随着季节的变化，人体五脏中的气和血液循环状况也有所不同，因此藏医十分重视观察星、云、风、湖水和鸟类的变化。按藏族惯例，天文历算的业务设在藏医院。藏医院里汇集着一批学者。每年的历书都是前一年由藏医院里的学者测算的，如此传承至今。

“藏族天文历算”代表性传承人
贡嘎仁增（西藏自治区人，国家级非物质文化遗产代表性传承人）
阿旺旦增（西藏山南敏竹林寺，区级非物质文化遗产代表性传承人）

三、价值意义

天文历算学在藏族人民的实际生活中应用范围很广，如授时、编制历法、测定方位等。其内容不仅仅是探索天体运行和大自然变化的规律，还与探索疾病的诊断治疗与季节气候变化的密切关系。

藏历的另一个重要内容是气象预报。藏族古代就发明了许多气象预测方法，如通过观察植物、动物、河水、星体、冰床、云的颜色和形状、风的方向等来判断气象变化；通过对狐日、鸟日、正日、背日、两至日、室壁日、白胶日等期间天气状况的观察和分析，结合狮座图、乌龟图以及五星运动值等预测来年天气状况，诸如有无雪灾、冰雹、霜露、旱涝及地震等自然灾害。又根据野鸭、杜鹃鸟、戴胜鸟、大雁、乌鸦、燕子等候鸟的季节性活动时间来安排西藏各地的早、中、晚播等农事事宜等。这种方法至今仍然广泛适用于广大的农村、牧区。

藏族天文历算是藏族人民在长期实践中创造出来的宝贵财富，千百年来一直在藏民族的生产生活中发挥着指导作用。西藏的历法具有鲜明的特点，在全世界各种历法中独树一帜，占据很重要的地位。依据藏族天文历算学原理编写的藏族气象历书至今仍具有指导农牧业生产、预报气象等重要作用，深受广大农牧民群众欢迎。

四、保护措施

西藏和平解放后，自治区藏医院下设了藏历编辑室，负责编历工作。1978年，藏历编辑室升格为天文历算研究所，并于1981年成立了西藏天文历算学会，开展天文历算研究项目和学术交流活动。此后，大部分地区藏医院中设有天文历算研究室，并出版发行各具地方特色的藏历历书。据西藏自治区藏医院天文历算研究所银巴所长介绍，现在每年出版发行的藏历历书数量达到了10万多册，是除了藏文教科书以外发行量最大的藏文书，并远销印度、尼泊尔、不丹等国和我国青海、四川、云南、甘肃等地的藏族聚居区。

从1993年起，西藏自治区藏医院天文历算研究所利用天文历算学原理做出的每日天气预报开始在西藏电视台和西藏人民广播电台中播出，受到西藏各界人士的欢迎。

编制藏历历书对于西藏自治区藏医院来讲已有90多年的历史，每12年进行一次大规模的数据运算是“门孜康”约定俗成的传统。历史上曾经于1921年、1938年、1947年和1957年先后四次在钦热罗布大师的主持下，组织各地的天文历算学专家集中对藏历历书的有关内容和体例进行了深具影响的研讨和厘定工作。

2008年，“藏族天文历算”由西藏自治区申报，经国务院批准，被列入第二批国家级非物质文化遗产代表性项目名录。

藏族服饰

一、项目背景

1.1　流传区域

藏族传统服饰，藏族各不同支系、不同各地域间的服饰都各自具有独特的风格。本档案特指非遗申报地的藏族服饰档案信息。

1.2　族群简介

藏族有卫藏、康巴、安多三大主体以及其他一些特殊支系。卫藏指的是西藏拉萨、日喀则一带的藏族；康巴指西藏的昌都和四川的甘孜州、青

康巴藏族服饰（甘孜州博物馆供图）

海的玉树州、云南的迪庆州一带的藏族；安多指的是青海除了玉树以外的其他藏族聚居区和甘肃的甘南州，四川的阿坝州（部分）一带的藏族。

1.3 人文环境

措美县是西藏自治区山南市的下辖县，位于山南市西南部，西藏自治区南部、喜马拉雅山北麓。县辖2个乡2个镇，距拉萨市300公里，距山南市市区130公里。总面积4 549平方公里，总人口1.4万（2014年年底）。

林芝位于西藏东南部、雅鲁藏布江中下游。林芝古称工布。“林芝”是藏文“尼池”或“娘池”音译而来，藏语意为“娘氏家庭的宝座或太阳的宝座”。林芝风景秀丽，被誉为“西藏江南”。林芝辖区面积11.7万平方公里，实际控制7.6万平方公里，总人口20.3万人（2014年）。

普兰县隶属于中国西藏阿里地区。位于西藏自治区西南部、阿里地区南部、喜马拉雅山南侧的峡谷地带及中国、印度、尼泊尔三国交界处。阿里地区普兰县总面积12 539平方公里，总人口1万人（2014年）。普兰县辖普兰镇、巴嘎乡、霍尔乡，共有10个行政村（社区）。

安多地区的范围包括四川阿坝州（部分）、甘肃甘南州、天祝藏族自治县、青海除玉树藏族外的自治州。最权威的藏传佛学院拉卜楞寺就位于甘肃甘南州，十世班禅大师同样出生在青海安多地区。安多地区有闻名全球的可可西里、藏北羌塘无人区。由于地缘关系，一直处在中心地区边缘地带的安多地区，自古以来就与东边的汉文化和北方的阿尔泰文化联系密切。历史上这里也是多民族聚居的地方，吐蕃、匈奴、吐谷浑、蒙古、土、回、撒拉等族的先民们，在历史的变迁中相互融合与交流，逐步形成了今天独特的安多文化。安多地区有久负盛名的热贡唐卡艺术和红色文化。

申扎县隶属西藏自治区那曲市，古称纳仓德巴。“申扎”藏语意即洁白、透明、无瑕的精盐（“申”音译为洁白、透明；“扎”音译为盐巴）。地处藏北高原腹地南部、冈底斯山和藏北第二大湖（色林措）之间。总面积25 546平方公里，辖2个镇、6个乡，总人口1.64万（2015年）。

“玉树”藏语意为“遗址”。玉树藏族自治州属青海省辖自治州，是青海省第一个、中国第二个成立的少数民族自治州，总面积26.7万平方公里，下辖1市、5县；2017年总人口40.95万人。境内有独特的高原自然景观和民俗风情，素有藏族“服饰之乡”的美誉。玉树藏族的服饰风格独特，形式多样，色彩鲜艳。

门源回族自治县位于中国青海省东北部，属海北藏族自治州管辖，在海北藏族自治州东部，其东部和北部与甘肃省相邻。距省会西宁150公里，距海北州州府驻地海晏县250公里。总面积6 896平方公里，县辖4个镇、7个乡、1个民族乡，4个居委会、109个村（牧）委会。总人口15.58万人（2013年）。

二、场景内容

2.1 民俗背景

现存最久远的藏族服饰实物资料是昌都卡若遗址出土的少量装饰品，有片饰簪、璜、珠、项饰、牌饰、贝饰等，说明了距今四五千年前的青藏高原土著已有了较高的审美情趣，不仅有了缝织衣物的骨针，还有了需一定审美意识方能创造出的璜、珠等。

金属锻造（玉树州提供）

“中二丁王”时期（相当于中原西汉中期），南方雅隆河谷的吐蕃开始了冶炼铁、铜、银等金属，为金属饰品的出现创造了条件。藏史记载，公元三世纪的拉妥妥日年赞时，吐蕃赞普的服饰已与众不同，出现了服饰等级的差异。史载松赞干布时期，吐蕃的历史翻开了新的一页，吐蕃文化得到迅速的发展，其服饰文化日渐发达。吐蕃奴隶制王朝等级森严，在服饰上的表现也日臻完备。

从反映吐蕃盛时的敦煌壁画可看出，君臣服饰的等级差异，一般只有众王之首的吐蕃赞普才能使用的三瓣宝冠箍住的有凹槽装饰的无檐帽，呈红色，通常高于一般人的帽子；赞普的侍从或臣下往往戴平顶无檐帽。衣袍的式样也各有不同，官吏的章饰规定有一等瑟瑟、二等金、三等金包银、四等银、五等铜、六等铁等大小两类，共十二级，装在半径三寸的盒子里挂在胸前，以区别职位的高低。武将的头盔有形如塔的装饰，战士头盔上有三支彩旗以表示出生的年月。随着"惟以淬砺为业"的吐蕃冶炼业的发展，军队的甲胄日趋精良，有的周身仅露两个眼窝，劲弓利刃常不能破，其威严、勇猛之气在今天大昭寺壁画的吐蕃武士像中尚栩栩如生。

史载文成公主进藏时，带入各种花缎、锦、绫罗与各色衣料2万匹，还有大量的金玉器具。松赞干布及吐蕃大臣纷纷自行去掉毡裘，改穿绢衣。近代西藏的高级官吏，头发绾成一髻，戴金翅白纱帽，这是唐代进士的服饰。此外，松赞干布还采纳文成公主建议，令国人禁止"赭面"（用油涂面）。文成公主进藏还带来了种植蚕桑和纺织技术，"植桑织丝兮"大大促进了吐蕃服饰技艺的发展。青海海西州都兰出土的大批吐蕃服饰文物，真实、生动地反映了吐蕃服饰的工艺水平。服装的织物纹样多为联珠动物纹，装饰品的金质首饰、佩饰的精美使人叹为观止。

吐蕃是一个军事帝国，在它的发展过程中征服、融合了青藏高原及其边缘地区的许多其他民族，这是造成今天各地区藏族之间文化差异的重要原因。在服饰的表现上也是如此。

吐蕃王朝崩溃后，从公元9世纪中期到公元11世纪的200余年间，西藏社会一直处于分裂割据的混乱状况。这一时期战乱不堪，服饰艺术的发展也难免厄运、停滞不前，而与战争有关的武士服饰却顺势发展。在阿里古格王国的遗址中，发掘有大量古代武士的盔甲和武器。其铠甲多为钢片甲，是用细皮条串结钢片而成，串结方法颇为复杂。武器中的盾牌，系用藤条编织为圆形，直径80厘米，正面镶有铜质加固件。铜件上雕刻有细密的纹饰，可以称为铜饰件。盾牌背面有四个铜环，环间可用皮条相连，作

三格尔毛服饰（卓尼县供图）

握柄之用。无论这些服饰和兵器，是西藏本地生产，还是外来流入，都说明当时西藏的武士服饰已具鲜明的本土特征与个性。

佛教重新兴起，并且形成众多的派别，各派不但在佛经教义的诠释上不同，而且在服饰穿着上也不相同。古老的宁玛派僧侣着红色袈裟，故又被称为红教。而噶举派则以戴红帽或黑帽以示各支派的区别。这种以服饰表征身份、信仰的现象正是西藏服饰文化的重要功能之一，也是西藏服饰史上颇具特色之处。

2.2　表现形式

（1）措美县扎扎服饰。扎扎服饰中的彩靴“甲黔”相传原是哲古宗给地方政府缴税时的一种贡品。它底子厚，皮面结实，穿着起来美观舒适。在有关吐蕃王朝与中原地区的文化交流及公元7世纪藏族历史、文化、艺术、民俗等的研究中，扎扎服饰有着重要的参考价值。

林芝工布服饰（西藏商报供图）

（2）林芝工布藏服。在西藏林芝县、贡布江达县、米林县（古称贡布地区），无论是秋冬季节，还是春夏时令，藏族农牧民、工商人、学生儿童都身着一种用黑色氆氇呢织缝的服装。此装无领无袖，下幅分作前后两摆，似裙齐膝。衣襟和下摆衣缘镶着金边，古色古香，构成工布人独特的民族服饰风格。此种服装就是工布服饰。目前，不仅林芝县、贡布江达县、米林的藏族人一年四季穿工布服，在西藏其他地区的藏族人、珞巴人、门巴人中，也有相当一部分愿意把自己打扮成工布人的。

林芝工布藏族服饰大体可分节日盛装、平时服装及特殊劳动时穿着的工作服三种类型。它有无领外套、无袖外套等样式，制作简单，风格华美。随着生活水平的提高，林芝工布藏族服饰在做工、质地、装饰物搭配等方面都得到进一步的发展完善，在保持原有服饰形态不变的前提下显得华贵动人。

（3）普兰县藏服服饰。普兰科迦村的藏服服饰包括服装和首饰两大部分，服装部分由咖啡色氆氇女藏装、彩虹鞋、披肩、帽子、羊羔皮、水獭皮、缎子等组成，首饰部分由嘎穷、嘎累、吉乌、恰恰、巴塔、那玉、方形纯天然金片、翡翠瓶、珊瑚、银片、银粒、松石、超级银链、超级松石链等6 815件饰品组成。 普兰飞天服饰的灵感得益于傲然开屏的孔雀，从服装的剪裁到配饰的搭配，无不彰显着孔雀的形与孔雀的魂。科迦妇女服

普兰服饰（普兰县供图）

普兰服饰

饰造型别致，风格高贵典雅，在设计中采用夸张的艺术手法，体现出丰富的想象力，令人叹为观止。

（4）安多服饰。安多与其他地区的服饰有较大差别，这在帽子的制作上显现得尤为突出。

安多藏服是县境藏族传统服装，款式为宽领、肥腰、长袖，下摆长拖地面，无纽扣，男女都喜欢穿羊皮藏袍。就其质地讲，分羔羊皮藏袍和老羊皮藏袍，而两种藏袍式样基本相同。男女藏袍在边饰上有明显区别。一般缝制一件中等身高的男女藏袍，要用7张老羊皮或40张羔皮。安多以羊羔皮、丝绸等作为制帽原材料，帽顶中央竖有一根用布条卷成的小柱子，高度在30厘米左右。安多服饰的款式达

安多藏族服饰（阿坝县供图）

180余种，牧民服装有日常服饰与节日、礼仪日服饰之分；日常服饰讲求轻便耐用，节日、礼仪日服饰则注重精美大方。安多藏袍多有佩饰，男子腰带上往往佩带腰刀、火镰、子弹夹等，既反映出游牧文化的特点，又与现代生活密切联系。

（5）申扎县巴扎服饰。巴扎服饰采用当地羊毛为原料，样式与造型十分独特。这种服饰由牧民手工制作而成，制作工艺在家庭内部世代传承不绝。衣服上的手工刺绣古朴典雅、寓意深刻，与服装相配的装饰品精巧别致、美观大方。巴扎服饰主要由七部分组成，分别为：头饰、上衣（长袖上衣、无袖上衣）、袍子、腰饰、帮点、裤子、牧鞋。

巴扎服饰的头饰由巴果、巴龙、达勒三部分组成。巴果：以50厘米宽的竹板为心，做成梯形状，总体高1 000厘米、宽1 200厘米。做法：做完基础梯形巴果之后用红色布包裹两边，上面用白布包裹，之后用银币在上面做装饰，每隔75厘米装饰一枚银币。巴龙（长条状）：主色为红色，蓝色包边；主要材料为红色呢子、珊瑚、琥珀、绿松石、银币。做法：首先在长2 150厘米、宽325厘米的红色呢子上镶嵌4排为一组（一排有5颗珊瑚珠子）、共8组的珊瑚，在镶嵌的珊瑚中间分别用绿松石和琥珀点缀，下方的吊坠有24串（每串有大小不同的8~10颗珊瑚），在每两串上挂一枚银币。达

巴扎服饰（格桑伦珠供图）

玉树服饰（玉树州供图）

勒（十字状）：主色为红色，蓝色包边，与巴龙搭配使用；主要材料为红色呢子、珊瑚、琥珀、绿松石、银币。

（6）玉树传统服装。玉树传统服装由服装和装饰两大部分组成，服装部分主要包括藏袍、藏帽、藏衫、藏裤、藏靴等。藏袍以藏族传统的长袍为基本款式，分冬、夏两种类型，最常见的冬装有察日桑古、勒察、察日等，夏装有加玛桑古、锦新、加玛等。除此以外，玉树服装还有常服和礼服之分，常服以各种布料氆氇、羊皮、羊羔皮为原料，礼服以各种毛呢、绸缎、氆氇、羊羔皮、狐狸皮为原料。玉树人称藏靴为“朗”。玉树藏靴种类较多，有“囊朗”“高朗”“藏巴尕夷”“锅子朗”等不同的样式。玉树传统服装的装饰部分主要由头饰、耳饰、项饰、手饰、腰饰等组成，显示出浓郁的地方民族特色。

玉树藏人的冬夏装有十多种，最常见的冬装是镶獭皮的袍，叫“察桑”。藏袍中女性礼装最考究华贵，都要在摆边镶上宽30多厘米的水獭皮，并拼接成黑白相间的漂亮图案，其上再镶接15厘米左右的彩色锦缎，很华贵。玉树女子的夏藏装叫“锦新”，由氆氇、毛呢、布料绸缎等做成，用锦缎镶边，显得素雅高洁。藏族男女里面穿的衬衫，都是高领右衽大斜襟，男白女彩（大红、粉红、墨绿等）。藏式男裤多是大裤管，白色居多，装在用褐子或皮料做的高筒藏靴里，显得既传统又酷炫。玉树人的藏帽，冬季的多是用狐皮或羊羔皮做里子，有袋形和四耳的两种。漂亮的狐毛金黄耀眼，像燃烧的火焰；羊羔毛翻出来净白如雪，高洁素雅。

玉树男女的头饰也很有意思。男子头上多蓄发梳成辫子，用箍圈盘在头顶上，再饰以摆动的大股红缨穗，风度翩翩。这是典型的康巴汉子的头饰特征。女子头上一般梳三四十条小细辫，收拢的辫梢上缀有珠宝和彩色丝穗，再戴上以琥珀球为主（戴单不戴双），配以红珊瑚、绿松石等珠宝的头饰，华丽而高贵。

（7）华锐藏族服饰。华锐藏服男性服饰以白色为吉祥，常用青、紫、草黄色，藏袍宽大，衣长过体，不用纽扣。华锐藏族男性往往身穿白色褐衫、浅色布裤及用羊羔皮或豹皮做领、羔皮或氆氇嵌边的吊面皮袄或白板皮袄，腰系红绸带。

华锐服饰（诺日仁青供图）

华锐藏族妇女夏季戴嵌黑边、顶缀红缨的尖顶白毡帽，穿布袍、藏靴，冬季戴被称为“四片瓦”的四耳皮帽，穿狐皮领、水獭皮边的吊面皮袍。

华锐藏族服饰中最有特色的是白色高筒毡帽。这种毡帽嵌有铜、银顶座，上缀红缨穗，风格华美，造型独特。华锐服饰保留了华锐藏族众多民间艺术和手工艺的原生形态，在藏族民间文化的传承中发挥着重要作用。

2.3　传承方式

藏族服饰蕴涵着丰富的人文内涵，其传承过程受到地区特殊的宗教文化、地理气候、生产方式、生活习俗的影响而不断演化。在族群社区内部，以家庭为单位的服装制作世世代代传承着藏族服饰文化丰富的人文内涵。

“藏族服饰”代表性传承人
旦增多杰（青海省玉树藏族自治州人，国家级非物质文化遗产代表性传承人）
阿旺旦达（西藏自治区措美县人，国家级非物质文化遗产代表性传承人）
南布（西藏自治区安多县人，国家级非物质文化遗产代表性传承人）
次仁旺堆（西藏自治区申扎县人，国家级非物质文化遗产代表性传承人）
加羊卓玛（青海省海南藏族自治州人，国家级非物质文化遗产代表性传承人）

三、社会影响

服饰文化是民族文化的生动体现，是不断演进变化的历史过程。藏族服饰是藏族文化不可缺少的重要组成部分，其中凝聚着藏族人民的智慧，具有独特的藏学、社会学、民族学、民俗学、少数民族服装史和历史文化研究价值。

四、保护措施

2008年，“藏族服饰”分别由西藏自治区措美县、林芝地区、普兰县、安多县、申扎县，青海省玉树藏族自治州、门源回族自治县申报，经国务院批准，被列入第二批国家级非物质文化遗产代表性项目名录。

岗廓转神山节

一、项目背景

1.1 流传区域

转神山是古象雄时期留传下来的风俗。藏传佛教认为：某一年各路神佛、菩萨就要汇集某一神山，该神山就要显圣，山为圣山，水为圣水，湖为圣湖。凡是这一年到这个神山朝拜的人，绕圣迹一圈，可洗尽一生罪孽；转十圈，便可在五百轮回中避免下地狱之苦，转百圈便可成佛升天；圣水能洗净人们心灵上的五毒。转山朝圣活动在藏族聚居区普遍流行。本档案特指阿里岗廓转神山节习俗。

1.2 族群简介

卫藏地区范围大致相当于现今西藏自治区除去昌都地区以外的大部分地区，以及不丹、锡金的部分邻近地区。卫，又称前卫藏，大致相当于现今的拉萨（当雄县除外）、山南和林芝西部（林芝、工布江达、米林、朗县四县）；藏，又称后藏，大致相当于现今的日喀则（北方小部除外）。居住于普兰以及阿里地区内的藏族主要为卫藏藏族。

1.3 人文环境

西藏阿里地区，元朝时期称纳里，明朝时期称俄力思，位于青藏高原北部的羌塘高原核心地带，是中国西藏自治区的一个地区级行政区划，也是世界上人口密度最小的地区之一，具有独特的高原自然风貌，有高山、沟谷、土林、冰蚀、冲击扇、冰碛和火山等类型。历史上曾经把这种特征概括为冰雪围绕的“普兰”、岩石围绕的“古格”、湖泊围绕的“玛宇”，总称为“阿里三围”。

普兰县属阿里地区管辖，总面积12 539平方公里，总人口1万余人（2014年）。

神山岗仁波齐位于普兰县境内，是冈底斯山的主峰，海拔6 638米。普兰县隶属于中国西藏阿里地区。岗仁波齐神山外形犹如巨大水晶钻石，四周有八瓣莲花状的群峦护绕，雪峰洁白晶莹，一如圣女。

二、场景内容

2.1 民俗背景

冈底斯藏语称“冈仁波齐”，它的意义是雪山之宝。这个冈底斯圣山是八千万世界之中西方的俄摩隆仁或西方极乐世界之地，是诞生八千万贤能并传播佛法的圣地，是赡部洲的地理和文化中心，也是吐蕃和象雄地方土生土长的原始宗教、佛教之源，以及雍仲本波佛教的故乡。雍仲苯教是藏族的原始佛教，它是为了一切众生离苦遇乐、和平世界、救苦救难、普度众生的如意宝。有无数史料证明，该山是古象雄佛法雍仲苯教的大神山。

藏族人一生的梦想就是能来到岗仁波齐的脚下，哪怕远隔千山万水，哪怕卒于朝拜之路。佛祖释迦牟尼的生肖属马，他得道解脱也是在马年，因此每隔12年的藏历马年成为了四方信徒们的盛世。每逢此时，神山脚下的转山神道上云集着来自各个教派、各个国度和各个地区的虔诚信徒。他们认为在马年转山一圈，其功德相当于其他年份转山13圈所积的功德。

神山岗仁波齐（来源：普兰网信办）

2.2 表现形式

转山朝圣者们认为：围绕岗仁波齐转山一圈，可以洗净一生罪孽；转上十圈者，可以在五百轮回中免受地狱之苦；而转山百圈者，便可以成佛升天。

冈底斯神山有大小两条转山道。大转山道以岗仁波齐峰为核心，又称外围转山道，全长约为56公里。一般转山者走完需两三天；以磕长头方式转山的虔诚信徒，转完一圈则需要15~20天。小转山道则是指围绕南侧以竭陀山为中心的转山道路，也称为内圈。朝圣者须转完13圈外圈以后才能开始转内圈。

藏传佛教密宗认为，转山道就是自然界中的一个宇宙曼陀罗（坛城），朝圣者每一次环行就相当于举行一次坛城仪式。在56公里的大转山道沿途，殊胜圣迹众多，几乎每隔一里就有一处圣迹，与之相伴的是神奇的传说故事。朝圣者们每到一处都要进行磕头、供献等仪式，以此来消解所犯的罪孽、求得灵魂的解脱。

2.3 传承方式

千百年来，佛教徒对此笃信不疑，虔诚敬佛，长久成习，以习为节，世代传承。

三、社会影响

岗廓转神山节具有很强的宗教感染力和民俗文化特色，对藏族群众及广大旅游爱好者具有很大吸引力。

四、保护措施

2009年，“岗廓转神山节”由阿里地区普兰县申报，经西藏自治区人民政府批准，被列入西藏第三批自治区级非物质文化遗产代表性项目名录。

萨嘎达瓦节

一、项目背景

1.1 流传区域

萨嘎达瓦节，藏语意为氐宿月（氐宿是西藏星相28星宿之一），是藏文化地区的一个特定节日。相传佛祖释迦牟尼于藏历铁猴年萨嘎达瓦月七日降生，木马年萨嘎达瓦月十五日成道，铁龙年萨嘎达瓦月十五日圆寂。因此，这个月会举行各种各样的活动加以纪念，久而久之，这些活动演变为大规模的转经活动。其分布区域主要在西藏拉萨及周边地区。

萨嘎达瓦节（杜文娟供图）

1.2 人文环境

拉萨地处藏文化地区中心，是中国西藏自治区的首府、具有高原和民族特色的国际旅游城市，是西藏的政治、经济、文化和科教中心，也是藏传佛教圣地。

二、场景内容

2.1 民俗场景

萨嘎达瓦节又称佛吉祥日（农历四月十三至四月十五日）， 是藏传佛教的传统节日。它与佛陀一生中三件重要的大事联系在一起，即诞生、成道、涅槃，是个三期同庆的吉祥日子。1990年5月，中国佛教协会经赵朴初会长倡议，汉传佛教各寺院也将农历四月十五日定为佛陀纪念日，称“佛吉祥日”。这样，全国各佛教寺院均要在这一天举行庆典和法会。

2.2 表现形式

萨嘎达瓦节在藏族各地有各种各样的活动内容和形式。在拉萨，最为突出的是大规模的转经活动。所谓转经，就是按约定俗成的环形线路行走、祈祷的一种藏传佛教形式。全拉萨的转经线路有三条，一条是囊廓，在大昭寺中环绕主殿觉康一周，全程立满法轮，长约500米，是内环线，藏语“囊廓”就是内环的意思；第二条是八廓街，环绕大昭寺一周，全长约1 000米，是中环线，藏语“八廓”即为中环的意思；第三条是林廓路，绕拉萨老城区一周，全长约5 000米，是外环线，藏语“林廓”即外环的意思。在囊廓和八廓街转经的人流四季不断，林廓路则是人们在重要日子转经的路线。萨嘎达瓦节中的林廓转经最为壮观。

各地藏族群众在这个月中，都要朝佛念经，长磕头，禁止屠宰牲畜，积功德。因各个教派使用的历法不同，所以具体日期各有差别，而绝大多数教派规定为每年藏历四月十五日为佛诞节。但安木多地区由于使用的是汉族农历，因此该地区的藏族人民以每年四月八日为佛诞节。

萨嘎达瓦节的禁忌事项也是藏族平常的禁忌：①藏族最大的禁忌是杀

生，虽吃牛羊肉，但他们不亲手宰杀。藏族人绝对禁吃驴、马肉和狗肉，有些地区也不吃鱼肉；②喝酥油茶时，主人倒茶，客人要待主人双手捧到面前时，才能接过来喝；③忌在别人背后吐唾沫，拍手掌；④经筒、经轮不得逆转；⑤忌讳别人用手触摸头顶；⑥进寺庙时，忌讳吸烟、摸佛像、翻经书、敲钟鼓。对于喇嘛随身佩带的护身符、念珠等宗教器物，更不得动手抚摸。

行善是萨噶达瓦节的特色，所以在这特殊的节日里，拉萨沿街随处都可看到磕长头的信徒。有的是单纯的积福，更多是为了完成心中的某个愿望。藏历的四月十五日是行善的高潮日，凌晨就有人做布施。这天无论其身份是僧侣或是乞丐，只要遇到乞讨之人，都会非常乐意施舍，萨噶达瓦节也因此有了另外的称呼——“穷人节”。

2.3 传承方式

每年藏历四月，藏族民众都要纪念佛祖释迦牟尼，久而久之，这一习俗逐渐转变为寄托美好希望的大规模转经、游园和预祝丰收的群众性活动，代代流传成为一种神圣、宏大、隆重的民俗。

三、社会影响

萨嘎达瓦节是藏文化地区所有节日中最为隆重、规模最大、内容最丰富的节日之一，具有极强的宗教文化元素和民俗文化氛围。

四、保护措施

2006年，“萨嘎达瓦节”由西藏自治区民族宗教事务委员会申报，经西藏自治区人民政府批准，被列入西藏第一批自治区级非物质文化遗产代表性项目名录。

白朗斗牛节

一、项目背景

1.1 流传区域

白朗斗牛节，每年九月十五日在江雄草原上举办。过去，斗牛节大多由一个部落或大牧主发起；20世纪60年代，斗牛节以公社为单位，由各生产队进行比赛，是当地藏族最有特色的民俗活动。目前主要流行于日喀则市白朗县周边地区。

1.2 族群简介

卫藏地区范围大致相当于现今西藏自治区除去昌都地区以外的大部分地区，以及不丹、锡金的部分邻近地区。

1.3 人文环境

日喀则为西藏自治区下辖地级市，位于中华人民共和国西南边陲，青藏高原西南部，西衔阿里地区，北靠那曲市，东邻拉萨市与山南市，外与尼泊尔、不丹、印度等国接壤；南北地势较高，其间为藏南高原和雅鲁藏布江流域。

白朗县位于西藏自治区南部，隶属于西藏自治区日喀则市，总面积2 489平方公里，平均海拔4 200米。白朗县城北距日喀则市49公里，南距江孜45公里。日江公路横穿县城。2013年白朗县总人口4万人，以藏族为主。

二、场景内容

2.1 民俗场景

白朗县斗牛节在每年九月份举行。届时，各乡村农牧民，带着自家的公牛汇集一起，进入指定的斗牛场，而后进行每村、每乡的斗牛比赛。

2.2 表现形式

白朗县斗牛比赛一般分为预赛和决赛。在预赛中获胜的骑手和牦牛在不更换的情况下，再进行决赛，争夺冠、亚、季军。

比赛时，二牛相斗难解难分，最终弱者被顶倒或落荒逃去，其场面惊心动魄、扣人心弦。恶战结束，胜利者将获得奖励。

当地群众还会在斗牛节期间，聚会游玩，跳舞唱歌，表演藏戏，共同庆祝这一节日。

2.3 传承方式

斗牛节代代流传并得到了保留，现已成为由政府牵头主办的民间盛会。

三、价值意义

斗牛节具有独特的地域文化元素，展示了当地的风土人情。

四、保护措施

2009年，“白朗斗牛节”由日喀则市白朗县申报，经西藏自治区人民政府批准，被列入西藏第三批自治区级非物质文化遗产代表性项目名录。

波密西巴斗熊节

一、项目背景

1.1 流传区域

“西巴斗熊节”是藏历每年的六月十五日在西藏林芝市波密县西巴村举办的民俗节庆活动，由煨桑祭祀发展而来，在当地颇有名气。

1.2 人文环境

波密县属林芝市辖县，位于西藏自治区东南部，总面积16 578平方公

波密西巴斗熊节（王宇宁/摄影）

里。据第五次人口普查数据，全县总人口26 748人，主要为藏族。

“波密”藏语意为“祖先”，原为曲宗、易贡、倾多三宗。境内有卡青、木如草复、罪玛、日母、关星、洛腮、公汤、曲玛尔矿勒、杂接着等十大名山；海洋型冰川发育极好，有著名的卡钦、则普、若果、古乡等冰川。

在波密卓玛山脚下，有一个名为西巴的小村庄，人口并不多。每逢藏历六月十五日，村民们都要过煨桑节。“煨桑节”是藏族特有的宗教活动。

二、场景内容

2.1 民俗背景

相传，最初的时候，西巴斗熊节仅仅是煨桑节中一项烧香求佛的佛事活动。活动中，有一项仪式是必须开展的：一个人扮演成乞丐，去附近的每一顶帐篷要饭。几个年轻小伙扮演成猎狗，来追咬这位要饭的乞丐。有一次，仪式正在举行时，突然，一条花狗从森林中赶出了七只狗熊。据传，花狗是巴顿拉姆（护法神）演化的。现场的人顿时惊呆了，不知道这是件好事还是坏事，最后有僧人经过占卜，得出结论，认为这是一件非常好的事情，并鼓励村民把这一习俗保持和发扬下去。从此以后，当地居民就把这项活动改名为“西巴斗熊戏”，把每年的藏历六月十五日定为“西巴斗熊节”，从而延续至今。

2.2 表现形式

藏历六月十五日，由主持此项活动的负责人带着西巴村青壮年劳力到附近的度姆神山上去挑水、砍柴、搭帐篷，为举办活动做好前期准备。同时，邀请当地寺庙的喇嘛烧香、诵经，为全村人祈福。

藏历六月十六日，村民们穿上节日的盛装，带上过节的牛肉、酥油、青稞酒等，在天亮之前到达度姆神山脚下。当太阳渐渐升起、天空露出鱼肚白时，活动的重头戏“斗熊戏”正式开始。从山脚的树林里突然冲出七只“黑熊”，号叫着冲向人群，人们惊呼着散开。这时，三个猎人手持猎枪冲了过去。经过一番搏斗，猎人们制服了黑熊，并赶着黑熊挨个帐篷喝酒逗乐。走完所有帐篷后，猎人准备杀熊剥皮。这时，人群中走出一个长者，开始从佛教教规、国家法律、村规民约等方面，向几位猎人讲解保护野生动物的意义。猎人不断反驳，双方言语幽默，逗得周围村民捧腹大笑。最后，猎人们终于被长者说服，承认错误并给长者献上哈达……整个活动过程以斗熊、制熊、放熊为主线，集小品、山歌、舞蹈于一体，向人们灌输保护野生动物、保持生态平衡的思想，体现了当地群众自古以来就与大自然和谐相处的生存观念。

“斗熊戏”结束后，村民们围在一起喝酒、吃肉、唱歌、跳舞，直到第三天清晨才渐次离开。

2.3 传承方式

久习成俗，代代传承，沿袭至今。

“波密西巴斗熊节”代表性传承人
卓玛才登（林波市波密县人，区级非物质文化遗产代表性传承人）

三、价值意义

斗熊节体现了当地藏族人民乐观积极的精神风貌，也融入了许多宗教文化元素，具有观赏性和人文价值，寓教于乐，是古老智慧的体现与传承。

四、保护措施

2009年，“波密西巴斗熊节”由林芝市波密县申报，经西藏自治区人民政府批准，被列入西藏第三批自治区级非物质文化遗产代表性项目名录。

嘎玛日吉

（沐浴节）

一、项目背景

1.1 流传区域

沐浴节，藏语称“嘎玛日吉”“嘎玛堆巴”，是一个在拉萨、日喀则、山南等藏文化区域具有800多年悠久历史的传统习俗活动。一般在每年的藏历七月六日至十二日举行。

1.2 人文环境

拉萨地处藏文化地区中心，是中国西藏自治区的首府，具有高原和

沐浴节

民族特色的国际旅游城市，既是西藏的政治、经济、文化和科教中心，也是藏传佛教圣地。

二、场景内容

2.1 民俗背景

传说，很久很久以前，草原上出了一个很有名的医生，他的名字叫宇托·云旦贡布。他的医术十分高明，什么疑难杂症都能治。因此藏王赤松德赞请他去做御医，专职给藏王和妃子们治病。但是，宇托进宫以后，心中仍旧忘不了草原上的百姓。他经常借外出采药的机会，给百姓治病。有一年，可怕的瘟疫流行，许多牧民卧床不起，有的被夺去了生命。这时，宇托正奔忙于辽阔的草原上，为一家家患病的牧民治病。他从雪山和老林里采来各种药物，为病人服务，让不知多少濒临死亡的病人恢复了健康。草原上到处传颂着宇托医生的名字，人们称他为“药王”。

宇托医生去世以后，草原上又遭遇了可怕的瘟疫，比前一次更严重，死了许多人。生命垂危的牧民只好跪在地上，向苍天祈祷，希望上天保佑。说来也巧，一天，一个被病魔折磨的妇女突然做了一个梦。梦中宇托医生对她说：“明天晚上，当东南天空出现一颗明亮的星星的时候，你可以下到吉曲河里去洗澡，洗澡以后病就会好起来。”果然，这个妇女在吉曲河中洗澡以后，疾病立刻消除了；而另一个又黄又瘦的病人，在洗澡以后变成了一个红光满面的健康人。这件新鲜事传开以后，所有的病人都来到河中洗澡。凡是洗澡的病人，都消除了疾病，恢复了健康。人们说，这颗奇特的星星就是宇托医生变的。宇托医生在天国看到草原人民又遭受瘟疫袭击，他又不能来到人间给人民治病，于是把自己化作一颗星星，借星光把河水变成药水，让人们在河水中洗澡以祛除疾病。因为天帝只给宇托七天时间，这颗星星也就只出现了七天。

沐浴节一般在藏历七月六日至十二日举行，历时七天。每年秋天到来，高原风和日丽，金星（又称弃山星）高挂。据藏文历书记载，金星半年昼出，半年夜出。在拉萨地区，藏历七月至八月初肉眼能看见此星。传说经此星光照射之水均成药水，此期间的水比“圣水”还要灵验：用它洗澡可以清除百病，全年身体健康，吉祥如意；用它洗脸，可以目明耳聪、头脑清晰。从此，藏族人民就把这七天定为“沐浴节”，各地的牧民，每年这个时间，都到附近的河水里洗澡。

2.2 表现形式

藏历七月，弃山星（金星）出现之时即是沐浴节开始之日。之后的七天，无论城镇、乡村，无论男女老幼，家家户户都带上洗澡用具，来到附近江河，在传说的药王赐下的“药水”中洗个痛快。老人在河边洗头擦身；年轻人在河中游泳；孩子们在水边嬉戏、打水仗；妇女们也毫无顾忌地尽情浴洗，清洗衣物被褥；姑娘们以水为镜，在河边精心梳妆打扮。休息时，一家人围坐在帐篷里或阳伞下，品尝芳香的青稞酒和喷香的酥油茶，弹唱高歌，谈笑戏耍。按藏文历书的说法，此时的水一甘、二凉、三软、四轻、五清、六不臭、七饮时不损喉、八喝下不伤腹。

2.3 传承方式

由民间习俗逐步演变为包括庆祝活动在内的藏族重要节日。

三、社会影响

沐浴节展现了藏族人民的文化生活和宗教信仰，表达了积极向上的人生态度，在藏族具有广泛的影响。

四、保护措施

2013年，“嘎玛堆巴”（沐浴节）由拉萨市申报，经西藏自治区人民政府批准，被列入西藏第四批自治区级非物质文化遗产代表性项目名录。

林芝强曲节

（拜鹰节）

一、项目背景

1.1 流传区域

林芝强曲节（拜鹰节）是为了纪念多丹日巴珠色大师（第九世生根活佛），以朝拜神鹰为主题的民间习俗活动。每年藏历四月三十日举办，流行于林芝市巴宜区及周边地区。

1.2 人文环境

巴宜区隶属西藏自治区林芝市，地处中国西藏东南部、念青唐古拉山东南麓（雅鲁藏布与尼洋河在此相汇），是青藏高原海拔最低的区域。巴宜区辖区面积10 238平方公里，总人口6.7万（2013年），以藏族为主。

区内有雅鲁藏布江大峡谷，素有“西藏江南”之美誉。

二、场景内容

2.1 民俗背景

传说很久以前，贡布地区来了一位名叫多丹·日巴珠色的雍仲苯教大师，在一座大山的岩洞中修行。因其道行高深感化了人们，于是各地的善男信女们集资兴建了一座寺庙供其居住。日巴珠色以该寺为活动基地收徒传教，为众信徒所崇敬。日巴珠色大师圆寂时，忽然飞来一只奇异的大鹰，翅膀好似刀剑一般，日夜守护着遗体，直到信徒们为日巴珠色大师建好灵塔、将遗体供于塔内。塔建成正是藏历四月三十日，信徒们举行遗体入塔等仪式完毕后，奇异的大鹰向人们长鸣、点头，接着绕塔飞翔三圈后飞往大山深处。因此信徒们认为大鹰就是日巴珠色大师的化身，崇敬大鹰为“神鹰”，对其极为敬信。于是，人们又将这座寺庙取名为“色迦更钦寺”（大神鹰寺），将这座大山称为“泊尔”神山（即苯日神山），并规定每年四月三十日在该寺祭祀日巴珠色大师，朝拜神鹰。而那只“神鹰”亦每年届时来到灵塔周围巡视，领受祭品，故而形成了一年一度的“色迦更钦泊尔节”。

林芝强曲节（来源：汉藏双语网）

2.2　表现形式

每逢藏历四月三十日，住在苯日神山四周的村民，无论男女老少都穿上节日的盛装，从四面八方来到色迦更钦寺，跳起欢快的“切巴”（工布舞），进行歌舞擂台赛，迎接神鹰的到来，向神鹰诉说寺庙的情形，祈祷五谷丰登、人畜兴旺；之后，全体绕寺转3圈。

2.3　传承方式

由民间习俗逐步演变为包括庆祝活动在内的当地藏族重要节日。

三、价值意义

林芝强曲节（拜鹰节）是当地藏族群众宗教信仰、文化生活的生动体现。

四、保护措施

2013年，“林芝强曲节”（拜鹰节）由林芝市巴宜区申报，经西藏自治区人民政府批准，被列入西藏第四批自治区级非物质文化遗产代表性项目名录。

比如贡萨寺燃灯节

一、项目背景

1.1 流传区域

燃灯节又称“五公节”，藏语叫“葛登阿曲”，是为了纪念佛教改革家、格鲁派创始人宗喀巴大师的逝世而举行的纪念活动。每年藏历十月二十五日举行，为期一天。这天凡属该教派的各大小寺庙、各村寨牧民，都要在寺院内外的神坛上或家中的经堂里点酥油灯。油灯昼夜不灭。是西藏、青海、四川、甘肃等省、自治区藏族人民的宗教节日。

1.2 人文环境

比如县属西藏自治区那曲市辖县，地处那曲市东部，唐古拉山和念青唐古拉山之间，怒江上游。该县以低山丘陵为主，间有高山峡谷，四周冰山雪峰环绕，和邻县交界处有40多个海拔5 000米左右的山口。比如县总面积11 429平方公里，全县人口6万，以藏族为主。

传说，比如原是一个“母牦牛部落”定居的地方。因为在藏语中，“比如”是“母牦牛角”的意思。用动物作为一个部落的图腾、名称，这是远古时代人类采用的办法。

贡萨寺位于比如县境内的良曲乡岗达村，由良曲乡管辖，距离县城16公里。贡萨寺别名宫·贡萨曲阔强巴林，始建于公元1611年，由让多·夏加仁钦主持创建，为拉萨直贡嘎举六大寺庙之一。

比如贡萨寺燃灯节（光影小鸟/摄影）

二、场景内容

2.1　民俗场景

每年藏历十月二十五日在寺院举行，为期一天。

2.2　表现形式

在燃灯节前几天，藏传佛教的信徒们就开始做酥油灯，寺庙里的喇嘛每个人都要做30盏以上的酥油灯。到了燃灯节的晚上，家家窗台上放满了酥油灯。在藏族人的观念里，单数的数字有吉祥之意，所以酥油灯的数量都是单数。

每年藏历十月二十五日，待夜幕降临，家家点燃酥油灯以示欢庆。人们穿上节目的盛装，聚集在为佛教大师诵祈愿经的贡萨寺院前，高诵“六字真经”，向佛祈愿、磕头。各村寨的男人们骑上马，带上早已备好的柏香树枝，到村旁的神塔前高诵祷词，举行盛大的煨桑仪式，并向天空抛撒印有狮、虎、龙、鹏的“隆达”（风马）。然后，骑手们为寺院的僧人和全村寨的人们表演马术，男女青年跳起“锅庄”，老人们坐在看台上喝酒、聊天；由歌手唱祝愿歌，由能说善唱的艺人说唱藏族民间长诗《格萨尔王传》等。直至圆月升起，人们才扶老携幼，高唱诵念“六字真经”愉快地回家。

燃灯节当晚，寺院门前水泄不通，法号、法螺、金唢呐声响起，僧人在道路两侧、佛塔周围、殿堂屋顶、窗台、室内佛堂、佛龛、供桌以及凡能点灯的台阶上，点上一盏盏酥油供灯，把佛塔、殿宇、佛堂、屋子照得灯火通明。此时，信徒们齐声唱起经文，悼念宗喀巴大师。燃灯场面肃穆、庄重。

2.3 传承方式

通过宗教习俗活动沿袭至今。

“比如贡萨寺燃灯节”代表性传承人
旦增热卓（那曲市比如县人，区级非物质文化遗产代表性传承人）

三、价值意义

比如贡萨寺燃灯节是藏族一项重要的宗教纪念仪式，具有广泛的影响力。

四、保护措施

2018年，“比如贡萨寺燃灯节”由那曲市比如县申报，经西藏自治区人民政府批准，被列入西藏第五批自治区级非物质文化遗产代表性项目名录。

风马旗

一、项目背景

1.1 流传区域

风马旗又称为玛尼旗、祈祷幡等，或音译为隆达、龙达，是指在藏传佛教地区的祈祷石、寺院顶、敖包顶上经常竖立着的以各色布条写上八字真言、六字真言等经咒，捆扎成串，用木棍竖立起来的旗子。因布条上画有风马一只，寓意把祷文借风马传播至各处，故得名“风马旗”。

挂、撒风马旗是一种祈福方式。藏族人民认为：雪域藏地的崇山峻岭、大江莽原的守护神是天上的赞神和地上的年神，他们经常骑着风马在

风马旗（汪静泉供图）

雪山、森林、草原、峡谷中巡视，保护雪域部落的安宁祥和，抵御魔怪和邪恶的入侵。

1.2 族群分布

藏族分为卫藏、康巴、安多三大主体以及其他一些特殊支系。

1.3 人文环境

藏族人民创造了灿烂的民族文化，在文化艺术、建筑科技、天文科学、宗教理论等方面，都留下了极为丰富的文化遗产。

二、场景内容

2.1 民俗背景

风马旗是古象雄时代留传下来的习俗。藏族许多的祈福方式和生活习俗，如转神山、拜神湖、撒风马旗、悬挂五彩经幡、刻石头经文、放置玛尼堆、打卦，供奉朵玛盘、酥油花，甚至使用转经筒等等，这些都是雍仲苯教的遗俗。和西藏一切有形与无形的艺术一样，风马旗的创作与传播，也是首先受宗教意念驱使并为之服务的，是僧俗信众精神世界与神灵交流的一种媒介物。关于风马旗的起源，西藏宗教界、学术界虽各有掌故，但公元12世纪初许多噶举派寺院为广布其教义而悬挂风马旗，是各家各派都首肯的。

藏族认为，“风马”在深层意义上指人的气数和运道，或者特指五行；在灵气聚集之处（神山圣湖等）挂置印有敬畏神灵和祈求护佑等愿望的风马，让风吹送，有利于愿望向上苍神灵的传达和实现。为报答山神和上苍神灵，每到祭日，人们便虔诚地举行煨桑仪式，献上“隆达”（风马旗）。因此，制作插挂“隆达”成为不可或缺的仪轨。

在最初的实际运用中，风马旗并不是寄托藏人祭祀神灵、祈祥祛难的心愿的，而是军队的标志。过去，户门上立一根旗矛，最早是军户的标识，后演变成一种宗教习俗行为。哪怕是一户，也要在门上插经幡，一直保持到现在。

2.2 表现形式

将方形、角形、条形的小旗有秩序地固定在门首、绳索、族幢、树枝上，在大地与苍穹之间飘荡摇曳，构成了一种连地接天的场景；成串成串拉挂在亭子和松树间的彩旗，印满密密麻麻的藏文咒语、经文、佛像、吉祥物图形，它们就是风靡藏族的“风马旗”。这一面面小旗在藏语中称为“隆达”，也被称为“祭马”“禄马”“经幡”“祈愿幡”。不过，人们更习惯称它为“风马旗”，因为“隆”在藏语中是风的意思，“达”是马的意思。

最初的风马是直接将羊毛系挂于树枝草丛，如今在大大小小的玛尼堆上仍可看到牛羊头颅等物。风马旗的祭祀活动，与其图像象征内涵有关。经幡的中心是一匹骏马，骏马形象是神速的象征。祈愿受五种自然物制约的世间一切事物，由对立转向和睦，由坏转向好，由恶转向善，由凶兆转向吉兆，由厄运转向幸运。不但能够转变，而且转变得迅速。经幡四角画的四兽图像，老虎栖息在森林中，老虎的形象象征着木或风；狮子居于山上，狮子的形象象征着土；鹏鸟飞翔在天空，双角喷发出火焰，这种形象象征着火；龙生活在大海中，鱼龙的形象象征着水。风无处不在，风即天。

风马旗除开分别不同的五色象征之外，一般还有一面主幡，外形要大于五种不同单色的经幡。主幡与边镶布条颜色搭配，是根据藏族历算关于母子生克学说中相生原理来决定的。例如，主幡的颜色是绿色，边镶布条的颜色应该是蓝色，木水相生，故而经幡象征着生命的本源，具有深奥的意义。整个经幡完全是融情感与理性为一体的产物，完全是表现人们美好精神愿望的载体。

常见的风马旗多由布制成，也有用麻纱、丝绸及土纸的。风马旗有方形、角形、条形等，小可到一条一缕，大可到整匹整幅的棉布，或串挂于绳，或随意抛洒。劲风吹来之时，成片成串的风马在蓝空、雪山及明湖的背景中漫天飞舞。

风马旗的颜色分白、黄、红、绿、蓝五种。民谣中唱道："黄幡象征自现莲，红幡象征雨调和，青幡象征后裔长；红幡插在草坪上，如鹿角光耀眼；红幡插在屋顶上，如红火永兴旺……"布的颜色在这里是有明确寓意的，即所谓西赤、东青、南黄、北绿的宇宙四方之说。在藏族人心目中，白色纯洁善良，红色兴旺刚猛，绿色阴柔平和，黄色仁慈博爱，蓝色勇敢机智。因为色彩的象征意义，故而农家过年在房顶换插五色经幡时，也有搞得十分简化的，仅在一根分叉很多的树枝上，从上到下分色系挂单色布片，布片上并不印上图像，一种色布横着排列系挂五片。五色彩箭、五色空行母、五色毛线和四色护法神等，都与此种象征意义有关。

拉萨后藏日喀则以及康区德格是风马旗的三大雕版印制中心。一块风马旗版雕刻完毕（以木质版居多，也有石刻版和金属版）即分别印刷于白、黄、红、绿、蓝等各色布面上，一面面风马旗随即诞生了。风马旗的印制过程并不复杂，但却是充满宗教严肃感的。例如，所用的布、纸、油墨必须洁净，木版用过一次必须经过熏桑方可再用；工匠亦应于工作前焚香净手诵经，并应尽量选择朝东南方向的房屋作为工作间，否则就会减损风马旗的神圣力。

依据材料和颜色的不同，可将风马旗分为三类：一类就是布印"风马"旗；另一类是纸印"风马"片；第三类就是各种经幡。根据色彩的不同，经幡大致又可分为两种：一种是用黑色或朱砂色将经文图符印制在整匹白布上；另一种是同"风马旗"一样，在蓝、白、黄、红、绿布块上用经文图符相间组合。

根据其地点场景、信仰仪轨、祈祷功能的不同，风马旗又分为四种：第一种是悬挂式的，第二种是插挂式的，第三种就是经幡塔，第四种是立柱式经幡。

风马旗还有一项不易见到的功能，即遇有活佛尊者圆寂，家家户户须将房顶上的风马旗置放倾斜，以示致哀。

2.3 传承方式

拉萨地区的风马旗，雕版和印刷大致集中于郊县的几家传统作坊和几大寺院，所以形式风格较为统一；风马图案严谨而富丽，无论宗教感还是艺术感，都显得正统一些。藏族各地都有印制风马旗的寺院或作坊，形式都效仿拉萨风马旗。这种传承宗教意义又极具艺术特色的象征性物品的制作，经历代僧人和工艺师的传承，千百年来代代流传并得到了保留。

“风马旗”代表性传承人
格桑（西藏自治区尼木县人，省级非物质文化遗产代表性传承人）

三、价值意义

风马旗是藏族人民文化、宗教、信仰的集中体现，是藏族历史演变的见证者，也是藏族群众生活中不可缺少的部分。

四、保护措施

2006年，“风马旗”由西藏自治区民族宗教事务委员会申报，经西藏自治区人民政府批准，被列入西藏第一批自治区级非物质文化遗产代表性项目名录。

藏传佛教转世灵童金瓶掣签

一、项目背景

1.1 流传区域

金瓶掣签，藏语“色朋朱巴”，意谓摇金瓶，即从金瓶中抽签来确定活佛转世灵童。这是1792年清朝政府通过《钦定藏内善后章程》的颁行，为藏传佛教最后认定大活佛转世灵童特立的一项法定制度。这项制度与整个藏族聚居区的宗教、政治、经济、文化各个方面休戚相关。

1.2 人文地貌

西藏自治区、青海省、四川省、甘肃省、云南省等地的藏民聚居区域，多数位于青藏高原及其周边山脉地区。西藏是藏民生活的中心地带。

藏传佛教转世灵童

西藏以其雄伟壮观、神奇瑰丽的自然风光闻名。它地域辽阔，地貌壮观、资源丰富。自古以来，这片土地上的人们创造了丰富灿烂的民族文化。

二、场景内容

2.1 历史背景

按历史定制，藏传佛教大活佛的转世灵童须经金瓶掣签认定，唯独噶玛噶举派的活佛噶玛巴例外，其转世灵童主要是由上一世噶玛巴的遗嘱来认定，且必须经过中央政府的批准。

自清朝以来，藏传佛教活佛达赖和班禅转世灵童需在中央代表监督下，经金瓶掣签认定。历史上，第十世、十一世、十二世达赖喇嘛和第八世、九世、十一世班禅额尔德尼以及第五世、六世、七世、八世哲布尊丹巴呼图克图，都由该仪式产生。

2.2 表现形式

金瓶又称为“金奔巴”或“金本巴”（“奔巴”藏语意为“瓶”）。金瓶掣签制度特别设立了两个金瓶，一个放在北京雍和宫，专供蒙古地区大活佛转世灵童掣签用；另一个置放在拉萨大昭寺，专门供西藏、青海等地掣签认定大活佛转世灵童。凡蒙藏大活佛如章嘉、哲布尊丹巴、达赖、班禅等转世时，均须经金瓶掣签认定。

藏传佛教金瓶掣签使用的金瓶和玉签现在西藏博物馆展出。每次举行金瓶掣签，都必须把金瓶和玉签从西藏博物馆护送到大昭寺，在释迦牟尼像前举行仪式。

掣签程序：首先是查验。在清朝皇帝任命的摄政活佛或总管扎什伦布寺事务的扎萨克喇嘛主持寻访灵童后，由摄政召集僧俗官员会议，确定三名（或两名、四名）呼毕勒罕候选人，将详细情况向驻藏大臣禀报，请求转奏皇帝批准举行金瓶掣签。在皇帝御批同意后，将确定的呼毕勒罕候选人及其亲属和师傅等接到拉萨，并经驻藏大臣和摄政、各大呼图克图看验，认为确有灵异后，方能举行掣签。在掣签前，先将金本巴瓶从大昭寺迎到布达拉宫供有乾隆皇帝的僧装画像（圣容）和皇帝万岁牌位的萨松南杰殿，再由大呼图克图率三大寺及布达拉宫南杰扎仓僧众（确定班禅转世呼毕勒罕时还有扎什伦布寺僧人）诵经祈祷七天或九天。

接下来是掣签。掣签之日，驻藏大臣和各大呼图克图、僧俗官员集会，用满文和藏文书写名签；核对无误后，由一名驻藏大臣封签（用黄纸包裹），放入金瓶中。由在场的呼图克图及高僧等诵咒祈祷，由另一名驻藏大臣摇动金瓶，然后掣出一签，当众宣读掣中者名字，并交给在场藏汉官员传阅；然后还要取出未掣中的名签传阅，以示书写及掣出的名签真实无欺。掣签后即派人去呼毕勒罕住处报信祝贺。

最后是确认。掣签的情形和结果由驻藏大臣上奏皇帝，得到皇帝批准后，向呼毕勒罕宣读圣旨，才算完成金瓶掣签的全部程序。经皇帝批准并派大员主持，举行坐床典礼（达赖喇嘛在布达拉宫，班禅额尔德尼在扎什伦布寺），活佛转世灵童的寻访、认定、继位事务才最后结束。

2.3 传承方式

自清朝以来，藏传佛教活佛达赖和班禅转世灵童需在中央代表监督下，经金瓶掣签认定。作为神圣的宗教仪轨，由宗教领袖、地方政府、中央代表共同主持，世代传承。

三、价值意义

藏传佛教转世灵童金瓶掣签制度与整个藏族聚居区的宗教、政治、经济、文化各个方面休戚相关。从200多年总的实践看，它对佛法的振兴、西藏的稳定、民族的团结、国家的安定都起到了积极的作用，至今仍有其现实意义。金瓶掣签从藏传佛教当时的实际出发，以尊重佛教教义和仪轨为前提，采取的一项利国利教的改进举措。它采用在释迦牟尼佛前进行金瓶掣签，由佛祖智光法断来确定活佛转世灵童的做法，取代以往受贿妄指、徇私擅定等不良做法，使活佛转世度众显得更为庄严郑重，因而一经颁行即受到八世达赖喇嘛、七世班禅大师为首的藏传佛教活佛高僧、四众弟子和广大信教群众的拥戴，并得到普遍的贯彻执行。

四、保护措施

2009年，“藏传佛教转世灵童金瓶掣签”由西藏博物馆申报，经西藏自治区人民政府批准，被列入西藏第二批自治区级非物质文化遗产代表性项目名录。

加达“巴玛巴典”习俗

一、项目背景

1.1 流传区域

“巴玛巴典”又被称作“假结婚节”，相传当年只是为了取悦阿尼乃求山神，来保佑全年的风调雨顺所形成的民间习俗活动，后演变为当地的民俗节日。主要盛行于西藏昌都市芒康县加达村一带。

1.2 人文环境

芒康县位于昌都市东南部，平均海拔4 317米，横断山脉由北向南纵贯县境。“芒康”藏语意为“善妙地域”，辖区面积11 431平方公里，总人口7万余人，以藏族为主。

加达村位于西藏昌都市芒康县南部，纳西乡西部。

巴玛巴典

二、场景内容

2.1 民俗场景

加达村“巴玛巴典”（假结婚节）在每年的藏历新年初九至十一之间举行，每年的日子不完全一样，必须由活佛占卜决定。村民以此活动来取悦山神“阿尼乃秋”，

芒康加达“巴玛巴典”习俗（李天春/摄影）

祈求来年风调雨顺，护佑村民富裕安康。

2.2 表现形式

“巴玛巴典”的内容十分丰富，包括“迎新娘”“放鞭炮”“闹洞房”“小丑闹婚”，招福经师“致祝婚词”“给礼金”，再到“吃加加面”等，节日期间惊喜不断，笑声不断。加达村的“假结婚”节，就是象征加达村从富庶的异地他乡迎进聪明、能干、正直的女婿，以示新年村子兴旺发达。

藏历新年的加达村，家家户户屋顶新挂的经幡和五星红旗猎猎飘动，交相辉映。村中的河沟里，十多个汉子穿着华贵服饰，每人牵一匹经过精心打扮的骏马。十点整，男子们跨上马背，列队向村北的尼拉通坝子出发。

到了尼拉通坝子，汉子们把马放在一边，坐成一圈，拿出饮料和酒，开始商量由谁来担任“玛巴”（新郎）。“玛巴”可以由未婚男子扮演，也可以由已婚男子扮演。选出的“玛巴”一共四个，再选出四个伴郎，其他人扮演“巴丝”（迎亲队）。然后，迎亲队伍开始进村。

一群跳锅庄的中年妇女把队伍堵住，她们装出很伤心的样子，对着“巴丝”大声诉说：“我的儿子是金子一样的儿子，儿子不能嫁出去，你真要儿子，那就拿金子来吧！”“玛巴”们也拿出备好的手帕盖住脸，在马背上大声“哭叫”起来，身子东摇西晃，做出对婚事极不情愿的样子。“巴丝”们极力安慰、劝说，并给挡路的妇女们分发礼包。得到礼包的妇女们迅速地转身跑开。从这里开始，“玛巴”们一刻不停地嚷着不走，大声诉说父母的养育之恩。这下辛苦了伴郎们，既要抱着“玛巴”苦口婆心地安慰，又要牵着“玛巴”的马往前走。

走了100米，妇女们再次堵路，待拿到礼包后，才四散而去。迎亲队伍正要转个弯，去往公房，从右侧突然冲出五个赶着毛驴和母黄牛、戴着面具、打扮怪模怪样的阿拉卡吉。人们的视线马上由迎亲队转向这些搞笑的家伙，只见几个阿拉卡吉都戴着很夸张的面具。以前阿拉卡吉是不戴面具的，只是在脸上用锅灰、墨汁或颜料画上各种奇形怪状的图案，把容貌弄得很滑稽。他们身上反穿着宽厚肥大的衣服，裤子从膝部以下撕成条状，一只脚穿皮鞋，另一只穿运动鞋或旅游鞋，身上挂着布娃娃、鞋子、茶缸、糌粑口袋和有漏洞的塑料瓶等破烂之物。其中一人在腰上系着牧狗的颈铃，抖动身子，发出清脆的铃声。

在整个活动中，阿拉卡吉是相当重要的角色，他们的种种引人发笑的举动，不但让村民们笑疼了肚子，让当地神祇百般愉悦，而且可以把村里的是非口舌和污秽全都赶走。正当阿拉卡吉们把场面闹成一锅粥时，一个能说会道的村民便站上摆在弯道上的一张铺着牛皮的矮桌，嘴里诵出一连串赞颂山神、地主神、村神的赞词。赞词诵毕，迎亲队伍走向坡头上的公房，阿拉卡吉们也混进人群中。

公房只有一层，房顶开了很大的天井，婚礼座席摆在正中央，四周和屋顶挤满了人，席位上首的高台上端坐着“永亮白根”（招福经师）。“永亮白根”是会文识字、掌握传统知识的权威人士，在村里德高望重。接着是迎亲的“巴丝”，然后是新郎和伴郎。首先仍是阿拉卡吉们表演节目：两个阿拉卡吉抱在一起亲嘴，亲着亲着，其中一个突然把对方推开，

“呸”地在地上狠狠吐了口唾沫；那个腰上系着串铃的阿拉卡吉脑袋仰着，抖着上身在场内转圈，铃声稀里哗啦地响起来；另一边，戴着绿色面具的阿拉卡吉躺在地上，把布娃娃抱在怀里，打开糌粑口袋装作给孩子喂糌粑，喂了几口，又拍打着布娃娃的屁股……

说笑打闹一个钟头后，“永亮白根”致祝婚词，从天上的日月星辰到地上的水火风，从村庄风物到结婚新人，赞颂了一番并给新人赐礼金和象征吉祥美满的哈达。接下来，“巴丝”们逐一致祝词，祝词完后送礼金，最后献哈达。热闹了一个上午后，演员们吃午饭“加加面”——就是不停往碗里加面条，直到吃饱为止。傍晚时分，村子里的男女老少再次聚集公房，全村人跳起锅庄舞，舞跳完后，人们依次捐款，之后假结婚仪式结束。

2.3 传承方式

通过民间习俗活动沿袭至今。

“加达‘巴玛巴典’习俗”代表性传承人
扎西顿珠（昌都市芒康县人，区级非物质文化遗产代表性传承人）

三、社会影响

这一习俗具有较强的娱乐性、表演性，也是人们期盼人畜兴旺、生活富裕的嬉戏游乐形式。如今已发展成为芒康县及周边地区的又一块旅游文化品牌。

四、保护措施

2018年，加达“巴玛巴典”习俗由昌都市芒康县申报，经西藏自治区人民政府批准，被列入西藏第五批自治区级非物质文化遗产代表性项目名录。

曲水“唐堆玛桑”习俗

一、项目背景

1.1　流传区域

“唐堆玛桑” 是村民们为预防自然灾害，保护农作物，以表演传统歌舞百谐的形式祈神防灾的习俗。每年藏历六月十五举行，流传于西藏曲水县才纳乡白堆村。

1.2　人文环境

曲水县隶属拉萨市，位于西藏腹地、拉萨河下游、雅鲁藏布江中游北

曲水“唐堆玛桑”习俗（曲水县供图）

岸。据第五次人口普查数据，曲水县总人口29 690人，以藏族为主。

才纳乡是西藏拉萨市曲水县靠近拉萨市堆龙德庆区南部的一个乡，位于拉萨河南岸，地处拉贡高速公路旁，距拉萨市24公里。“才纳”藏语意为“菜源”。相传吐蕃时期，文成公主为此地送去菜种，饮水思源，才纳因此而得名。

二、场景内容

2.1 民俗背景

“唐堆玛桑”历史悠久，有史料依据的“玛桑”一词可追溯到原始西藏。据西藏史书《西藏简明通史》记载，原始西藏依次出现了十大统治（也说十二大统治）历史，其中写道，“七是玛桑九氏族统治，地名称之为蕃卡娘珠，出现同热铠甲和小盾”。史书中还特意讲到“十大氏族”是原始猿猴变人的过渡。由此看出，原始西藏历经玛桑九氏族统治人民时代。“玛桑”一词的解释，《东噶大辞典》中这样写道，“玛桑是指神鬼和人结合后所生下的小孩”。

2.2 表现形式

曲水才纳乡白堆村，历来以唐堆和白堆上下两个地方为分界，自然形成两个队。每年藏历六月十五，每家抽出一人参加“唐堆玛桑”百谐队。每队150余人，一大早穿上白色氆氇袍，携带大刀、火枪和弓箭等传统歌舞百谐道具和塔觉、香草等祈神用具，还带帐篷、柴火、灶具、青稞酒、玛桑等，聚集在“唐堆玛桑”畜圈旁，以表演百谐方式祈神防灾。每年藏历六月十五在玛桑畜圈旁峡谷上对演百谐，烧香祭拜神仙。

首先，村民们聚集在玛桑石灶前煨桑烧香，由一位僧人念诵祈祷经文。随后，村民骑着马向“唐堆玛桑”畜圈所在地前行，途中，各队分别在“吉布鲁赞”和“朵古如” 古墓上进行煨桑。到了“唐堆玛桑”地点后，周围搭建临时白帐篷，烟云袅袅、经幡飘扬，两队村民分别站在峡谷两边，相互对演百谐。

由各队指定的“赞邦”（领舞者）手持大刀领唱，其余村民手持“塔觉”按“赞邦”的说唱和口令进行表演，有时跟随“赞邦”齐声大喊“吉……嘿嘿……”。表演当中有举刀、挥刀等动作，场面显得既庄重又热闹。

下午，两队换上黑色氆氇袍继续在峡谷两边对演一场百谐。最后，活动在“赞邦”唱起的藏戏结尾“吉祥朗达”中结束，队员们将手中的“塔觉”挂在小山角落。

百谐表演后，人们放声歌唱、表演果谐、相互敬酒，直到傍晚。随后村民们赶回村，途中再次集中在吉布鲁赞和朵古如处表演百谐。最后，由家庭主妇们拿酒迎接从“唐堆玛桑”畜圈归来的百谐队伍。

2.3 传承方式

“唐堆玛桑”通过民间习俗活动沿袭至今。

“唐堆玛桑”代表性传承人
米玛坚才（拉萨市曲水县人，区级非物质文化遗产代表性传承人）

三、价值意义

“唐堆玛桑”体现了古老的预防自然灾害习俗，承载着原始记忆；“唐堆玛桑”传承着传统歌舞百谐，不仅对保护传统歌舞有着重要作用，还丰富了村民文化生活；“唐堆玛桑”是村民自娱自乐活动，营造了安定祥和的节日氛围，能够增强村民之间的感情交流，发扬互相帮助的精神。

四、保护措施

2018年，“唐堆玛桑”由拉萨市曲水县申报，经西藏自治区人民政府批准，被列入西藏第五批自治区级非物质文化遗产代表性项目名录。

玉树天葬

一、项目背景

1.1 流传区域

天葬是普通藏族人奉行的一种葬俗。它是按照藏传佛教的丧葬程序，诵往生经，然后将尸体送到天葬台，经天葬师解尸后喂给秃鹫吃光的一种独特丧葬习俗，非常奇特和神秘。本档案特指青海省玉树藏族自治州一带的“天葬”习俗。

1.2 群族简介

居住于玉树州境内的藏族主要是康巴藏族，玉树西部地区有部分安多藏族聚居。

1.3 人文环境

玉树藏族自治州地处青藏高原腹地，青海省西南部，全州总面积26.7万平方公里。全州总人口403 656人（2016年），其中藏族占全州人口的98.53%。

长江、黄河、澜沧江三大河流均发源于本州，三江源国家级自然保护区和可可西里国家级自然保护区覆盖自治州全境。自治州首府所在地玉树市是历史上唐蕃古道中的重镇，是青、川、康、藏的重要通衢。藏传佛教在玉树地区源远流长，宁玛、萨迦、噶举、格鲁等教派齐全，寺院历史悠久，佛教文化博大精深。境内草原广阔、山川绵延、江河纵横、风光绮丽、风俗独特、资源丰富。素有“江河之源、名山之宗、牦牛之地、歌舞之乡和中华水塔”之美誉。

二、场景内容

2.1 民俗背景

玉树藏人的丧葬形式，不只天葬一种，还有塔葬、火葬、水葬和土葬几种。但这几种丧葬形式有特定性：塔葬，是最高等级，只属于有很高佛位的大活佛；火葬，用于活佛、有名望的高僧或旧时的千百户等有特殊社会地位的人；水葬的主要对象是夭折的婴幼儿；土葬，用于死于非命的人，如死于刀枪剑戟和各种灾祸者，或患麻疯病、鼠疫等恶疾者。玉树藏族同胞认为，土葬把尸体埋入地下，灵魂永远不能转生，所以他们选择天葬。

玉树巴塘天葬台位于离玉树州府所在地结古镇20多公里的文成公主庙的东南山坡上，占地约10亩，主要建筑有大小佛塔数座、小经堂、“转经轮”堂、“更仁”佛堂、施尸台以及供僧俗群众闭关诵经用的几十间房屋。巴塘天葬台是公元1100年由藏传佛教直贡噶举派创始人觉哇久丁桑贡选定的康区殊胜天葬台之一，据说是一本佛经中所描述的“地有八瓣莲花相，天有九顶宝幢相”的风水宝地。天葬台中央地下有“十相自在”伏藏及上中下三个坛城等瑞相，因此，是千百年来，巴塘、结古等远近四方信众进行天葬的理想之地。

2.2 表现形式

一般死者临终前，要请当地活佛或高僧念经，死后还要念让灵魂往生净土的往生经，同时将死者身上的动物皮衣服换成布料衣服，并在尸体未僵之前，将其用白布或死者的衣服及白羊毛绳捆绑好，固定成跏趺“坐化”状另室安放，设祭坛念超度经若干天。

出殡送葬日由僧人择定。送葬的人除僧人外，都是死者家人及至亲好友。尸体运送途中由亡者亲属背尸，中途不能落地，不然阴魂就会折返或在落地的地方游荡七天，影响转生。

天葬仪式由僧人司葬，先点桑烟，诵度亡经和祷告经。奇怪的是，大群的秃鹫不知从何得知，居然会按时飞临天葬场，等候在一旁。接下来，“洛甲巴”（天葬师）揭除裹尸布，将尸体以俯卧状安放在施尸台（解尸石磡）上，再用利刃在尸体背部划出几道花纹，然后站起身来，朝鹫群一声高喝。似是首领的一只巨大秃鹫立刻腾空而起，一个威猛的俯冲扑向施尸台，在尸体背部啄取几口后又闪向一旁。这时，天葬师也退后几步。其余的秃鹫立刻像一片黑云般冲至，争先恐后、你拥我挤地撕扯和吞食尸上的肉和内脏。顷刻间，一具完整的尸体就变成了一堆骷髅。这时，天葬师赶开鹫群，来到施尸台前，用榔头或石头砸碎剩下的骨头架，然后再把人头放到施尸台的石窝里砸碎，用糌粑和脑浆把碎骨拌和成团喂秃鹫。等肉和骨头全部被秃鹫吃完，鹫群又高高飞走之后，天葬仪式即告结束。

如果尸体被秃鹫吃得一干二净，就视为吉祥，表明死者生前勤于诵经拜佛，多有行善积德，灵魂已经升天；反之，说明死者生前犯有大罪孽，灵魂难以升天转世。家人就特别痛苦和不安，接着还要念经做法，为死者超度赎罪。

天葬之后，家人服丧时间为“七七”49天。佛教认为，死者的灵魂在“中阴”途中要游荡49天才能找到归宿。这期间，家人为了让亡灵顺利转世，要每天不断地念超度经。服丧期间，家人不能洗脸梳头，不能穿新衣，不能娱乐，当年不能宰杀牛羊……禁忌甚多。

天葬的对象是正常死亡的人。因生病、自杀、服毒或中弹死亡的人，是不能天葬的。

玉树藏族的天葬仪式，除了亲属和好友外，是不允许其他人到场的，更不准游人观看和拍照。正因此，天葬才恒久地保持着它特有的纯洁和神秘。

2.3 传承方式

玉树县巴塘天葬台已经有900多年的历史了，最初是由藏传佛教直贡噶举派创始人觉哇久丁桑贡选定的，并以此形成了独特的技能传承和相伴的宗教文化。玉树的天葬师是一个独特的群体，很少有人过问和知道他们的秘密。按照教义，天葬师是人间与天国的中介使臣，是人生命轮回的“助产士”。一般每个天葬场有两三个天葬师，多由僧人担当。巴塘天葬台现有三位天葬师。每葬一具死尸，天葬师往往可以得到死者亲属馈赠的一些钱物，有时数量可观，足以维持生活之需。有些天葬师，天长日久积累了不少解剖和医学知识，可以给人看病。教义上，天葬师的地位不低；而在实际生活中，人们对这种职业还是存有一定偏见的。

过去，天葬师是世袭的；现在，有不少人是为了做善事、追求来生的幸福而选择此职业的，也有的仅为生存。

三、价值意义

天葬文化的核心是灵魂不灭和轮回转世观。藏传佛教轮回转世思想认为，人生有今生来世，灵魂是不灭的。而且，人生短暂，生了死，死了再生，永远轮回不息。人死后的尸体，只不过是“灵魂”所抛弃的不再有用的躯壳而已，所以用它喂食饥饿的鹫鹰，是一种高尚的施舍行为，是善举和做功德的好机会。这里，透露出大乘佛教波罗蜜（大慈悲心）舍身布施的最高精神，有崇高的含义和象征性。“六波罗蜜”是大乘佛教的一种菩萨道，以大慈悲心为根本。菩萨为救人，可以把自身的一切乃至血肉予以施舍，因此佛教把“舍身”视为布施的最高境界。佛经中有很多这样的故事，最著名的就是《摩诃萨陀舍身饲虎》的故事。

此外，藏人认为秃鹫是神鸟，是空行母的化身，是来接引人的灵魂上天的。它吃了尸肉以后高飞天穹，可以把人的灵魂直接带入天国，有利于转世来生。据说，天葬更早的源起是藏族先民崇信的苯波教。据说苯波教认为人死后如果灵魂能升天，到“年神”（天神）那里，就会得到“年神”的褒奖，获得来世的幸福。又据苯波教典籍称：世间一切神灵均源于凤鸟，凤鸟是藏族的始祖，灵魂升天自然要借助“通天神鸟”的翅膀了。

天葬是一种文化形态，天葬的独特性体现在它奇特而神圣的宗教精神、一定的科学性和实用意义上。藏人虔诚地追求佛教“六波罗蜜”中的布施波罗蜜精神，推崇天葬，无疑是受到佛教精神的深刻影响。

四、保护措施

2007年，“玉树天葬”由玉树藏族自治州申报，经青海省人民政府批准，被列入青海省第二批省级非物质文化遗产代表性项目名录。

吾云达泼水习俗

一、项目背景

1.1 流传区域

吾云达泼水习俗，是每年农耕前夕（即藏历四月八日）在青海省称多县尕朵乡吾云达村一带举行的祭祀神鸟的民俗活动，以祭祀朝拜大鹏神鸟，感恩神鸟带来的好运与福报。

1.2 人文环境

称多县地处青藏高原东部，青海省南部，玉树藏族自治州的东北部。县域北部与果洛藏族自治州玛多县为邻，西北至西部与本州曲麻莱县接壤，南部与本州玉树县隔通天河相望，东部与四川省石渠县毗邻。东西长160公里，南北宽209公里，县域总面积约1.53万平方公里。2016年，全县总人口61 024人，以藏族为主。

称多县内旅游资源丰富，有许多浓郁民族特色、悠久藏文化内涵和传奇色彩的自然人文景观，文化旅游资源开发潜力巨大。主要有名山之宗——嘎觉吾神山，为藏族四大神山之一；宗教圣地——通天河渡口白塔；历史遗址——元朝帝师八思巴讲经台；有“三江源”纪念碑，以及广袤无垠的羌塘大草原。文物众多，历史悠久，有大小佛教寺院30座，寺院建筑和园林艺术独具特色。入寺僧侣千余人，规模较大的有尕藏寺、色航寺、拉布寺等。称多还是著名的歌舞之乡，“卓”“伊”等舞蹈以其独特的藏文化内涵和优美动人的表现形式闻名遐迩，有“会说话就会唱歌，能走路就能跳舞”的说法和“土风歌舞之乡”美称。

尕朵乡为称多县辖乡，位于县境西北部，距县府驻地148公里。人口0.5万，以藏族为主。吾云达村藏寨民居属于称多县内传统的石砌碉楼建筑群，集中连片分布，保存较为完整。

二、场景内容

2.1 民俗背景

关于泼水活动的来历，在吾云达村有这样的传说：在很久很久以前，从遥远的西方佛国印度飞来三只大鹏鸟，这三只大鹏鸟飞到通天河畔一带时，不落到富人家，却偏偏落到一户贫困人家的房顶上栖息。这户贫困人家的主人怎么驱赶也赶不走，即使一时飞走了，过几天又会再飞回来，还是落在他家房顶上栖息。主人也只好作罢，不再赶它们走，还拿出原本就不多的青稞来喂食它们。日子过得好快，转眼间一年就过去了。但是自打这一年开始，他家里的境况发生了微妙的变化，一改往日贫困落后的面貌，家境也慢慢好了起来。这家的主人便认为，这些转变，都是得益于三只大鹏神鸟，带给他们家福气与好运。后来这三只大鹏一直陪伴着心地善良的主人一生，成为他们家的三个成员。主人也好生相待，照顾得像他的几个孩子一样，全家和美相处。几年后主人的孩子们也慢慢长大了，各自成家立业，经商的老大有收入，种地的老二有收成……总之一切都非常顺利、祥瑞。直到有一天，这家的主人离开了这个世界，三只大鹏也跟着男主人一起，悲伤地离开了这个世界……为了纪念这三只大鹏，每年四月份春播时节，他们一家人便要起个大早，换上净水，口中念念有词、虔诚地祭祀朝拜这三只大鹏神鸟，感恩三只大鹏带给他们家的好运与福报。随着时光的流逝，这种祭祀活动慢慢流传了下来。

也有这样的说法：在原始的农耕时代，吾云达村里的山涧清泉被改为河渠，为农田灌溉之用。每逢灌溉完毕，村里所有人开始休息聊天，村民们一溜儿坐在田埂上，家长里短，有说有笑。这个时候，有好事者便用泉水“偷袭”别人，当然也有村里热恋当中的男女青年，他（她）们向对方泼洒清泉水，以此取乐。谁也没有想到，这么一个小小的举动，后来演变成一个祭祀泼水活动沿袭至今。

称多县泼水节（仁青尼玛/摄影）

2.2 表现形式

吾云达村的泼水活动一般在农耕前夕，全体村民载歌载舞，与对面卓木其村的糌粑节有异曲同工之妙。

泼水活动期间，全村人开始相互泼水取乐，阿爸给阿妈泼水、爷爷给奶奶泼水、少的给老的泼水、老的给少的泼水、妻子给丈夫泼水、丈夫为了“报仇”又给妻子泼水……于是，一场“泼水大战”由此拉开了序幕。每当春耕灌溉完毕，全村人便开始互相泼水取乐，直到将对方全身泼湿、泼透为止，方肯罢休。

泼水活动结束后，村里有歌声嘹亮者，现场为大家助兴，献歌一曲；有舞姿曼妙者，还为歌手伴舞一段。那纯粹的原生态唱腔、直抒胸臆的歌词、河畔孕育的美妙声音，时而欢快、婉转，时而凄美、感人……那响彻四方的民歌一曲接一曲，你方唱罢我登场，拉伊、歌舞比赛也由此开始，村民们在场地上载歌载舞，老人儿童也参与其中，大家就像过节一样热闹非凡。吾云达村的泼水活动便这样一直流传到了今天。只要到了藏历四月八日这一天，无论村里人在何方，都会赶回来齐聚吾云达村，与亲朋见面，与老友相聚，最主要的便是泼水娱乐。

2.3 传承方式

作为当地藏族村寨的传统民俗，代代相传。

“吾云达泼水习俗”代表性传承人

阿巴（玉树藏族自治州称多县人，省级非物质文化遗产代表性传承人）

三、价值意义

吾云达村传统祭祀泼水习俗一直不被外界所知，在第四批中国传统村落申报调查时才被首次发现。吾云达村传统祭祀泼水习俗体现了当地群众的生活情趣和精神追求，这在我国西北地区具有独树一帜的地域特色。

近年来，在称多县政府的宣传扶持下，吾云达泼水习俗已成为每年重要的文化旅游节庆活动，引起了外界的广泛关注。

四、保护措施

2018年，“吾云达泼水习俗”由称多县申报，经青海省人民政府批准，被列入青海省第五批省级非物质文化遗产代表性项目名录。

还山鸡节

一、项目背景

1.1 流传区域

还山鸡节，藏名“拉干比”或“古扎子”，意为过年。是藏族尔苏人以自然村寨为单位在每年农历八月初九至十二日中的一天举行的以祭祖、还愿、感谢山神为主要内容的古老民俗节日，流行于四川凉山州的甘洛、越西、冕宁、木里，雅安市的石棉、汉源，甘孜州的九龙等县境内。以雅安市石棉县蟹螺藏族乡传承的最为典型。

1.2 族群简介

居住于甘洛县、石棉县境内的藏族自称尔苏藏族。多数历史学家和民族学家研究认为，尔苏人属于党项羌的后裔，南迁后进入康巴地区。尔苏人较完整地保留着自己的服饰、语言、信仰。

1.3 人文环境

石棉县隶属四川雅安市，位于四川省西南部、雅安市最南端，贡嘎山南麓、大渡河中游，地处雅安市与凉山彝族自治州和甘孜藏族自治州接壤处。全县户籍总人口为12.17万人（2017年），总面积2 678平方公里，有汉、彝、藏、回等民族。

蟹螺藏族乡蟹螺堡子位于四川省雅安市石棉县蟹螺藏族乡江坝村五组。江坝村是蟹螺藏族乡尔苏藏族集聚地，具有浓厚的尔苏藏族文化气息。尔苏木雅藏族文化已列入省级非物质文化遗产代表性项目名录。

二、场景内容

2.1 民俗场景

还山鸡节是石棉县尔苏藏族每年农历八月举行的传统节日，也是尔苏人一年之中最重要的节日。尔苏语称为“古扎子”，意即过年，又说这一天是尔苏藏族迁徙定居的日子，所以作为祭奠祖先的节日。所有的尔苏人过了这一天后都会年长一岁，还山鸡节传承至今已有上千年的历史。

2.2 表现形式

为了祭祀祖先，同时祈求神灵保佑，居住在石棉境内的尔苏藏族以堡为单位，都有自己的神山和家族祭祀场地。神山上都有四季常青的松树、柏树，名为神树，藏民人人敬之。神山上按迁居时间先后的顺序每户将设立自己祖先的灵位，灵位用一干净的石板做成，要求平整，便于放置供品和烧香之用。

还山鸡节的祭品主要有：酒、鸡、熟鸡蛋、荞面馍。酒须用当年产的新荞子来酿制；鸡须选用当年出生自家喂养的白色、红色公鸡各一只，从节前十来天起就要关着喂养，以防其到外面啄食不干净的食物，亵渎了神灵；煮熟的鸡蛋一个；新荞面馍2~3个。树条须用三根1.5米高，3~5厘米粗的山上活木上砍伐的树枝，且每根树条正面均要把树皮剥去，然后将树条顶端用刀分破成四瓣，编成漏斗状，以盛祭品之用；用草木灰制成的一个钵，其实是杆杆酒的坛盖，当作灰巴盆（作敬祭时用的火盆）；周长30厘米左右的白石头一个；柏枝条适量；檀香适量。这些祭品需要节前就准备妥当。

节日当天一大早，各家各户选派两三名男子背着祭品上山（超过12岁的女孩不上山）。从家里出发之前，要将白石头用火烧红，放在堂屋里对着大门口，石头上盖上青蒿叶，舀一瓢清水泼上，使石头和青蒿叶冒出热气，再把敬山的食物在热气上薰过。薰鸡时要先用清水清洗鸡冠鸡脚，使其保持洁净。之后在准备好的火盆里放上燃烧的木炭，上面加上柏枝、檀香，撒上荞面，使火盆一直保持烟雾状。参与敬祭的男人们带上所有敬祭品，端着火盆走到村口。全村敬祭人员自发形成队列。

上山后每户人家要面对一棵树（神树），所有人以户为单位依树排成一字长排；从自带的火盆中取一粒火种，烧一堆烟火，烟子冲上天空，

还山鸡节（余耀明供图）

以示禀报神灵；然后把三根树条插成“▽”形，在树条前摆上敬酒、荞馍。此时，每家的主祭人先将白公鸡拿在一只手里，另一只手不断地拍白公鸡，每拍一下就把公鸡朝天空抛送一下，口念敬祭词，开始敬祭各路神灵。先敬天神，后敬地神，再敬峨眉山、瓦屋山、贡嘎山、泸山四大山神，最后敬本地的小山神。敬祭告一段落后把白公鸡杀掉，将鸡血淋在第一根树条上，再把鸡毛拔下，按左右两翼展开成排状粘在第一根树条上鸡血淋过的地方。紧接着，主祭祀人拿着红公鸡重复以上过程，杀掉红公鸡后，把红公鸡的鸡血和鸡毛分别按前述方法淋、粘在后面的两根树条上。然后把两只鸡的嘴角和脚爪切下来，将白公鸡的嘴和爪放在第一根木条“漏斗”里，红公鸡的嘴和爪放在后面的两根树条的“漏斗”里。荞馍、鸡蛋亦分成小块分放在三个“漏斗”里，最后将火盆端放在神树上。

所有人员在主祭者的带领下，大吼三声：“敬山神了……敬山神了……敬山神了！”吼毕，口里念道：请各路神灵慢慢享用，敬谢各路神灵保佑村寨风调雨顺、五谷丰登、六畜兴旺、人寿安康，来年再来敬谢各路神灵！

至此，庄重的敬山仪式就算结束了。然后，敬祭人员带着鸡肉回到村子附近集中，互相品酒；村里的老人趁机安排农事。集体活动结束后，各家各户要把鸡肉背回家中，让全家人分享，也可以让三代以内直系血亲分享。但承办者除负责烹制鸡外，还要杀一头猪或者羊来招待前来就餐的亲戚。此外，白公鸡只能由自家人享用，红公鸡才能由亲戚们分享。

2.3 传承方式

还山鸡节通过民间习俗活动沿袭至今。

"还山鸡节"代表性传承人
王志全（雅安市石棉县蟹螺藏族乡人，省级非物质文化遗产代表性传承人）

三、价值意义

还山鸡节是藏族尔苏人神圣的节日，是尔苏人民最具文化内涵的节日，是尔苏人民与自然和谐相处、回报自然意愿的直接表现，也是尔苏人民本土信仰的表现，对保护环境、增进民族文化认同、研究宗教信仰、保护自然生态、建设和谐社会具有重要意义。

作为一个文化习俗，还山鸡节涉及尔苏服饰、酿酒、音乐、舞蹈、人伦规范等，对研究尔苏人民的社会历史、风俗礼制、民族学、人类学、宗教学、艺术美学具有重要价值。

四、保护措施

尔苏藏族"还山鸡节"已成为石棉县重要的民族文化品牌。当地政府通过主办"还山鸡节"，加大了对这一传统民俗活动的宣传推广。

2007年，"还山鸡节"由雅安市石棉县申报，经四川省人民政府批准，被列入四川省第一批省级非物质文化遗产代表性项目名录。

新龙十三节

一、项目背景

1.1 流传区域

新龙十三节是四川甘孜州新龙县所独有的节日，其隆重程度一点也不亚于藏历新年和春节。藏族过藏历新年、其他地区都过春节的时候，新龙人却把藏历腊月十三作为节日过得热热闹闹、欢欢喜喜、团团圆圆。远在他乡的游子都要在节日前夕千里迢迢从外地赶回家与亲人团圆。

1.2 人文环境

新龙县隶属四川省甘孜藏族自治州，位于四川甘孜州中部，青藏高原东南边缘，属川西丘陵和横断山脉地接触带。至2013年年底，新龙县辖区面积9 182.74平方公里，总人口49 833人，以藏族为主。

新龙十三节

新龙文化历史悠久，古朴厚道，手抄《甘珠尔》孤本、格萨尔征战头盔、谷日石棺墓葬、藏式伸臂桥、贡布郎吉（布鲁曼）遗址，无不体现了藏文化的灿烂。

二、场景内容

2.1 民俗背景

新龙人过十三节在民间有三种广为流传的传说。一种说法是雪域雄狮——格萨尔大王——征战四方到达新龙的日子恰逢藏历腊月十三，所以当地人便把这一天作为自己最隆重的节日来过；另外一种说法是当地高僧智慧禅师喜绕降泽，元朝初年进京拜见忽必烈时被封为瞻堆本冲（意思是新龙挽铁疙瘩的官），喜绕降泽受印回新龙的日子也是藏历腊月十三，新龙人把这一天定为自己的过年；还有一种说法就是新龙的英雄——布鲁曼——不堪忍受土司头人的剥削，率领农奴武装反对农奴主，经占卜打卦，率兵出征日定为藏历腊月十三，军队途经之地群众都要以节庆的形式迎接，布鲁曼揭竿而起的日子就被确定为新龙的过年。

2.2 表现形式

藏历腊月十二是新龙人最忙碌的日子，相当于汉族农历的除夕。男人们把从山上砍来的桦树枝用白鸡毛或白羊毛串起来，与他们精心制作的涂有红色或者绿色的木刀、木剑一起在藏历腊月十三这天敬奉给山神。在他们看来，白鸡毛或是白羊毛是山神喜爱之物，木刀、木剑为山神惩治邪魔必备之物，如此山神便可以护佑一方平安了。

新龙人过十三节，把最好的酥油、奶酪、牛肉等摆满一桌。新年前夕，新龙无论男女都要精心梳妆打扮自己。新龙男子的头饰红发辫驰名藏族聚居区，据说这与新龙人曾经经历过惨烈的战争有关，红发辫使得新龙男子英姿飒爽、康巴汉子神韵十足。

夜晚，村庄里的男女老少点燃麦秆做成的火把，在自己的房前屋后口念咒语驱除妖魔鬼怪。家家户户男女老幼都手持火把在田野聚集，呼喊着妖魔鬼怪的名字，然后共同把火把扔到一起形成熊熊大火，再把鞋里垫了一年的草垫扔进火堆里烧掉，然后在火堆边欢跳。这预示着霉运走完、好运即将开始。

新年的第一天，男女主人各有分工，女主人背上水桶到村外背水。新年背到的净水藏语叫“曲章”，也就是万物复苏取新年的第一道水，无论祭神、熏烟，还是洒在人和牲畜的身上，都是十分吉祥安康的。因此勤劳的女主人通常会把家里的水柜全部背水装满。男主人会打开大门迎请各路山神，希望把山神请进家门以后，家庭和睦，丰衣足食。新龙人对英雄格萨尔顶礼膜拜，因此在请山神的同时，口中念念有词，把格萨尔大王和他的三十员大将一起引进家门。在他们看来，有了格萨尔及其大将的护佑，家庭就会强大无比。

经堂是藏族人最圣洁神圣的地方，请喇嘛念经保佑平安是新年中各家各户必不可少的程序。新龙人的第一顿早餐非常丰盛，相当于团年饭。正午时分，村里的小伙子身着节日盛装，手持木刀、木剑，肩扛松星到神山去祭山神，将木刀、木剑和松星插在神塔上。他们认为，这样做就可以全副武装山神了，任何妖魔鬼怪都不敢来侵扰村庄了。小伙子们在神塔旁边点燃柏枝，撒上青稞酒、糌粑、酥油、茶叶、大米等，然后围着神塔转经，呼唤着各种动物的名字。喇嘛在一旁齐声祈福。在藏历腊月十三这天，所有娱乐活动都会在下午隆重上演，村民是娱乐活动的参与者，又是最热情的观众。

2.3 传承方式

新龙十三节是当地藏族盛大的节庆日，世代沿袭至今。

三、价值意义

新龙十三节对研究地方民俗历史、民族文化交汇演进史有一定价值。

四、保护措施

2007年，“新龙十三节”由甘孜藏族自治州新龙县申报，经四川省人民政府批准，被列入四川省第一批省级非物质文化遗产代表性项目名录。

安巴节

一、项目背景

1.1　流传区域

安巴节是道孚县传承藏族文化的重要节庆活动。“安巴”在藏语中是五月的意思。藏历五月是高原的黄金季节，正值青苗茁壮、农闲时期，春暖花开，处处生机勃勃。藏历五月十三日这一天，当地人会以各种形式，祈祷风调雨顺、五谷丰登。

安巴节（来源：康巴传媒）

1.2　族群简介

居住于道孚县境内的藏族主要为康巴藏族。

1.3　人文环境

道孚县位于四川省甘孜藏族自治州东北部，地处青藏高原的川西山原地带，全县面积7 053平方公里，2015年末户籍人口56 943人，以藏族为主。

道孚旧称“道坞”，藏语译意为“马驹”，相传县城所在的地形神似马驹，故取此名。

道孚县内雪峰、峡谷、江河、湖泊、瀑布、土石林一应俱全。道孚康巴藏族文化浓郁，尤以扎巴人独特习俗备受外界关注。

二、场景内容

2.1　民俗背景

据《藏族史略》记载，每年的藏历五月十三日是藏族佛教中最为吉祥的日子。传说这一天，佛光普照大地，所有的神仙都会聚在一起，为人间造福。于是，各大小村庄都会举行祭拜菩萨、山神的仪式。

2.2　表现形式

藏历五月十三日这一天，农区的村民以家族为单位到神山上熏香烟，并把白羊毛挂在树上，以祈祷风调雨顺、吉祥平安、五谷丰登。而牧区的牧民则在这一天祈祷牧草丰盛、牛羊肥壮，并开始从冬草场搬迁至夏草场。村民们进行祈祷后，就在附近的山坡、草地上搭帐篷、跳锅庄、吃百家饭，相互祝福，俗称“耍坝子”。这样的活动一般要延续5~10天，待大家尽兴才归。

2.3　传承方式

安巴节起源于藏传佛教，其后融入当地民俗活动，并以家族活动形式世代传承至今。

三、社会影响

道孚是青藏高原农耕文明的发源地，农耕经济文化是道孚传统经济文化的基础和核心。“安巴节”延续到现在，已经成为道孚县民间最具特色的民族传统节日。县委、县政府将其列为全县传承道孚民族文化的重要节庆活动，先后于2005年、2006年举办了两届“安巴农耕文化旅游节”。2017年7月29—31日道孚县成功举办了第三届“安巴农耕文化旅游节”，对促进地方旅游文化发展，提升道孚吸引力、知名度，起到了积极作用。

四、保护措施

2014年，“安巴节”由甘孜藏族自治州道孚县申报，经四川省人民政府批准，被列入四川省第四批省级非物质文化遗产代表性项目名录。

涂墨节

一、项目背景

1.1 流传区域

涂墨节是每年农历正月十七四川九寨沟县白马藏族山寨的传统习俗，互相涂抹锅烟墨、嬉戏玩乐并用以驱鬼辟邪的节日，是白马藏族的狂欢节。

1.2 族群简介

白马藏族亦称白马人，是居住在甘肃省陇南市文县和四川省绵阳市平武县、阿坝藏族羌族自治州九寨沟县交界的岷山东端摩天岭中的一个族群，人口约2万（2015年，甘肃省陇南市文县有6 500人、甘南藏族自治州舟曲县有4 600人，四川省绵阳市平武县有3 627人、阿坝州九寨沟县有2 800人、松潘县有600人）。讲白马土语，信仰为自然崇拜、苯教、佛教。

涂墨节（九寨沟县供图）

白马人历史悠久，最早见于西汉《史记·西南夷列传第五六》，“自冉駹以东北，君长以什数，白马最大，皆氐类也”。20世纪50年代，北川行署将该地区聚居的白马人定为藏族。但长久以来，其语言、文化都和其他藏族人有比较大的差

涂墨节（小松供图）

异，学术界对这一界定存有歧义，衍生出诸多不同的学术观点。对白马人族属研究的观点大致可以归纳为三种，即“氐人说”“羌人说”和“藏族分支说”。2012年，复旦大学现代人类学教育部重点实验室对白马人进行脱氧核糖核酸（DNA）研究后发现，白马人是东亚最古老的部族之一，其祖先应源自氐羌。

白马人有自己的语言，没有文字；语言内部有一定的差异，但基本上彼此可以通话，属汉藏语系藏缅语族藏语支。语言学专家考证认为，“白马语”是一个独立的语言，是“从古羌语母体中分化出来的一个相近的支系”。

白马服饰也很有特色，以白、黑、花三种袍裙为主。白马女性胸前饰以白玉般的鱼骨牌，腰间围几匝金亮的古铜线；穿上各色布料绘制的镶花袍裙，艳丽夺目。帽顶前端有一簇锦鸡颈羽装饰并插白色雄鸡尾羽，这是白马藏族的标志。男子插一支挺直的羽毛，表示心要直，人品要好；女子插几支弯曲的羽毛，象征美丽，这种帽子被当地的白马人称为“沙嘎”。

1.3　人文环境

九寨沟县隶属于阿坝藏族羌族自治州，位于青藏高原东部边缘，阿坝州东北部。九寨沟县民族众多，主要有藏族、汉族、羌族、回族等。截至2016年，全县户籍人口近7万人。

勿角乡位于九寨沟县县城正南边界，是九寨沟县境内白马藏族主要聚居地。“勿角”系地方语，地处偏沟之意。

二、场景内容

2.1　民俗背景

关于涂墨节的起源，有一个极具传奇色彩的故事：相传先民们自来到此地，每年的正月十七都有个妖怪出现，抢走一个女孩。人们斗不过妖怪，只有任凭它作恶。有一年的正月十七晚上，妖怪又出现在寨子里，窜到一户名叫西珠的人家中。西珠预先将自己的女儿藏在锅膛里。可是这被妖怪发觉了，它就窜到灶前将女孩抓出来。突然，随着一声怪叫和一阵狂风，妖怪不见了。西珠的女儿却没被抓走。她躺在地上，吓晕了，脸上涂了一脸的锅烟墨。西珠恍然大悟，原来是女儿脸上的锅烟墨把妖怪吓跑了。事后，西珠把这一情况告诉了村民。次年正月十七，人们都在自己女儿的脸上涂了一层锅烟墨，吓得妖怪再也不敢来作恶了。

2.2　表现形式

白马藏族一年四季都有节日，最隆重的是藏历年，最具特色的是涂墨节。这一天，白马藏人着装五彩缤纷，特别鲜艳夺目。那就是白马人具有浓郁民俗文化特色的传统服饰。涂墨节是白马藏族的狂欢节。如果谁被抹了锅墨，代表谁是受尊敬的人。相传，被抹了锅烟墨的人可以得到“吉祥神”的保佑，不会被妖魔鬼怪认出来，可保平安健康。

2.3 传承方式

每年正月十七，白马藏族在脸上涂抹锅烟墨以驱除妖怪，渐成风俗，以后又逐渐融入娱乐成分，世代传习，就成了今天的涂墨节。

三、价值意义

涂墨节产生于白马藏族百姓驱灾避险的防范意识，其后演变为一种娱乐性的节日，具有民俗学的研究价值。

四、保护措施

2014年，“涂墨节”由阿坝藏族羌族自治州九寨沟县申报，经四川省人民政府批准，被列入四川省第四批省级非物质文化遗产代表性项目名录。

嘉绒藏族春耕仪式

一、项目背景

1.1 流传区域

马尔康“四土”地区的嘉绒人一直保持着自己古老而神秘的“二牛抬扛”农耕方式和习俗，每年春播时节都要举行类似远古中原地区“祈年”的耕作仪式。人们通过这些仪式向上苍和诸神求助并表达自己祈求丰收的美好愿望。

嘉绒藏族春耕习俗（蒋泽灏/摄影）

1.2 族群简介

“嘉绒哇”，藏语音译，是嘉绒地区藏族的自称。“嘉绒”意为“接近汉族地区的山谷”，专指今四川大小金川、丹巴及黑水一带；“哇”意为“人”。居住在四川大小金川、丹巴、黑水一带的藏族自称为嘉绒哇。嘉绒哇系吐蕃王朝以前氐羌等人的后裔，吐蕃强盛时期势力延伸到嘉绒一带，与唐战争200余年。吐蕃人与当地羌人融合逐步形成今嘉绒哇的直系先民。嘉绒藏族使用汉藏语系藏语支的嘉绒藏语。嘉绒藏族主要从事农业生产，多信仰藏传佛教。“嘉绒”一名因嘉莫墨尔多神山而得名，意指墨尔多神山四周地区。据汉文史料记载，古代生息、活动于今州境地区东南部河谷一带，称为“嘉良夷（嘉梁）”“白狗羌”“哥邻人”“戈基人”等民族，为这一地区的先民。唐时与吐蕃人移民及驻军经过1 000多年的融合、同化，从而形成今日统一的嘉绒藏族。

1.3 人文环境

马尔康县为阿坝藏族羌族自治州下辖县，是以原嘉绒十八土司中卓克基、松岗、党坝、梭磨四个土司属地为雏形建立起来的，亦称“四土地区”。马尔康藏语意为“火苗旺盛的地方”，引申为“兴旺发达之地”。县城马尔康镇系阿坝藏族羌族自治州州府驻地，是阿坝州政治、文化、金融、信息中心。

二、场景内容

2.1 民俗背景

每年春播时节，主人家便在开播的头一天晚上把大家请到家里来，开始举行独特的“祈年”仪式。

背种人、撒种人在春耕期间拥有很高的地位，他们被安排在进门正对的最上方“卡普”位置上就座。这时，主人家要将火塘里的火烧得很旺，象征兴旺发达。据说，很久以前嘉绒地区没有粮食种子，是狗从大洋彼岸将种子带给了人们。在下种时诵念“克依克依”，可以保证种子尽快发芽生根。播种期间如果家里来狗了，那将是最幸运的，主人家会拿最好的肉给它吃。

男人用白面粉在“卡普”所在墙面涂画吉祥八宝图案，在其他三面墙上则涂绘出太阳、月亮以及五谷杂粮等图案，以期盼丰收和富足。女人则要准备好第二天数十人的伙食。在第二天的伙食中，烧馍馍是必不可少的主打食品。主人家会在每个馍馍的面上小心翼翼地盖上春耕专用的图章。每家每户图章的图案大同小异，一年只在春耕时节用一次。它们一般用杜鹃花木质雕刻而成，有的图章已经沿用了数十代人。春耕专用图章成了嘉绒藏族古老农耕文化的一个永恒的符号。

2.2 表现形式

耕地人将地块耕犁出一定的面积后，姑娘们便拿上木锄开始夯土，口里念唱着由六字真言演变而来的歌谣，同时诵念六字真经和“赛依拉姆”，请土地神原谅人们因在耕地、夯土时无意伤害昆虫等小生命的过失，并期盼小生灵尽快被超度。歌声悠扬而明快，节奏感强烈。大家合着欢快的劳动拍子，整齐地举手弯腰，愉快地劳作。此情此景，让人有好似欣赏天舞般的畅悦。欢快的音符在女人们整齐划一的腰姿中飘逸，这时的劳动已经变成了纯粹的艺术享受。

耕种结束后，耕地人诵念“六字真言”并将牛鞭折断丢到远处。回到主人家里，参加耕种的男女相对而坐，并将早晨准备好的那块泥巴作为土地之神供奉在火塘旁边。主人给大家倒上咂酒，大家则开始高声诵念“措依格萨尔”经。主人将犁铧放在谁面前，谁就得敲击犁铧领诵嘉绒农耕歌。第一段是唱给山神、土地神、土地女神的颂歌；第二段是感谢先辈英雄给嘉绒民族创造的今天，祈祷六畜兴旺、庄稼丰收；第三段是请求耕牛原谅，祝愿它在劳作之余能与漂亮的母犏牛尽情欢乐。男人先唱一句，女人跟唱一句。每唱完一段，大家要祈诵一句“啊喂”，再满满地喝上一碗青稞酒。

接着由专人诵唱一段近300句的嘉绒农耕祈福史诗，从牛的鼻子、牛的角、犁铧、各类牲畜唱到五谷，祝愿主人家“象牙穿牛鼻，犁铧变金子，牲畜万万头，吃穿不用愁”；歌颂远古的神狗衔来种子，南方的大鹏带来吉祥，高山的青草带来牛肥马壮；歌颂万物和自然，感恩天地的造物，祈求上天赐予人类美好的生存环境。在三声“阿呀嚷巴拉嘿嘿嘿……”中完成当年农耕全部的祈福仪式。

在农耕中，也有几点值得注意的地方。播种的顺序是沿袭历史的老规矩，谁都不能破例犯规。要待那千年不变的首耕户开耕下种后，村里其他人户才能依次开播。在嘉绒藏族农耕仪式中，撒种人、背种人、牵牛人、耕地人是四个最重要的角色，由谁来出任须根据天干、地支卜卦决定，他们的生肖不仅必须与当年藏历的五行相生，还不能和其他任何一个角色相克。除属相要求之外，嘉绒人对这四大角色还有一些近乎苛刻的要求：背种人须在当年没有参加过葬礼，否则，就会给农作物带来严重的病虫害，粮食产量也就会大打折扣；撒种人一般请那相貌堂堂、多子女、种子撒得均匀又能很好控制用种量的成年男子担任；耕地人也要由身强力壮的成年男子来担当，须能很好地掌握犁铧入地的技巧，还要会唱当地的山歌，如果耕地时没有歌声相伴，那会被看作对大地的亵渎，对神灵的不恭；牵牛人要选村子里年轻漂亮的姑娘或俊美的小伙，他们不仅聪明能干，还善于控制耕牛的步伐、犁地的节奏，以便在神示的吉日良辰将主人家所有土地准时耕完。

2.3 传承方式

在千百年的农耕劳作过程中人们期盼丰收，嘉绒藏族春耕仪式正是这种愿望的制度化体现，也是家庭劳作与“社区”互助相结合的有效方式，故而世代传承。

三、价值意义

马尔康地区的嘉绒藏族春耕仪式是在当地特殊地理气候条件下、农耕文明与藏族宗教文化有机融合的产物，具有重要的史学研究价值。

四、保护措施

2009年，“嘉绒藏族春耕仪式” 由阿坝藏族羌族自治州马尔康市申报，经四川省人民政府批准，被列入四川省第二批省级非物质文化遗产代表性项目名录。

雅砻江河谷藏族母系氏族习俗

一、项目背景

1.1 流传区域

作为康巴藏族中的一个重要支系，在甘孜州道孚、雅江两县结合部、鲜水河大峡谷沿岸一带生活的“扎坝人”，一直沿袭着走婚（俗称“爬墙子”）的习俗。传统的走婚使扎坝人至今保留着母系氏族时代的痕迹，具有鲜明的母系文化特征。同时，扎坝人有自己的“扎坝话”，在信奉黄教的同时，盛行“白石崇拜”。在生活方面，他们还有被称着“扎坝一绝”的“臭猪肉”及独特的“岩葬”习俗。

1.2 族群简介

扎巴藏族习俗（道孚县供图）

扎坝人居住地在清代属康定明正土司管辖，现主要分布于四川省甘孜藏族自治州雅江县瓦多、木绒、普巴绒，道孚县亚卓、扎拖、红顶等地，有13 000余人。习惯上将道孚县境内的扎坝人居住区称为“上扎坝”，将雅江县境内的扎坝人居住区称为“下扎坝”。上、下扎坝民风民俗大致相同。奔流不息的雅砻江水赋予了扎坝人特有的灵性。扎坝人豪迈、直爽、纯朴、善良，对待生活豁达、乐观，待人真诚。扎坝语中有这样的格言，“扎多木给，扎穆莫者”，意为扎坝的石头大都烧不裂，扎坝人从不说假话。走进扎坝，扑面而来的是浓浓的木雅文化气息。在这里，我们可以听到来自天籁的梵音，可以探寻那独特的扎坝方言，可以倾听这个雪域民族的古老传说，还可以看到飞檐走壁式的浪漫爱情——“走婚”。

1.3 人文环境

雅江县隶属四川省甘孜州，辖区面积7 681.5平方公里，总人口5万余人，其中藏族占人口总数的80%以上。

道孚县位于四川省甘孜藏族自治州东北部，全县辖区面积7 053平方公里，2015年年末户籍人口56 943人，以藏族为主。

二、场景内容

2.1 民俗背景

关于扎坝的历史以及扎坝人的由来，整个人类文化学界尚未找到充分的文字资料和考古证明，因而外界对扎坝人的历史知之甚少，对其源流更是模糊。

2.2 表现形式

四川甘孜藏族自治州的扎坝大峡谷里至今仍延续着母系氏族“男不娶、女不嫁”的习俗。只要青年男女两情相悦，无须任何仪式，男子即可在夜晚爬墙翻窗，进入女孩的闺房走婚过夜。在这个贫穷而闭塞的峡谷地区，由于耕地面积少，一个家庭就不能无限地分裂。通过走婚而不正式结婚的方式，可以杜绝家庭财产的外流。如果一个家庭有三个孩子都各自娶妻生子，势必重新组建家庭，新修碉楼，置办生活用具，这是当地人无法承受的。走婚现象除了与环境贫穷有关外，还可能与这个地区尊敬母亲、保留了一部分母系氏族传统有关。因此，即使一个男人在外有无数个女人，他都不能把她们领回家。

扎坝人的婚姻有两种形式：一种是较固定的对偶婚姻，另一种则是被称为“爬房子”的走婚。“爬房子”扎坝语为“杜苟”，它是扎坝人两性交流的主要形式。在扎坝人中，当一个男子长大成年后便开始谈恋爱找呷依。在扎坝语中，“呷依”指的是“有性往来的人”，用现代时髦的话可译作“情人”或“相好”。找到呷依后，一个男子便开始了自己暮聚朝离的走婚生活，即晚上到女方家与“呷依”同居，清晨自由离去。

找呷依一般是在要坝子、跳锅庄或干农活、放牲口之时，男子若相中了某个女子，就找机会向她表示爱意——伸手抢去女子的头巾、戒指等饰物。如果女子也中意的话，就会含情脉脉地跑开，然后在夜深人静时打开自己闺房的窗户，等待意中人到来。如果女子不乐意，就会向男子要回自己的饰物。

扎坝人的走婚比摩梭人更为奇特。男子首次到女方家走婚时，必须通过“爬房子”这个重要环节。扎坝人的住房皆是用片石砌成的碉楼，墙体笔直平整。爬墙者往往在夜晚时手持两把藏刀插入石墙缝中，双手左右交替攀墙而上，翻窗而入。也有一些爬墙高手不用藏刀而徒手攀墙入房。第一次爬房子成功后，该男子便取得了女方及其家庭认可，从此可从大门随便进入，女方家不闩门、不干涉，男方便犹如进出自家。

对于扎坝男人来说，一生中的“呷依”基本是固定的，也有同时拥有几个“呷依”的。这种暮聚朝离的走婚，无法律契约，完全建立在双方感情的基础上，不带半点政治背景和金钱财产的功利性质，也不受神权和族权的约束，超然物外。如果遇到双方感情不和或由其他原因造成走婚关系不能维持，则以男子不再爬房子或女方拒不开窗而宣告解除，彼此没有怨言，没有嫉恨。

扎坝走婚并非外人想象的那些无规无矩，爬房子也有许多内在规范：如有血缘关系的男女，在三代以内绝对禁止走婚，因此走婚前须先打听并确定有无血缘关系；双方须自愿，如果某个男子“爬房子”事前未得到女方同意或爬错了，则将受到族人的羞辱或严惩；如在一个家庭中只有独子或独女，这部分人需要娶媳或招婿上门，不能参与走婚；一对男女在保持

"呷依"关系期间，男人一般不会再去爬别的女人的房子，女人也不会再接受别的爬房者。

传统的走婚使扎坝人至今保留着母系氏族时代的痕迹。扎坝人的家庭里没有夫妻，家庭成员以母系一方为主线，几世同堂的大家庭成员少则几人，多则几十人，母亲是家庭的核心和绝对权威。男子在母亲的家庭中扮演舅舅的角色，决定家中大事，张罗对外事务，帮姐妹抚养孩子，自己的孩子则完全由女方家庭抚养，父亲没有养育儿女的责任。

2.3 传承方式

走婚作为母系氏族时代的习俗，在较为封闭的地域环境中少受外界影响，故在以母系为权威的族群体系中承袭。

三、价值意义

扎坝"走婚大峡谷"属"母系氏族社会遗存文化区"。扎坝人在生活习俗、宗教信仰、服饰、语言等方面都独树一帜，其中的许多奥秘至今无人知晓，形成了文化学者称之为"语言孤岛"的人文奇观，具有重要的人类学、社会学研究价值。

四、保护措施

2007年，"雅砻江河谷藏族母系氏族习俗"由甘孜藏族自治州雅江县申报，经四川省人民政府批准，被选入四川省第一批省级非物质文化遗产代表性项目名录。

丹巴成人仪式

一、项目背景

1.1 流传区域

丹巴藏族女子成年礼仪式，当地藏语称为“几萨”，意为“穿成年新装”，汉语俗称“戴角角”。主要流传于四川甘孜藏族自治州丹巴县及周边的嘉绒藏族聚居村寨。

1.2 族群简介

嘉绒藏族，藏语全称“嘉尔木擦瓦绒”，是一个综合山名、水名与自然环境的嘉绒地区名称。在小金和丹巴之间有一座闻名全藏的墨尔多神山，“嘉尔木”即此山之山神。“擦瓦”指居住在擦曲河流域的人，“绒”即农业河谷区。嘉绒是藏语对四川大小金川及黑水藏族聚居区的地名称呼，区域包括今天阿坝州和甘孜州境内岷江中上游，大渡河上游的大、小金川地区。

嘉绒成为藏族一个独具特色的分支原因主要表现在地理环境、历史渊源以及特定农耕文化背景下形成的宗教、语言、建筑、习俗等方面。唐代吐蕃东进，驻军于大渡河、岷江一带，据险而守，军队与当地嘉良、东女、附国等各部落相互融合，形成了今天独特的嘉绒藏族。

1.3 人文环境

丹巴县位于四川省西部、甘孜藏族自治州东部，辖区面积5 649平方公里，境内高山对峙，峰峦重叠，峡谷深邃，景色独特。县城位于大渡河畔

丹巴成人仪式（来源：康巴传媒）

的章谷镇，海拔1 860米，全县总人口61 000余人，是一个以藏、汉民族为主体的多民族聚居县。

丹巴县被誉为深藏在横断山脉中的世外桃源，是嘉绒藏族风情文化的中心，古老神秘的丹巴女子成人礼即是众多文化风情之一。丹巴美人谷位于丹巴县城约26公里的巴底乡。巴底乡目前由22个村构成，每个村都各具特色。丹巴素有“千碉之府”的美称，也以出美女而闻名。“康巴之花”多出自丹巴。

二、场景内容

2.1　民俗背景

传说在古代嘉绒，当部落首领的儿子长大成人、需要婚配成家之时，首领既不求媒妁之言，也不让喇嘛占卜，而是将部落的所有姑娘召集到自家的高碉之下，先请喇嘛诵经祈祷，燃放柏枝进行“煨桑”，然后让儿子从高碉顶上抛下信物。这个信物也十分特别，是一个木制舂盐棒。碉楼下的姑娘则扯起围裙，争先恐后地去接那根舂盐棒。舂盐棒掉在谁的围裙里，谁便成为部落首领的儿媳。后来其他部落首领也纷纷效仿这种做法，为自己成年儿子选择配偶，久而久之，就成为当地的一种习俗。丹巴嘉绒藏族的女性成年礼便是由这种习俗衍化而来的。参加成人礼的未成年女性人数不等，可集体、也可单独举行，其原则是女子必须年满17周岁。一般在农闲时请喇嘛或共巴择吉日举行。

有一个动人的传说流传至今：许多年前，一群凤凰飞到了墨尔多山，随后化成千千万万美丽迷人的女子，于是墨尔多神山下便成了美女如云的地方。据史书记载，西夏王朝灭亡之时，大批皇亲国戚、后宫嫔妃从遥远的宁夏逃到气候温和、山美水秀的丹巴。汉代东女国时期，每年农作物收获的时节，丹巴各村各寨都要举行盛大的选美和祭祀活动。

2.2 表现形式

成人礼一般以自然村落为单位，请喇嘛或吉祥老人在农闲时选择吉日举行。参加成人礼的女子在成人礼上最具特色的是发辫交盘。发辫形似两支角，意为大鹏展翅。装饰品除金、银外，还有珍贵的红珊瑚、绿松石和黄色蜜蜡，并穿艳丽的民族服装。

参加成人礼的女子来到人们中间，由德高望重的长辈做主持，宣布礼仪开始。主持人对参加成人礼的女子进行“墨郎”（祝福和祈祷）。当桑烟袅袅时，人们共同向成人女子祝福，主持人、成人女子父母或亲属分别向成人女子献哈达，成人女子也分别向主持人和父母回敬哈达，同时分别向主持人、父母、亲朋好友敬酒。

每个寨子都会有一位德高望重者被称为吉祥老人，他是藏寨中的世俗领袖。成人礼上，吉祥老人为墨尔多神山敬献鲜花，祈求千年藏寨平安吉祥。吉祥老人教育孩子们珍惜脚下的土地，珍爱自身，孝敬父母。亲朋好友还会送给姑娘们一些礼物，祝福她们永远幸福。寨子里的人们用最美的诵经声祝福孩子们。老人把最尊贵的黄色哈达献给墨尔多圣山，愿心中的圣山保佑孩子。最后，参加成人礼的父老乡亲们还要与姑娘们一同跳起锅庄，共庆庄严的成人礼圆满结束。

2.3 传承方式

丹巴嘉绒藏族的女性成人礼由古代嘉绒部落首领之子的择偶仪式衍化而来，是嘉绒藏族关注后辈、尊重女性的一种民间习俗，经族中长辈传承给下一辈，世世代代流传至今。

“丹巴成人仪式”代表性传承人
任真多吉（甘孜州丹巴县人，非物质文化遗产代表性传承人）

三、价值意义

嘉绒藏族非常重视对后代的教育，女人是部族的灵魂，所以女子成人礼具有强烈的地域特色，显现出鲜明的个性特点和母系氏族社会文化的基因。

四、保护措施

2007年，“丹巴成人礼仪式”由甘孜藏族自治州丹巴县申报，经四川省人民政府批准，被列入四川省第一批省级非物质文化遗产代表性项目名录。

帕措树葬习俗

一、项目背景

1.1 流传区域

帕措树葬习俗分布在白玉县南部的整个区域，包括山岩、盖玉和沙马三个乡。除了白玉这边，金沙江对岸的西藏贡觉地区也有分布。

四川甘孜州白玉县境内的山岩乡以其独一无二的原始父系氏族社会

藏族树葬（九格格供图）

遗俗而出名。其独特的氏族组织“帕措”（亦称“戈巴”）意为父系群体或父系制氏族部落，是指在特定的历史条件和特殊的地理环境下，为了维护氏族部落自身的利益，以父系为纽带延续而成的一种父系氏族部落群体。其文化习俗表现在民居建筑、民间歌舞、丧葬习俗、图腾崇拜等方面。

1.2 人文环境

白玉县隶属四川省甘孜藏族自治州，地处青藏高原向云贵高原的过渡地带，属横断山脉北段，金沙江上游东岸。县辖区面积10 591平方公里，全县总人口5.7万人，藏族人口占90%以上。

“白玉”系藏语音译，意为吉祥盛德的地方。该县宗教文化源远流长，现有开放性寺庙35座，尤其以嘎拖寺、白玉寺等在藏族享有较高声誉；民族手工艺历史悠久，河坡民族手工艺品造型精美、色泽古朴、工艺精湛，融实用性和艺术性为一体，被誉为“河坡民族手工艺品金属加工基地”。

二、场景内容

2.1 民俗背景

山岩人是古代萨玛王朝的遗民。公元1263年，四郎仁青随八思巴朝见忽必烈，被封为“多墨东本”。他在今沙马乡建立“亦思马儿甘军民万户府”，史称“萨玛王朝”或“萨玛政权”，是康区最早的地方政权之一。现在的沙马乡还有王朝都城的遗址，在萨马寺旁边，残存着周长200多米的土墙。

山岩的父系“戈巴”大的百多户，小的七八户，但相互独立而没有统属。“戈巴”内没有绝对固定的领袖，遇事由长者临时召集，集体行动，由众人临时推举头目。事完，头目地位也随之消失，无任何特殊权利；若遇议事分歧，则少数服从多数。土地、牧场、农具等生产资料一律公有，狩猎所得也是平均分配；女子只有劳动的义务而没有议事权，承担日常大多数体力劳动；而男子除了狩猎，就是喝酒议事或者做手工艺品。

白玉藏族树葬的传承历史久远，距今已有1 100年的历史。可追溯到北宋格萨尔时期，其先祖最初居住在萨玛一带，后分化为三个集团，即欧日布、霍也、措翁冷戈，其中以后来居住在山岩乡的霍也集团最为典型。三个集团因同出自一个帕措，皆为欧珠父系后代，故名“欧珠桑岗”。三个帕措集团又分别按父系血亲关系，分化为若干个小的氏族部落，这些小部落各自相对独立，没有绝对的统属关系。

2.2 表现形式

白玉藏族树葬主要分布在距白玉县城70公里的以盖玉区的山岩乡为中心，包括盖玉乡、萨玛乡全部村寨。树葬对象主要是因病或意外事故等不幸夭折的13岁（虚岁）以下小孩。在山岩乡，成人树葬很少，成人大多采用其他的丧葬方式。小孩的家人及其家族将主持简单的仪式，并将小孩身体摆弄成胎儿状，装入制作好的桦树皮筒或小木箱内（大多为长方体）。本地的喇嘛（巫师）通过念经、打卦，选择吉日将装有夭折小孩尸体的箱子悬挂在两河汇合处的茂密树林中最粗壮的树枝上（也有少量悬挂在小溪、小河旁茂密树林中）。因悬挂地都比较集中，这些皮筒和箱子像一串串珍珠，又似蜂蛹世界。两河汇合处的丧葬地点的选择与确定，一般主要由活佛（权威巫师）来指定悬挂的具体地点。选择在两河汇合处丧葬小孩，其意大致分为三层：一是为让小孩回到大地母亲怀中，能够早日投胎轮回或升天；二是为了防止出现再死下一个孩子的事情；三是愿小孩的灵魂能够像奔腾不止的河水、像不断生长的茂密森林一样能够得到永生。

2.3 传承方式

习俗源于宗教生死轮回观，世代传袭。

“博峪采花节”代表性传承人
金机灵（甘南藏族自治州舟曲县人，省级非物质文化遗产代表性传承人）
金干斗（甘南藏族自治州舟曲县人，省级非物质文化遗产代表性传承人）

三、价值意义

白玉藏族树葬是藏族在特定历史和特殊地理环境下所形成的独特的丧葬习俗；白玉藏族是目前原始父系文化保持得相对完整、民俗活动保存得比较完整的群体。

四、保护措施

2007年，“帕措树葬习俗”由甘孜藏族自治州白玉县申报，经四川省人民政府批准，被列入四川省第一批省级非物质文化遗产代表性项目名录。

博峪采花节

一、项目背景

1.1 流传区域

藏族采花节在每年农历五月初五端午节这天举办，据传是为了纪念一位美丽善良的兰芝姑娘而举办的节庆活动。它传承久远，在甘肃甘南、四川阿坝地区普遍盛行。本档案主要指流传于甘南舟曲县博峪乡的采花节民俗活动。

1.2 人文环境

舟曲位于甘南藏族自治州东南部，地处西秦岭岷、迭山系与青藏高原边缘。全县辖区面积3 010平方公里，总人口14.2万人，其中藏族人口5.04万人，占35.8%。

舟曲是山的国度，水的世界。这里民俗独特，文化浓郁，博峪采花节、天干吉祥节、东山转灯踩道节、坪定跑马节、正月十九“迎婆婆”等各类民俗文化活动异彩纷呈；藏民族原生态舞蹈、音乐、服饰和宗教活动引人入胜，悠久的历史为舟曲大地留下了灿烂的民俗文化。

博峪是甘肃甘南藏族自治州舟曲县的一个乡，地处秦岭山地，岷山山系呈东南—西北向贯穿全境。面积414.1平方公里，人口0.4万，其中藏族占90%。因当地藏族传统采花节闻名而被外界所关注。

二、场景内容

2.1 民俗背景

据民间传说，很久以前，从外地来了一位心灵手巧、花容月貌的名叫兰芝的汉族姑娘，她把纺线织布、绣花缝衣的技术传授给这里的藏族姐妹。后来，兰芝姑娘在五月初五这天去世，藏族姑娘们为了表达哀思，上山采集了无数鲜花，放在她的坟头。从此，每年的农历五月初五，人们都要采集山花并以此为节，代代相传。现在的采花节则更多体现了藏族人民的浪漫情怀和对生活的无比热爱。

采花节（舟曲县供图）

2.2 表现形式

采花节又是花神的祭奠节日，在博峪藏民中又叫“女儿节”。它大致由“抢水”“采花”和“祝福”三个部分构成，其中“采花”和“祝福”都与民族歌舞相结合。

节日从五月初四凌晨开始。这天，全乡15个村寨的青年男女，双双对对背着装有丰盛食物和青稞酒的背篼，走进密林深处，去采撷正在盛开的枇杷花（杜鹃花），当然也是男女青年亲吻拥抱、放纵爱情的时刻。人们在山中抢水、跳舞，祝酒、祝福。傍晚，满载而归的采花人头上插着、手里抱着、背篼里背着各色鲜花，从蜿蜒曲折的林间小径上唱着歌儿，喜气洋洋地回来了。此时，村头寨口挤满了人，争先恐后地把采花人接到家中对唱。据说，谁家接到今天采的花，谁家就把幸福和吉祥接到了家。

真正的节日活动是在五月初五举行。这天，四邻八村的藏族姑娘们盛装出行，她们穿着华丽多彩的手织绣花裙，胸前挂着锃亮的银盘，头上插满鲜花，打扮得比鲜花还美；小伙子们也穿上节日服装，三五成群地向博峪河边的广场走去。老人们互敬哈达、美酒，小伙姑娘们尽情歌舞，孩子们高兴地互相追逐嬉戏。整个博峪河畔一片欢腾，一片花香，直至日落西山，人们围着篝火跳舞，唱歌饮酒，尽兴到次日早晨。

节日是由“抢水”活动拉开序幕的。节日第一天，人们便纷纷到附近的山上抢泉水。抢到水后，有的捧水痛饮，有的背回家用以洗发、净身。然后，各家的父母们把女儿用心打扮一番，在其兄弟的陪同下，与其他姑娘们会合，在村民们的欢送下，向几十里外的“花儿”走去，一路上歌声不断。来到采花点——刺儿坎——以后，一边支锅造饭，一边将新的木刀、木箭、木斧等插起来，这是表示要保护他们崇敬的花神，让花神永远保佑家乡风调雨顺、人畜平安。采花开始后，姑娘、小伙们结伴而行，一边唱着山歌看美丽的山景，一边采摘各种艳丽的花朵，直到姑娘们鲜花满头。晚上，大家围着篝火，尽情地唱歌、跳舞，通宵达旦。

第二天拂晓，采花姑娘和小伙们整理好头顶的花环，唱起《离别

采花节（舟曲县供图）

歌》，离开采花坪回村。当他们来到离寨不远的博峪桥头时，早已守候在那儿的村民们便鸣炮欢迎。寨里由人们推选出的三名中年妇女手捧斟满美酒的小龙碗，边唱边向采花人敬献。采花姑娘接过酒，唱起酒歌儿。按风俗，三位敬酒妇女要在桥头用歌唱形式向姑娘们提出一些关于上山采花的问题，待采花姑娘一一答上后，才放采花人过桥回寨。采花队伍到村民家献花、跳舞、祝福等，晚饭一起聚餐。傍晚时候，人们将采花姑娘们拥向打麦场上，大家手拉手，围成大圆圈，随着领头妇女摇起马铃声，跳起极具民族风格的圆圈舞，开始祝福活动。在这个节日里，采花姑娘们被视为吉祥幸福的使者，所以人们总喜欢在这一天将她们请到家里。姑娘们便在这些人家里跳舞唱歌，祝愿主人吉祥如意，幸福美满。

2.3 传承方式

采花节习俗代代流传，其方式是民众参与、世代传颂、天长日久、自然成习。现在，采花节在政府相关部门的支持下，已形成了每年的特色旅游项目，得到了保留和传承。

三、价值意义

采花节源于当地藏族群众的文化传统，反映出藏汉一家亲的人文情结，在舟曲县博峪乡地区群众中起着确认文化身份的重要作用，现在也成了旅游经济资源开发的新亮点。

四、保护措施

2006年，“博峪采花节”由甘南藏族自治州舟曲县申报，经甘肃省人民政府批准，被列入甘肃省第一批省级非物质文化遗产代表性项目名录。

香浪节

一、项目背景

1.1 流传区域

香浪节是流行于甘肃省甘南地区一带藏族群众的传统节日。节日源于拉卜楞寺僧人每年的外出采集木柴活动，逐渐演变成僧俗一同郊游的节日。“香浪”是藏语采薪之意。因藏语称木柴为“香”，樵采称“浪”，故名“香浪”。香浪节一般在每年的农历六月十五前后举行，在农历六月初六开始。节日期间原有的煨桑和插箭等仪式，后来逐渐发展成为纯娱乐的内容。

1.2 人文环境

夏河县为甘肃省甘南州下辖县，因境内大夏河得名，是一座被山和草原环绕的安静小城，位于甘南州西北部，总面积为6 274平方公里，常住人口8.95万人，其中城镇人口2万余人。

香浪节（夏河县供图）

著名的拉卜楞寺就位于甘肃省甘南藏族自治州夏河县境内，藏语全称为“噶丹夏珠达尔吉扎西益苏奇具琅”，意思为具喜讲修兴吉祥右旋寺，简称扎西奇寺。拉卜楞寺是藏语“拉章”

的变音，意思为活佛大师的府邸，是藏传佛教格鲁派六大寺院之一，被誉为“世界藏学府”。鼎盛时期，僧侣达到4 000余人。因为有拉卜楞寺，夏河在很长一段时间里曾经作为安多地区的政治、经济、宗教和文化中心。1980年对外开放旅游。

二、场景内容

2.1 民俗背景

据史料记载，“香浪节”最早是拉卜楞寺四世嘉木样大师尕藏图丹旺秀之时所创。拉卜楞寺初建时有僧侣百人，因附近施主供者很少，所以布施有限，难以维持僧侣们的生活，特别是燃料问题难以解决。为了解决这一问题，僧侣们每年在特定的时间内赴野外采薪。这一习俗延至第四世嘉木样尕藏图丹旺秀大师时，进一步明确了“香浪”（采薪）的制度，规定每年的三、四、五、六、七月份为“香浪”活动的时间。每次“香浪”之际，各扎仓的僧侣纷纷携带帐篷、炊具和食品，前往山林峡谷，置身于大自然中，去接受一次最质朴、最原始也最令人难忘的洗礼。久而久之，居住在寺院附近村庄的人们也竞相效仿，把僧人的这种活动当作一个非常好的劳动娱乐风俗推广，并传承下来相沿成习。“香浪”节的内容不断丰富，影响不断扩大，成为生活在拉卜楞寺周边各民族的共同节日。

2.2 表现形式

古老的“香浪节”有很多传统的节日仪式。第一项仪式是到山头进行“煨桑”，即点燃事先准备好的柏树枝叶，并将藏族人民喜欢吃的食物（如酥油、炒面、曲拉等）投入火中，男人们骑马围着火堆转圈并鸣枪。在甘南地区，藏族同胞的插箭节和香浪节往往交织在一起。不少地方插箭节与香浪节连在一起，插箭节过后，香浪节也就开了头。插箭仪式也便成了第二项仪式，就是把高达十几米的木箭插到山头上的大木栏里。

香浪节是一个浪漫而富于情趣的节日。香浪节开始的时间一般都选择在每年的农历六月初六。这个时期正是草原上天蓝云白、羊肥牛壮的最好时光，当地的藏族群众便不约而同地带上帐篷、炊具和青稞酒、酥油等食品，到风景优美的草滩上去休闲憩息。人们在绿草如茵、百花争艳的草坪上，选择那些依山傍水的地方扎起帐篷，摆放好早就准备好的饮食美酒，以村寨为单位或三五户聚在一起，在美酒、乳酪、奶茶的相伴下度过十天半月的野外生活，在过节时开展村与村、家庭与家庭之间的赛马、拔河等娱乐游戏。

2.3 传承方式

“香浪节”最早是拉卜楞寺为维持僧侣们的生存而举行的采薪活动，后成为一种宗教制度并传入民间，代代传承并融入许多新的民俗项目，逐渐成为一种民俗节日。

“香浪节”代表性传承人
道吉扎西（甘南藏族自治州夏河县人，省级非物质文化遗产代表性传承人）

三、价值意义

“香浪节”是甘南地区藏族同胞的传统节日。农牧民们平日里从劳动中积累、创造的技能，在香浪节上能得到展示的机会。保护和传承香浪节，对建设甘南地区的精神文明，丰富人民群众生活，提高人民群众的素质，促进经济全面发展，构建社会主义和谐社会，都产生了重要的作用。

四、保护措施

2006年，“香浪节”由甘南藏族自治州夏河县申报，经甘肃省人民政府批准，被列入甘肃省第一批省级非物质文化遗产代表性项目名录。

巴寨朝水节

一、项目背景

1.1 流传区域

“朝水节”集中在甘肃舟曲县巴寨沟。每年端午节，舟曲和迭部等周边地区的藏族群众自发地汇聚到巴寨沟昂让雪山，举行规模盛大的“朝水”活动。

白龙江畔，距村寨不远的绿林中，掩映着一处悬崖峭壁，上面生长着一棵苍郁古柏，在其根部涌出一股溪流，当地藏民视为仙水，藏语称“曲纱”。平时，这股溪水如涓涓细流若有若无；到了农历五月，水流陡然增大，形成瀑布。于是，当地藏汉群众便在农历五月举行一年一度的朝水节。据说，这一天的“曲纱”里含有仙人撒的药物，人们沐浴可驱病祛邪、明目健身、延年益寿。

1.2 人文环境

舟曲位于甘南藏族自治州东南部，地处西秦岭岷、迭山系与青藏高原边缘，东接陇南，西连迭部，北邻宕昌，南通四川九寨沟。

巴寨沟位于舟曲县巴藏乡后北山村，距乡政府18公里，距舟曲县城60公里。巴寨沟景区位于后北山村尕布组和宾格组。该区域森林茂密，植被覆盖完好，地形地貌优美，自然风景秀美，是举行朝水活动的绝佳圣地。

二、场景内容

2.1 民俗背景

当地自古流传着一个美丽的故事：一位善良美丽的医司仙子下凡此地，呼风唤雨，驱走人间瘟疫，治愈了因护救自己而双眼失明的小伙子的眼睛。从此两人相爱，历经艰险困苦，终于在一崖洞结为伉俪，生下聪明可爱的孩子。不料，天宫王母查悉此事，施雷击死他们的孩子，卷走医司仙子，堵住洞口。此后，每逢这一天，悲痛的山民便在山崖下煨桑祭酒、诵经祈祷，以纪念仙子和巴卡。诚心所至，有一年的五月初五，封实的洞口突然爆裂了一个石孔，从中飞泄出一股喷泉瀑布，人们喝了山泉后，治愈了身上的各种疾症。

从此，每年农历五月初五，民众纷纷聚集在这里，“喊瀑”、煨桑、对歌、敬酒祝福，纪念医司仙子。平时洞中清水涓涓细流，只有人们欢歌

巴寨朝水节（舟曲县供图）

狂舞时，才泻出阵阵急流，又因此水能医病健身、延年益寿，故当地藏族称其“曲纱”（即神水）。朝水热闹毕，男女老幼手挽手围成大圈，跳起欢快的舞蹈。男人们围绕舞蹈的妇女，操起古老的“摆阵舞”，鞭炮轰鸣，威武壮观。

2.2 表现形式

每年农历五月初五，舟曲县和迭部等周边县藏族群众自发地汇集到巴寨沟昂让雪山，举行规模盛大的“朝水”活动。从昂让雪山百米高的悬崖石孔中喷涌而出的一帘瀑布和崖下十几眼清泉被当地群众称为“曲纱”圣水。朝水节这天，男男女女成群结队，欢歌笑语，穿山越涧，过密林，走竹径，攀到昂让山上崖孔中飞泻而出的瀑布下，在“曲纱”瀑布中沐浴、歌唱。在“曲纱”飘落的山脚处，还有十几眼泉水，汩汩流淌，先民们分别为它们命名为明目泉、健身泉、长寿泉、聪明泉等。

据传，神仙在这一天的“曲纱”圣水中撒有仙药，沐浴和饮用此水，能医治百病，净化身心，消灾避难。朝水时，人们穿梭沐浴在飞瀑流泉之中，鸣枪放炮，煨桑祈祷，诵经祝愿，企盼来年五谷丰登、六畜兴旺。“朝水”后，人们带着给亲友的“曲纱”沿着林间小道下山，各路歌手一路相互敬酒，对歌献艺。身着节日盛装的藏族妇女们在野外手拉着手尽情地跳起“乐乐舞”，歌颂大自然、神灵和美好幸福的生活。男子们则由长者持矛领头，列成长队，吆喝呼应，摆出威武的“龙阵舞”，尽情地展示着山里人的粗犷与豪放。夜幕降临后举行篝火晚会，男女老少尽情地唱歌跳舞，将节日的狂欢气氛推向高潮。

2.3 传承方式

清泉瀑布和相关传说是该节日的物质基础和人文内涵，形成民俗的动力是人们追求健康美好生活的良好愿望，自然传承，沿袭千年。

“巴寨朝水节”代表性传承人
郭祺家（甘南藏族自治州舟曲县人，省级非物质文化遗产代表性传承人）
郭殿臣（甘南藏族自治州舟曲县人，省级非物质文化遗产代表性传承人）

三、价值意义

朝水节作为舟曲藏族的重要节日之一，是当地人适应自然环境的产物；从宗教层面来说则是本佛共生的结果，体现了人与自然、人与人、人与社会之间的多层次互动；同时也是对当地藏族文化的一次集中展示，达到了娱神与娱人的双重目的，发挥了净化人们的心灵、缓解人们的紧张情绪的作用，加强了藏汉民族之间的交流，

四、保护措施

2011年，“巴寨朝水节”由甘南藏族自治州舟曲县申报，经甘肃省人民政府批准，被列入甘肃省第三批省级非物质文化遗产代表性项目名录。

天干吉祥节

一、项目背景

1.1 流传区域

“吉祥节”是甘南藏族自治州舟曲县曲告纳乡天干沟藏族群众的传统节日，系当地群众感念神恩、祈祷吉祥的节日，即每年农历七月十五过节的习俗。

1.2 人文环境

舟曲位于甘南藏族自治州东南部，全县总面积3 010平方公里，总人口14.2万人。其中藏族人口5.04万人，占35.8%。

舟曲是山水之乡。藏民族原生态舞蹈、音乐、服饰和宗教活动引人入胜，悠久的历史为舟曲大地留下了灿烂的民俗文化。

曲告纳乡位于甘肃省舟曲县东南部，距县城100余公里，总面积439.73平方公里，人口12 184人（2008年），主要为藏族。

二、场景内容

2.1 民俗背景

传说远古的时候，天干沟山清水秀、气候宜人，一派世外桃源风光。有一天突然乌云遮天蔽日、电闪雷鸣，暴雨倾盆而下，还夹杂着鹅卵石般的冰雹。顷刻间，山洪暴发，泥石流奔涌，一马平川的良田到处

天干吉祥节（舟曲县供图）

是几丈深的壕沟和淤泥，百姓家园被毁、无处安身；接着又发生了瘟疫，民不聊生，苦不堪言。人们到山外的大寺院算卦，得知是妖魔嫉妒此地优美富庶，制造灾难驱赶百姓。当地人就天天煨桑祈祷，终于感动了上天。农历七月十五这一天，上天派一位叫“勒查干扎曼”的大仙下凡降妖救民。大仙施法和妖魔对擂，百姓齐心协力相助，终于除掉了妖魔。当地群众感念神恩，同时为了挽留大仙、庆祝脱离苦海，纷纷上山采柏枝、枇杷花，找五彩石以祭祀上天，祈祷吉祥。于是，形成了每年农历七月十五举行吉祥节的习俗。

2.2 表现形式

每年农历七月十五凌晨，天干沟群众早早地起身洗漱打扮，穿上节日盛装，准备好吉祥节的供品、美酒、食品、用品。天快亮时，村寨里的高僧或德高望重的长者带领青壮年男女上山。男子们一般骑高头大马，身背猎枪，腰挎板刀，领上猎狗，带上供品、美酒、食品，在半山古树下鸣枪，举行煨桑、插箭、祭拜山神仪式。妇女们步行上山，一路欢歌，到山顶的“枇杷沟”采摘枇杷花、山荷叶、野葱花。到了山顶，大家要集中唱

天干吉祥节（舟曲县供图）

一首歌颂本部落先祖如何战胜困难的歌：

> 我们这辈人，一代过了又一代，
> "突谷"不能被前辈人带走，如鲜花一样永远不能离开草原，
> 不能如栈道被垮塌，不能像桥梁一样被冲去，
> 我们去给树插箭，我们去给好石头堆砌，
> 我们去给枇杷插荷叶，我们去山顶喝三口溪水，
> 我们去山寨穿几片荷叶，我为此而唱歌……

看见大家下山后，寨子里没有上山的男女老少都来到村口迎接、敬酒；然后一同来到村寨里的打麦场，煨桑祈祷，诉说一年来的"运程"和民情，许愿发心，祈求神灵保佑全村平安、人丁兴旺、风调雨顺、吉祥如意。祈祷完毕，开始歌颂神灵，歌唱祖先的智慧和恩德。随后跳起"突谷"舞、猴子舞，模仿大仙作法的姿态，模仿并描绘祖先的原始生活状态，歌唱部族的起源和进化历程。

2.3 传承方式

天干吉祥节起源于原始社会，是原始人类在粮食和猎物最丰富的七、八月份欢庆丰收时的庆祝活动。此节日起源于传说，寄托着民意，表现为习俗，因此代代流传，形成一年一度的盛会而得以保留。

“天干吉祥节”代表性传承人
高健德（甘南藏族自治州舟曲县人，省级非物质文化遗产代表性传承人）
杨面衣（甘南藏族自治州舟曲县人，省级非物质文化遗产代表性传承人）

三、价值意义

吉祥节是中华民族古老文化的“活化石”，更是一部古朴典雅的人类进化史诗，对研究人类的起源和发展有极其重要的价值。

四、保护措施

2011年，“天干吉祥节”由甘南藏族自治州舟曲县申报，经甘肃省人民政府批准，被列入甘肃省第三批省级非物质文化遗产代表性项目名录。

毛兰木法会

一、项目背景

1.1 流传区域

毛兰木大法会也称正月大法会。在夏河县乃至整个甘南地区的寺院中都比较流行。

毛木兰法会（夏河县供图）

1.2 人文环境

甘南藏族自治州位于长江、黄河上游，总面积4.5万平方公里。处于青藏高原和黄土高原过渡地带，地势西北部高、东南部低。

郎木寺位于洮河源头南部、白龙江发源地，甘、青、川 三省接壤地带。此地被称为莲花生大师降伏妖魔之地，今辖于碌曲县郎木寺镇。

二、场景内容

2.1 民俗场景

毛兰木大法会源于宗喀巴大师于公元1409年在拉萨举办的祈愿法会，在甘南各大佛教寺院盛行已久，已成为甘南藏族人民的一个重大节日。

2.2 表现形式

法会从正月初二晚到正月十七日每天都有，历时15天。法会期间，各寺院全体僧人每天要在大经堂诵经六次。第一次叫晓会，第二次叫晨会辩论，第三次叫午时会，第四次叫祈愿会，第五次为晚茶会，第六次为晚辩净会。

正月初八为“放生节”，即给事先准备好的马、牛、羊身上洒净水，在它们的耳朵上系上彩色绸带后放走。凡被放生的牲畜，均被神化，任何人不得猎取。

正月十三日为晒佛节。此会在上午举行，由各寺院大法师率领僧众抬着巨幅彩绣大佛像到寺院附近山麓固定的晒佛台上展开，尔后，僧众颂赞佛陀功德、念沐浴经，万众肃然。

正月十四日为跳法舞，即寺院专门组织的法舞队，一般由30人左右组成，头戴各种面具，演一个以正压邪的情节；最后由大法师率领舞者和僧众将用糌粑捏成的供神施鬼的食品，送至寺外焚烧，预祝一年吉祥如意。

正月十五日晚举行“酥油”花灯会，这个活动拉卜楞寺和卓尼禅定寺搞得十分隆盛。是夜，在寺院大经堂周围各个固定的位置上支起支架，陈列各种酥油花；在酥油灯的照耀下，酥油花显得更加艳丽夺目；观看者人山人海，接踵摩肩，不到深夜不散。

正月十六日“转香巴”，意为转弥勒。这一天僧人们抬着弥勒佛从经堂开始，在乐队伴奏下，绕寺转“经轮”祈愿未来幸福。

类似这样的法会还有七月法会和九月法会。

2.3 传承方式

宗教仪轨，代代相传。

三、价值意义

毛兰木大法会作为一个集中体现藏族独特文化、信仰和民俗文化的节日，更多地展示了一个民族的心灵生活。毛兰木法会对研究甘南地区藏传佛教和地方民俗具有重要价值。

四、保护措施

2011年，“毛兰木法会”由甘南藏族自治州夏河县申报，经甘肃省人民政府批准，被列入甘肃省第三批省级非物质文化遗产代表性项目名录。

二 传统美术

传统美术是一种以美化环境、丰富民间风俗活动为目的，在日常生活中应用、流行的美术形式。具有鲜明的乡土特色与民族审美表达。

藏族传统美术代表性非遗项目有『热贡艺术』『唐卡』『藏文书法』『编织挑花刺绣工艺』『彩绘石刻』等。

热贡艺术

一、项目背景

1.1 流传区域

热贡艺术主要指唐卡、壁画、堆绣、雕塑等佛教造型艺术，是藏传佛教的重要艺术流派。发端于公元13世纪的热贡艺术，主要分布在青海省黄南藏族自治州同仁县隆务河流域的吴屯、年都乎、郭玛日、尕沙日等村落。同仁地区在藏语中称为“热贡”（金色谷地之意），因此这一艺术便统称为“热贡艺术”。

热贡艺术在我国藏族聚居区具有广泛影响，从公元13世纪开始，便随着隆务寺的兴盛而发展。数百年来，这里有大批艺人从事民间佛教绘塑艺术，从艺人员之众多，群体技艺之精妙，都为其他地区所少见，故被誉为“藏族画家之乡”。

热贡艺术“千手观音”（同仁县供图）

1.2 民族简介

藏族是中华民族大家庭56个民族中的成员之一，是青藏高原的少数民族。

1.3 人文环境

黄南藏族自治州位于青海省东南部，地处九曲黄河第一弯，面积17 921平方公里。自治州人民政府驻同仁县。

同仁县位于青海省东南部、黄南州东北部，地处青藏高原和黄土高原的交错地带，全县总面积3 275平方公里，总人口98 827人，其中藏族占73%。

同仁县是“热贡艺术”的发祥地，是著名的藏族画家之乡，是青海唯一的国家级历史文化名城。有国家级文物保护单位1处（隆务寺），省级文物保护单位11处；有充满神秘色彩的藏乡民间“六月会”和以唐卡、堆绣、雕塑为主的“热贡艺术”。

二、场景内容

2.1 民俗背景

热贡艺术的主要创作群体分布在黄南州同仁县的五屯村。因为五屯人可以兼通自治州内汉族、藏族、蒙古族、土族、撒拉族5种语言，所以人们把“五屯”讹读为“五通”，并认为五屯话是上述5种语言的混合体。另外，热贡艺术在附近的年都乎村、尕沙日村、郭玛日村等村落也有分布。其中五屯村以绘画为主，兼事雕塑和堆绣；年都乎村以堆绣为主，兼事雕塑、唐卡和壁画创作；尕沙日和郭玛日村以唐卡和壁画创作为主。

热贡地区因孕育和诞生了伟大的“热贡艺术”而闻名遐迩。

公元10世纪末至13世纪初，是整个藏传佛教后弘期，是藏传佛教美术的转变期，也是热贡艺术的发源时期。这一时期，日渐民族化的藏传佛教已经取得了广泛信仰，因此作为其形象说教的藏传佛教美术，也开始自觉地从外来风格向符合本民族审美习惯的方向转变。转变期的藏传佛教美术遗存比较丰富，以绘画而论，如阿里古格王国的《历代赞普和王子世系像》壁画，造型质朴，设色单纯而稳重，呈现出浓厚的西藏高原的文化色彩。另有日喀则那当寺的《那当建庙喇嘛》《滚嘎吉泽喇嘛》等富于装饰

热贡艺术（来源：热贡艺术博物馆）

风味的唐卡。

热贡艺术也发源于雪域文化的中心（西藏地区），但主要是先后三方面源流而来：一是西藏拉多的年智合尖措三兄弟在尼泊尔学画后到安多热贡定居传播佛画艺术；二是在公元四五世纪时萨迦派智合那哇及其徒弟们在热贡地区传播佛画艺术；三是1710年桑俄才培修建拉卜楞寺时，他的曼唐派画法传入热贡地区。因此，源渊的不同使热贡艺术的画匠们有各自的特点。

艺人们在早期长年累月地到处作画，足迹遍及青、藏、甘、川等地区以及印度、缅甸和尼泊尔等国，广泛接触到西藏塑绘、甘孜木刻、敦煌壁画以及其他民族或友好国家的艺术，吸收了丰富的养料，经过总结、提炼，逐渐形成了细腻生动、富有热贡地方特色的艺术风格。热贡艺术不断走向外部世界，成为藏传佛教画坛上一个独具特色的重要流派。

2.2　表现形式

热贡艺术主要包括唐卡、堆绣、雕塑、建筑彩画、图案、酥油花等多种造型艺术形式。热贡艺术以藏传佛教中的佛本生故事，藏族历史人物和神话、传说、史诗等为主要内容，同时也包括一些世俗化的内容。热贡艺术凭借其独特的审美观念、独有的原材料和独有的传承习惯在藏传佛教、民间美术、建筑艺术等方面具有重要的历史价值和艺术价值。

热贡艺术早期的作品手法粗放古朴，色彩单纯。绘画带有较典型的印度、尼泊尔风格，笔调雄迈；人物、山水、花鸟、草虫生动传神，画面给人以雄浑、博大之感。至公元17世纪中叶，热贡的匠师们的技艺日趋精妙：线条简练流畅，刚劲有力；采用工笔重彩，庄重沉稳，设色清新浓郁，匀净协调；所画人物形神兼备，画风趋向华丽、精细。同时，这一时期开始注重画面的装饰效果，成为热贡艺术承前启后的辉煌鼎盛时期。经过几个世纪的风风雨雨，很多早期、中期优秀的绘塑作品已不复存在，但仍能零星地在隆务寺、年都乎寺、吾屯寺院里见到。

热贡艺术绘画的题材极其广泛，以宗教为核心的大千世界包罗万象，涉及政治、经济、历史、民俗、文艺等社会物质生活和精神生活的各个方面，大体上可分为斯巴霍、传记画、偶像画、历史画、风俗画和故事画等。

雕塑在热贡艺术中占有显要的地位，主要包括泥塑、木雕、砖刻、石刻等。其中，泥塑最为发达。泥塑分为单色泥塑和彩塑，是热贡雕塑的主体。泥塑艺术的成熟期约在17世纪中叶至19世纪初期，该时期的塑像造型完美生动，神态刻画惟妙惟肖；服饰衣褶既简练流畅，又富于质感，既玲珑剔透，又雅致大方；色彩鲜艳，对比强烈又协调，使单色泥塑和彩塑统为一体。

另外，木雕、砖雕、石雕也颇具规模。木刻主要是印刷用品的经书板，门楣、柱头上的装饰雕刻，也有相当量的木雕佛像。佛像一般分为单色木雕和彩色木雕两种，风格多样，刀法婉转劲利，刚柔相济，极富变化，民族特色浓厚，在热贡木雕艺术中独具一格，名扬天下。砖雕和石雕主要见于建筑物，如屋脊上的花、龙凤、对狮，飞檐上的兽吻，墙壁上的浮雕等。

热贡泥塑和寺院建筑相结合，力求表现其广泛的内容。塑像的取材范围也十分广泛，除以日月星辰、山川草木、鸟兽虫鱼作为装饰纹样和陪衬物外，往往还根据佛教故事或经典的需要创塑色彩形象，如奇谲多样、光怪陆离的护法神、青面金刚、马头红发的天神，有的骑狮坐象、舞枪弄棒，有的颈挂人头盖骨做的项链、狂舞怒蹈……神态各异使人敬畏。选择具有概括性的一瞬表情与形体动态，使人们从静的形象中联想前因后果，从而间接地把握与这一物体形态相联系的潜在内涵，是热贡泥塑家极大的成功。

图案是依附于建筑物、室内摆设、日常用具而存在的装饰艺术，多见于佛教寺院的建筑物，多用于画像、书籍、壁画、墙裙、门窗、柱饰、藻井、画梁雕栋等。这类图案画匀称、清晰、典雅、庄重，呈方形、圆形或者其他几何图形。运用色彩、疏密、聚散、曲直、长短、大小等不同手法进行变化，同一花形可以产生多种多样的形式，构成丰富多彩的图案。图案艺术在很大程度上已跳出了佛教艺术的范围，从宗教法具、日用器皿，到地毯、织物上的装饰，处处琳琅满目，其特点是具有更加浓郁的地方气息和民族色彩，并有较高的实用价值。

堆绣是一种运用“剪”“堆”技法塑造形象的特殊艺术。从技法上区分，它又分为“剪堆”和“刺绣”。热贡地区的堆绣主要以剪堆为主。制作堆绣时，艺人根据内容表达需要选好各种颜色的绸缎，剪成一定尺寸的人物、走兽、花鸟等，用彩色绸缎粘压在事先剪好的纸张模上，然后按颜色从浓到淡，依次粘堆。因中间突出，故产生了较强的立体效果，犹如一幅丝质的彩色浮雕。堆绣的取材大都是佛经故事，多以人物为主，一般不表现大场面。它注重人物的造型和神态，讲究各色绸缎的配置，粗犷中见细腻。由于主体佛像突出、色彩鲜艳、对比强烈，有较强的立体感，堆绣是刺绣艺术的创新，是刺绣与浮雕的结合。一幅堆绣就是一幅丝质的彩色浮雕。

藏传佛教要求“一切工程合律藏，一切壁画合经藏，开刀雕塑合秘咒”，所以热贡艺术的本质都是服从于宗教而不是服从审美的——虔诚重于艺术的灵性。

2.3 传承方式

传统的热贡艺术主要在藏传佛教寺院内部创作、传承，并为藏传佛教服务。热贡艺术的传承方式主要以师徒传承和父子传承为主。由于历史上的热贡艺术品作者不追求署名，导致很多历史精品佳作不知作者，其师承关系只能追溯到近代。

“热贡艺术”代表性传承人
更登达吉（青海省同仁县人，国家级非物质文化遗产代表性传承人）
启加（青海省同仁县人，国家级非物质文化遗产代表性传承人）
西合道（青海省同仁县人，国家级非物质文化遗产代表性传承人）
娘本（青海省同仁县人，国家级非物质文化遗产代表性传承人）
夏吾角（青海省同仁县人，国家级非物质文化遗产代表性传承人）
罗藏旦巴（青海省同仁县人，国家级非物质文化遗产代表性传承人）

三、社会影响

热贡艺术是我国文化宝库中一枝瑰丽的奇葩，也是藏族不同地区之间、藏汉民族文化之间交相辉映的产物。其作品是我国文化遗产中不可多得的艺术珍品。许多作品曾在北京、上海、天津、香港、广州、深圳、西藏、甘肃、青海等地展出，获得极大的成功和高度的评价。

自1958年以来，热贡艺术开始流向民间，并在民间传播。热贡艺术凭借其精美的设计、艳丽的色彩和精细的线条，不仅在佛教盛行地区流行，也越来越受到世界各地艺术爱好者的欢迎。

四、保护措施

1985年6月，青海黄南州热贡艺术馆已对外开放。黄南州热贡艺术研究所是青海省唯一的藏画研究机构。其主要职能是对热贡艺术的历史发展、艺术名家、作品分布、现实情况进行调查研究，挖掘、搜集、整理、征集艺术精品，做好热贡艺术的宣传，积极开展工艺美术研究和学术交流工作，负责培养艺术后备人才。

2006年，“热贡艺术”由青海省同仁县申报，经国务院批准，被列入第一批国家级非物质文化遗产代表性项目名录。

2008年8月，热贡文化生态保护实验区颁牌仪式在西宁市举行。

2009年9月，联合国教科文组织保护非物质文化遗产政府间委员会第四次会议在阿布扎比举行，“热贡艺术”被批准列入《人类非物质文化遗产代表性项目名录》。

藏族唐卡

（勉唐画派 、钦泽画派 、噶玛嘎孜画派）

一、项目背景

“唐卡”，藏文音译，指用彩缎装裱后悬挂供奉的宗教卷轴画。唐卡是藏族文化中一种独具特色的绘画艺术形式，题材内容涉及藏族的历史、政治、文化和社会生活等诸多领域。传世唐卡大都是藏传佛教和苯教作品。

唐卡（来源：热贡艺术博物馆）

唐卡具有鲜明的民族特点、浓郁的宗教色彩和独特的艺术风格，用明亮的色彩描绘出神圣的佛的世界；传统上全部采用金、银、珍珠、玛瑙、珊瑚、松石、孔雀石、朱砂等珍贵的矿物宝石和藏红花、大黄、蓝靛等植物为颜料，以示其神圣。唐卡被誉为中国民族绘画艺术的珍品，被称为藏族的“百科全书”，也是中华民族民间艺术中弥足珍贵的非物质文化遗产。

二、场景内容

2.1 历史起源

学术界对唐卡的起源观点不一，主要有以下四种观点。

唐卡（索南旦巴作品）

（1）唐卡是随佛教由印度传来的绘画形式。这一观点由意大利学者杜齐提出。他认为，唐卡源于印度古老宗教布画“钵陀”，随佛教传入西藏。钵陀与汉地绘画的不同主要在于画布，汉地绘画多为纸和绢，钵陀则以棉布为底，这与唐卡画布一致。此外，唐卡绘画中曼荼罗画为正方形画布，佛像画画布长宽比例为4：3，这都与钵陀相同。

（2）中国学者谢继胜提出，唐卡受中原绘画的影响而产生。他在《唐卡的起源》一文中指出，“唐卡这种艺术形式本身并非来自印度，实际上它的发展演变过程与汉唐至宋元的中原汉地卷轴画的形成演变过程相一致，发源于蕃汉交往密切的敦煌，沿着佛教绘画的轨迹，由吐蕃旗幡画演变而成”。

（3）五世达赖喇嘛阿旺罗桑嘉措所著的《释迦牟尼·水晶宝镜》书中所载：法王松赞干布用自己的鼻血绘制了一幅吉祥天母女神像；在蔡巴万户长时期，果竹西活佛看到了这幅女神像，将此作为装藏并放在神像里了。

（4）唐卡是由西藏本土原始宗教苯教布画继承发展而来。苯教僧侣实用便携布画以便传教布道，后被佛教所用。

2.2　绘画题材

唐卡被称为“藏文化百科全书”，其题材内容以宗教为主，涉及历史、政治、经济、文化、民间传说、世俗生活、建筑、医学、天文、历算等领域，一般可分为宗教类和非宗教类。

宗教类包括曼荼罗画、本生、集树会、祖师像、生活传记、诸佛菩萨、本尊护法、空行、罗汉、生死轮回图、西方极乐世界等。

非宗教类包括历史、传说故事、天文历算、藏医药学等 。

其中最常见的是宗教画——佛像。这种唐卡一般在中心位置描绘主要人物，从画面上角开始，围绕主体，按顺时针方向增绘与中心人物有关的人物、活动场所或故事。每幅唐卡一般描绘了一个较完整的故事，画面的景物随故事情节的需要而变化，不受历史、时间、空间的限制；画面人物也不受远近透视关系的影响，构图均衡、丰满、多变。

2.3 艺术流派

藏族唐卡主要有三大画派。

（1）勉唐画派：勉唐画派又译称“门赤画派”，是公元15世纪以后影响最大的藏族唐卡绘画流派，主要流行于卫藏地区。该画派的创始人勉拉·顿珠嘉措出生于洛扎勉唐（今山南地区），勉唐画派由此而得名。勉拉·顿珠嘉措拜萨迦一带的画师多巴扎西为师，苦心钻研，在绘画艺术上有着很高的造诣。其造像多注重绘画线条的运用，工整流畅，法度精严而变化丰富，色调亦活泼鲜亮。在创作的同时，勉拉·顿珠嘉措还根据《续部》编写了绘画理论专著《造像画度如意宝》。

勉唐画派艺术产生并形成于赞普时代，兴盛于帕竹时代中期至甘丹颇章时代。画派创始人勉拉·顿珠嘉措成家后，因与妻子不和而出走，流浪途中在羊卓达陇拾得一套画笔和一本配有范画插图的书籍，由此萌发学艺的愿望。为拜师求艺，他来到后藏萨迦等地，在日喀则遇著名画师多巴·扎西杰巴。在名师的指导下，顿珠嘉措刻苦钻研绘画，成就卓然。

西藏绘画发展到新勉唐画派时走向了成熟和繁荣。西藏历代画师经过若干世纪的实践，将早期流行的印度、尼泊尔样式与元以后汉地明清艺术因素的影响融会贯通，逐步形成了藏民族独特的宗教绘画样式。勉唐画派可谓集大成者。与“钦泽画派”和“噶赤画派”相比较，勉唐画派绘画呈现出更为纯粹的本土画风和更明显的变通意识，民族特色亦更为强烈。17世纪以后出现的黑唐、金唐及赤唐尤能体现出该派线条的无穷魅力。

（2）钦泽画派：15世纪中期以后流行于后藏和山南地区，创始人是贡嘎岗堆·钦泽切姆。他自幼酷爱美术，在传统藏传尼泊尔派绘画的基础上吸收中原汉地、印度等地的绘画技法，创立了钦泽画派。钦泽画派和勉唐画派的出现给以前流行于卫藏地区的尼泊尔绘画样式画上了句号。钦泽画派在构图上保持了藏传尼泊尔绘画中主尊较大的特点，但在风景表现上开始吸收汉族地区的绘画风格，尤其擅长表现具有阳刚之美的愤怒像，绘制精彩绝伦。

据传山南多吉丹寺的壁画即出自钦泽钦莫之手。对于勉、钦两派，画界历来有“一文一武”之说，勉派尚“文”，钦派尚“武”。比较而言，钦派更擅长绘制怒相神，其面相威严孔武，人物造型丰满圆润，形象稳健而又多跃然舞姿，动中有静、刚柔相济，颇具阳刚之美；色彩表现沉着饱满，善于使用对比色，强烈而跳跃，配色细腻讲究，装饰味很强。钦泽派还善于绘制坛城，样式独特，刻画精妙绝伦，纹样繁密华丽。

（3）噶玛嘎孜画派：属于藏族唐卡的三大流派之一，流行于藏族东

唐卡（余耀明供图）

部，以四川省甘孜德格和西藏昌都为中心，相传在16世纪由南喀扎西活佛创建，以噶玛巴大法会而得名，又译“嘎玛嘎赤画派”，亦简称“噶孜派”。噶孜画派最显著的特点是施色浓重，对比强烈，画面富丽堂皇，故在数百年中逐渐形成一套颜料制作与使用的特殊技法。创作中以白、红、黄、蓝、绿为母色，能调出9大支32中支进而变化出158小支诸种色相。黄金的运用是藏传佛教绘画的一大特色，因使用金色被视为对神佛最神圣的供养。噶孜画派有一套研制金汁及涂金、磨金、勾金线、刻金、染金的绝技，可将金色分成多种冷暖变化，可在黑地上用金线勾画十几种不同层次的效果，还可在大片涂金的地方用九眼石制成的笔摁出各种线条（俗称“宝石线”）。

噶玛嘎孜画派的基本特点体现于以下方面：①画布制作独特，画布是天然矿石粉和布料的完美结合，经久耐用；②颜料独特，是以各类天然颜料为母色，以金、木、水、火、土、石、骨、花、草9大支，调制出32中支进而变化出158小支诸种色相，汇聚天地万物灵气于画中；③各种人物及事物，让修行和观赏者更觉得亲切实在；④细腻的处理作画手法，尤其表现在金类颜料的制作和处理上，让该画派具有别的画派不具有的“宝石线”；⑤时空处理较为灵活，采用了散点透视的手法，结合了汉式山水和藏式工笔的优点，使画面显得更为深邃、神秘而丰富；⑥装帧独成体系，讲究单传沿承，至今传到第十八代嘎松多吉大师；⑦装帧手工制作繁密精巧，具有浓郁的传世珍品装饰韵味。

藏族唐卡除了上述三大画派之外，还有齐岗画派、司徒画派、尼泊尔画派等。

2.4 主要分类

（1）按内容分类：佛像唐卡、传记唐卡、历史唐卡、神话传说唐卡、教理唐卡、天文唐卡、历算唐卡、藏医药唐卡等。

（2）按大小分类：巨幅唐卡、普通唐卡、小幅唐卡 。

（3）按材质分类：①刺绣唐卡；②缂丝唐卡；③织锦唐卡；④堆绣，也称贴花唐卡；⑤绘画唐卡；⑥珍珠唐卡等。

唐卡（索南旦巴作品）

而手绘唐卡又分为：彩唐（白底，用各种色彩绘制）、金唐（金色背景）、银唐（银色背景）、红唐（红色背景）、黑唐（黑色背景）。

2.5 色彩来源

唐卡画师把唐卡绘画需要的所有颜料分为九类：土、石、水、火、木、草、花、骨和宝石。

所有颜料又按物质属性分为矿物颜料和植物颜料。

矿物颜料常用的有：仁布白土（白）、朱砂（红）、青金石（石青）、孔雀石（石绿）、雄黄/雌黄（黄）、黄丹（橙）。

植物颜料常用的有花青色、胭脂色等，其制作工艺相比矿物颜料要简单。首先采集花木或树皮，清洗后浸泡或熬煮，得到不同颜色的汁水后，蒸发制成颜色丸即可。

2.6 绘制流程

（1）选布：画布一般是浅色画布。（2）固定画布：沿画布的四边把它缝在一个细木画框上。（3）上胶和打磨：在画布上涂上薄薄一层胶水作为“底色”，然后晾干。（4）矫正画布：正其经纬。（5）打线：画出主要的定位线。（6）勾草图：用炭笔画出佛像的素描草图“白画”之后，再用墨勾成墨线。（7）上色：先浅色后深色。（8）勾线：把上述画完后，用金色画衣服上的图案。（9）开脸：开眉眼，包括画眼睛、嘴唇、鼻孔、手足指甲等，是唐卡绘制过程中最后一道工序。

唐卡（余耀明供图）

2.7　装裱情况

唐卡镶边是一个非常复杂的工序。首先在唐卡的画心四周镶牙子，牙子外面是镶边。在牙子与镶边接合处以白小线缝合，在镶边最外也有白线或红白小线缝边，这两道线几乎成为宫中唐卡装裱的标志。镶边相当于汉地绘画的裱工，用料讲究，有红蓝洋锦边、素洋锦、杂色锦、西番莲片金缎边、镶龙石青片金边、织金缎等。越是重要的唐卡，用料越是名贵。

装裱完成之后就是装卷杆和楣杆。宫中唐卡卷杆和楣杆的用材有白檀香木、紫檀木、杉木等，前二者材料最为名贵。轴的做工也十分讲究，有铜、银、紫檀木、铜镀金、银间镀金等质地。唐卡面上还要罩一层佛帘，作为唐卡的装饰。这一部分是缝在唐卡的楣杆下方，长及卷杆，以五色哈达或五色锦缎为之。

2.8　传承方式

唐卡源于寺院，其传承历史与寺院传授有直接关联，其技艺均是师徒相承。

“藏族唐卡”代表性传承人
格桑次旦(西藏自治区人，国家级非物质文化遗产“勉唐画派”代表性传承人)
丹巴绕旦(西藏自治区人，国家级非物质文化遗产“勉唐画派”代表性传承人)
扎西(西藏自治区人，国家级非物质文化遗产“钦泽画派”代表性传承人)
次仁罗布(西藏自治区人，国家级非物质文化遗产“钦泽画派”代表性传承人)
拉孟(四川甘孜藏族自治州人，国家级非物质文化遗产“噶玛嘎孜画派”代表性传承人)
颜登泽仁(四川甘孜藏族自治州人，国家级非物质文化遗产“噶玛嘎孜画派”代表性传承人)
嘎德(西藏自治区昌都市人，国家级非物质文化遗产“噶玛嘎孜画派”代表性传承人)
交巴加布(甘肃省夏河县人，国家级非物质文化遗产代表性传承人)
米玛次仁(西藏墨竹工卡县人，国家级非物质文化遗产“墨竹工卡直孔刺绣唐卡”代表性传承人)
罗布斯达(西藏自治区人，国家级非物质文化遗产代表性项目名录“勉萨画派”代表性传承人)
希热布（甘肃省夏河县人，国家级非物质文化遗产代表性传承人）
久麦（甘肃省夏河县人，国家级非物质文化遗产代表性传承人）

三、价值意义

历史价值：有的唐卡以史实为依据，着重表现历史上重大的政治事件和活动。如表现松赞干布生平业绩的历史题材，讴歌藏汉民族友谊的作品，如文成公主进藏故事，都会绘在寺庙醒目的位置。画面通过使唐求婚、五难婚使、公主进藏等情景，描绘了贞观十五年唐蕃联姻的历史事件。大昭寺、布达拉宫中的欢庆图，再现了文成公主驾抵逻娑时，吐蕃人民着节日盛装、载歌载舞的欢迎场面。布达拉宫红司西平措大殿中，一幅五世朝见顺治图，记述的是公元1652年五世赴京、觐见、游乐等各项活动和欢迎盛况等。

宗教价值：唐卡的起源和发展兴衰与藏传佛教息息相关。唐卡这种主要以卷轴画形式出现的艺术，满足了佛教信徒的宗教生活需要，成为他们可以随身携带的崇拜物，被称为“可以流动的壁画”。唐卡这门绘画艺术因此应运而生，蓬勃发展起来，最终形成“藏族寺院是佛画艺术的殿堂”这种局面。唐卡的繁荣有赖于藏传佛教的兴盛。

经济价值：自从20世纪90年代起，藏传佛教艺术品进入收藏市场后，唐卡收藏市场就开始升温。从2006年，唐卡被列入国家级非物质文化遗产代表性项目名录，其收藏行情出现了明显的攀升态势。如2008年时，一件明正德“药师佛像图”唐卡就以1 540万元创下唐卡拍卖纪录。2014年11月26日，上海龙美术馆馆主刘益谦以3.1亿港元拍下被称为“唐卡之王”的“明永乐御制红阎摩敌刺绣唐卡”，充分体现出藏族唐卡的艺术品质与收藏价值。

四、保护措施

从2006年起，“藏族唐卡”分别由西藏、四川、甘肃省多地申报，经国务院批准，被列入第一批国家级非物质文化遗产代表性项目名录（扩展项目）。

藏族格萨尔彩绘石刻

一、项目背景

1.1 流传区域

藏族格萨尔彩绘石刻属于格萨尔文化的一种遗存，主要分布在四川省甘孜藏族自治州色达、石渠、丹巴三县境内，以色达县的格萨尔彩绘石刻最有代表性。色达县的格萨尔彩绘石刻主要存放在泥朵乡、色柯镇、年龙乡、翁达镇。其中，翁达镇翁达村雅格修行地的格萨尔彩绘石刻年代最为久远。传承最好、数量最多、规模最大的则是泥朵乡普吾村的格萨尔彩绘石刻群，其工艺不仅在色达县和甘孜州具有代表性，就是放在全国格萨尔文化流传地区中来看，也非常典型。

格萨尔王彩绘石刻（来源：青海湖网）

1.2 人文环境

色达县是四川省甘孜藏族自治州下辖的一个县，位于甘孜州东北部，地处四川阿坝州、甘孜州，青海省果洛州相交处。县辖区面积9 338.98平方公里，总人口45 661人（2011年），主要为藏族。

色达县名的由来经考证，主要因早年曾在色塘发现一马形黄金而得名，故有“金马”之称。色达传说曾是岭国长系部落居住的地方，又是岭国名将尼崩达尔雅和阿奔·布益盘达的故里，故格萨尔文化的积淀十分深厚，有“格萨尔艺术之乡”的美誉。两个多世纪前，格萨尔彩绘石刻就在这片草原上孕育产生。

二、场景内容

2.1　民俗背景

泥朵乡位于色达县西北部的泥曲河畔，海拔4 180米。这里的格萨尔彩绘石刻存放在普吾村普吾寺白塔四周刻石经墙中的一座大石台上。石台共分五层，安放着千余幅格萨尔彩绘石刻，形成一个谱系。此处石刻的近期部分由普吾村著名高僧阿亚喇嘛组织刻绘，它规模宏大、气势雄伟、刀法精细、取材考究，表现了岭·格萨尔王及岭国30员大将、80位将士的前世。石刻中还有天竺八十大成就者和百位文武尊神的形象。无论从人物谱系的完整性，还是从艺人技艺的传承性来看，这一石刻都具有代表性。泥朵乡的格萨尔彩绘石刻数量繁多，已形成了一套较为完整的刻绘工艺体系和相应的传承标准，实为我国藏族民间美术工艺中的一朵奇葩。

2.2　表现形式

格萨尔彩绘石刻是藏族美术史上一个创举，它以英雄史诗《格萨尔》的核心内容为表现对象，融精湛的刻石技艺和传统绘画为一体，以独特的艺术风格再现了岭·格萨尔王及岭国众将士为民造福、不畏邪恶、英勇奋战的历史场面。石刻以色达县出产的天然板石为材料，制作时多保持石材的自然形状，先以线描构图，再用立刻、刮刻等手段雕刻，走线如行云流水，形象自然生动。绘刻完成后，在刻石的画面上通刷一道白色颜料为底，干后着彩。色彩多用红、黄、蓝、白、黑、绿六色，一般不用中间色。

格萨尔彩绘石刻制作工艺较为复杂，一般包括采选石料、构图、刻制、上色等工序。石材共分为三等。艺人一般会根据不同的材质，来确定所选石材用于刻字、刻佛或者刻普通图案。石板选好后，还要对其进行“泡制”，即挖一个土坑，把石板放在坑里，然后盖上一层土，再洒上水。“浸泡”六七天后，石板就“制”好了。这样做的目的，是让石材硬度适中，刻制时不发生爆裂现象，确保线条更加流畅。色达境内有丰富的天然页岩资源，艺人一般就地采选石质相对坚硬、板体形状好的天然板石作为刻石原材料。

构图一般分两个步骤：一是根据板材的大小和人物构思进行画面定位，这个步骤只须用铁凿在板材上勾勒出画面大致轮廓即可。二是用描笔依照已经勾勒出的画面大致轮廓，进行准确的线描。一幅作品的好坏，线描是一道至关重要的环节。接下来是艺人采取立刻、刮刻等手段，依照精描的构图进行雕刻。这是整个石刻中最细致、最重要的工序。石刻用的工具一般都是自制的，有三四十种之多。刻一幅1米高、80厘米宽的作品，一般用时在一个月以上，这在格萨尔彩绘石刻中是最理想的尺寸。但由于各种原因，现在很不容易找到这么大、又适合雕刻的石板。此外，也有一些人采用机器进行刻制，但这就失去了艺术的本来价值。

绘刻完成后要进行洗石。以前是用牛粪充当洗涤剂进行清洗，现在则直接用洗洁精进行清洗。清洗完毕后，将石板晾干，就可以上色了。彩绘石刻的颜料以前都是从印度进口的，现在也开始使用藏画颜料或广告颜料。上色笔原来是用马尾自制，现在基本上都是用的毛笔。在刻石的画面上先通刷一道白色颜料为底，称之为基色。基色干定后，开始着彩。该道工序有两大特点：首先是遵循藏族绘画的基本规范，多使用红、黄、蓝、白、黑、绿六种色，一般不使用中间色，以形成鲜明对比；其次是根据格萨尔中对画面人物、战马、武器等的具体描述进行着色。着彩完毕后，为了有效保护彩绘石刻的色泽，需要在刻石画面上涂一层保护层。个别情况下可使用“巩砾水”，而多数情况下则刷一道清漆。

格萨尔石刻的刀法精细，取材考究，在采用凿刻、直刻、斜刻刀法的同时，注重磨刻、磨划技术效果，使石刻画构图和谐。在石刻画上采用了彩绘工艺，这既增加了画面视觉的艺术感和光泽度，又可以起到保护作用。

色达格萨尔彩绘石刻有如下特点：一是岭国人物谱系完整。彩绘石刻就单幅而言，可独立成画，单独保存，表现出一位将士或一位王妃的基本面貌；若组合在一起，便成为一个完整的体系。二是忠实于《格萨尔》文本的精神和内容。每一位人物的性格和外表特征，每一位人物所使用的武器和所骑战马，都根据文本中的具体描述而创作。三是表现出强烈的地域特色。每一幅彩绘刻石都刻绘了自然背景，有草原、森林、高山、蓝天、白云、雪峰，为画面平添了鲜活的高原气息。四是雕刻与彩绘协调统一，以画补空，以色填空，弥补了石刻本身在画面效果上的不足。

2.3 传承方式

格萨尔彩绘石刻技艺的传承方式以师徒或家族传承为主，作者一般不在石刻上署名。

“藏族格萨尔彩绘石刻”代表性传承人
洛让（甘孜藏族自治州色达县人，省级非物质文化遗产代表性传承人）
尼秋（甘孜藏族自治州色达县人，省级非物质文化遗产代表性传承人）

三、社会影响

格萨尔彩绘石刻是藏族民间美术中的一门创新艺术。2002年以来，甘孜藏族自治州色达、石渠、丹巴格萨尔彩绘石刻相继公之于世，引起了学术界的极大关注。有关专家一致认为，它不仅为格萨尔文化提供了一种新的传承方式，而且填补了格萨尔文化在藏族石刻中的空白。

四、保护措施

色达县委、县人民政府十分重视对格萨尔彩绘石刻的保护，建立了专门的保护组织机构，并对县境内的格萨尔彩绘石刻群和民间艺人进行了普查，拨出专款，复原了泥朵乡格萨尔石刻群，并制订了保护计划。

2006年，“格萨尔彩绘石刻” 由四川色达县申报，经国务院批准，被列入第一批国家级非物质文化遗产代表性项目名录。

塔尔寺酥油花

一、项目背景

1.1 流传区域

酥油花是一种用酥油（黄油）塑形像物的特殊技艺，是藏族人民独有的民间雕塑艺术，即是用酥油做原料调入各种矿物质颜料，造出各种佛像、人物、山水、亭台楼阁、飞禽走兽、花卉树木等艺术精品。“塔尔寺三绝”（酥油花、壁画、堆绣）在藏族最有名气。

1.2 人文环境

湟中县是青海省西宁市下辖县，位于青海省东部。县城鲁沙尔镇距西宁市25公里，县境西、南、北三面环围西宁市，总面积2 700平方公里。鲁沙尔镇位于青海省湟中县境中部。

塔尔寺位于青海省西宁市西南湟中县城鲁沙尔镇的莲花山中，距西宁25公里，为国务院公布的第一批全国重点文物保护单位。塔尔寺又名塔儿寺，创建于明洪武十年（1377年）。得名于大金瓦寺内为纪念黄教创始人宗喀巴而建的大银塔，藏语称为

酥油花（夏河县供图）

"衮本贤巴林"，意思是"十万狮子吼佛像的弥勒寺"，简称"衮本"，汉语称"塔尔寺"。酥油是牧民的奶油类食物，是用牛奶经过反复搅拌后提出的黄白色油脂。这种油脂呈凝固状，柔软细洁，可塑性极强。以此为原料，调入各种矿物质颜料制成造型精妙、色彩柔嫩、花色品种多样、充满吉祥喜庆的酥油花，其视觉效果美艳逼真。藏族同胞深信，凡诚心欢喜以酥油花供养诸佛菩萨和护法者，可消灾增益，必得安乐、大福德等，并可迅速成就阿褥多罗三藐三菩提。

历代中央政府都十分推崇塔尔寺的宗教地位。明朝对寺内上层宗教人物多次封授名号，清康熙帝赐有"净上津梁"匾额，乾隆帝赐"梵宗寺"称号，并为大金瓦寺赐有"梵教法幢"匾额。三世达赖、四世达赖、五世达赖、七世达赖、十三世达赖及六世班禅、九世班禅和十世班禅，都曾在塔尔寺进行过宗教活动。寺内还珍藏了许多佛教典籍和历史、文学、哲学、医药、立法等方面的学术专著。每年举行的佛事活动"四大法会"，更是热闹非凡。塔尔寺的酥油花雕塑也栩栩如生，远近闻名。塔尔寺也是中国藏传佛教格鲁派（黄教）六大寺院之一、青海省首屈一指的名胜古迹和全国重点文物保护单位。

二、场景内容

2.1 民俗背景

酥油花最早产生于西藏苯教，是施食供品上的小小贴花。据说，按印度传统的佛教习俗，供奉佛和菩萨的贡品有六色，即花、涂香、圣水、瓦香、果品和佛灯，可当时天寒草枯没有鲜花，只好用酥油塑花献佛，由此形成艺术传统。另有传说称，公元641年文成公主进藏，带去一尊释迦牟尼12岁等身像，并将其供奉于拉萨的大昭寺，吐蕃人民用酥油做成花供献于佛前，以示崇敬之心。后来，各藏传佛教寺院相继使用，视为礼佛珍品，献酥油花遂成为正月祈愿大法会的重要内容。

在发展过程中，酥油花的塑造方式、花色品种、内容题材和工艺技巧都不断发生着变化。公元1409年，宗喀巴大师首次在拉萨大昭寺发起祈愿大法会时，组织制作了大型立体人物群像的酥油花供奉于佛前。此后，酥油花传入宗喀巴大师的诞生地塔尔寺，在此相沿成习。据说这位大师曾梦见荆棘变为明灯，杂草化为鲜花，明灯鲜花之间千千万万颗珍珠闪闪发光，无比辉煌壮观。他醒后组织僧众用酥油雕塑再现梦境，于十五日夜供奉于佛前。之后每年正月十五日，皓月升起，华灯初放，塔尔寺便迎来了一年一度的元宵酥油花灯节。人们做花、赏花，祈求吉祥平安，几百年来从未中止。

2.2 表现形式

酥油花的制作分扎骨架、制胎、敷塑、描金束形、上盘、开光六道工序。寺院里的大型酥油花以宗教题材为主（如《释迦牟尼本生故事》《释迦牟尼十二行传》《莲花生本传故事》《宗喀巴本传故事》等，凡佛之造像必守“三十二相”要求），兼及藏戏、神话传说和历史人物（如《文成公主进藏》）。另外，还有一些别致的小型酥油花。酥油花的原料十分讲究，需用上年塑制酥油花后拆除下来的陈旧酥油和精细草木灰掺和成韧硬的黑色胎料，方可制胎塑形。塑造时，温度要求较高，制作难度较大。一架酥油花，从整体来看，亭台楼阁数十座，人物、走兽动辄以百计，大至一两米的菩萨金刚、小至十数毫米的花鸟鱼虫无所不备，浮雕与圆雕结合，人物与景物结合，佛界与凡间结合，动态与静态结合，时空分而不断，物象繁而不乱，色彩缤纷，浑然一体，令人叹为观止。酥油花展出时还有十多人组成的小型乐队在旁伴奏。

塔尔寺酥油花的制作，有一套完整的机构和科学程序。寺里设两个专门制作酥油花的机构，一个叫“杰宗曾扎”，另一个叫“贡茫曾扎”，俗称上花院和下花院。两个花院相互竞争，长期以来各自都形成了一定的独立流派。他们在竞争中发展，每年都以新的面貌、新的技艺展示各自的成果。酥油花制作周期长，工序复杂，从准备工作（藏历十月）到正式展出（正月十五）历时三个月之久。为了使酥油光滑细腻，便于操作，先要把酥油浸入冰水反复搓洗、糅合、去杂质、增韧性，揉搓成膏状备用。塑造之前，油塑艺僧先要沐浴发愿，进行宗教仪式。仪式毕，掌尺喇嘛和其他艺僧一起选议酥油花的题材，然后设计腹稿，精心构思、策划、布局之后，便分配给擅长人物、动物、花卉、建筑的师傅带领各自的徒弟，在气温零度以下的阴凉房间开始分头工作。

首先是根据所拟定的题材内容精心绑扎基本骨架，用软革束、麻绳、竹竿棍子等物扎成大大小小不同形态的骨架，即所塑造物的基本模型。其次是塑造形态。塑造的第一道原料是用上年拆下来的陈旧酥油花掺和上麦草灰，用棒捣砸成较硬而具有弹性的黑色塑造油泥，用这种黑色油泥在骨架上塑造成不同的形体，其塑法近似面塑或泥塑。基本形体做好后，须经掌尺喇嘛对形体姿态、尺寸大小、相互整体结构比例进行修改、审定后才算定型。第二道原料是在加工成膏状的乳白色酥油中揉进各色矿物质颜料，调和成五颜六色的油塑原料，仔细涂塑在做好的形体上，敷面描眉，塑花点蕊，一些特别之处还要进行饰金描银、点缀晕染。最后将塑造好的酥油花按设计的总体要求，用铁丝一一安装到位，即固定在几块大木板上或特制的盆内，高高低低，件件悬空。塑出大小各异的造型，大到数米亭台楼阁、菩萨金刚，小到三五厘米的花鸟虫鱼，成为布局完整的立体画面，情态逼真，栩栩如生。

酥油花（西藏商报供图）

制作完成的酥油花塑型要向前呈20°左右的斜度：一是便于观者稍抬头即可观全景；二是怕酥油花自上而下融化，上面的融液弄坏下面的造型。一般而言，制好的酥油花，因受气温的影响，每隔一两年就要重塑一次。

由于酥油花的融点很低，15℃就会变形，25℃左右就会融化，为了防止体温对酥油花的影响，艺僧们在捏制之前都要把手浸泡在刺骨的雪水中，为防手温回暖，必须不时浸冰水、抓冰块，让手指保持冰凉，因此，每位艺僧都患有不同程度的手关节病，有的甚至残废。如果没有对佛的虔诚之心和对宗教艺术的献身精神，这是很难做到的。

2.3 传承方式

塔尔寺设有“上花院”和“下花院”两个专门制作酥油花的机构，每院有艺僧20人左右。这些艺僧一般在十五六岁入院，终身从艺。两个花院分别由总监（称“掌尺”）主持，决定当年酥油花的题材、构图、制作分工等事项。酥油花艺术继承藏传佛教艺术“精、繁、巧”的特点，其设计、制作自古是师徒口手相传，一般都在封闭的环境里精心制作。

“塔尔寺酥油花”代表性传承人
尕藏尖措（青海省湟中县人，国家级非物质文化遗产代表性传承人）
罗藏昂秀（青海省湟中县人，国家级非物质文化遗产代表性传承人）

三、社会影响

塔尔寺正月祈愿法会期间，耗时三个多月制作的酥油花全部上架供展。在花架乐队典雅古朴的音乐声中，美轮美奂的酥油花与皎洁的月光、闪烁的酥油灯交相辉映；潮水般的人群簇拥在酥油花前，陶醉在花海仙乐中，场面宏大、影响甚广。

四、保护措施

2006年，“塔尔寺酥油花”由青海省湟中县申报，经国务院批准，被列入第一批国家级非物质文化遗产代表性项目名录。

藏文书法

（德格藏文书法 、果洛德昂洒智）

一、项目背景

1.1 流传区域

藏民族历来十分重视书法艺术。藏族书法以字体种类繁多而闻名于世。作为书写最为快捷的实用书体之一，形体优美流畅的酋体在藏文化流行地区得到广泛应用。按照藏族传统的学科分类法，书法属于大五明中工巧明的一个小分支。藏文书法有真、行、草三体，真书用于镌刻，行书用于公文及其他较庄重的手书文字，草书则用于普通记录和信札。藏文书法以硬笔书写，笔大多用竹子做成，也有铁制的笔。多姿多彩的藏文书法不但具有较高的艺术价值，而且蕴藏着丰富的文化内涵，为藏族文学、哲学、医学、音乐、绘画等的研究提供了广阔的空间。

本档案特指流传于四川德格、青海果洛的藏族书法艺术。

1.2 人文环境

德格县隶属四川省甘孜藏族自治州，位于甘孜藏族自治州西北部，全县总面积11 025.24平方公里，总人口83 495人（2011年），以藏族为主。

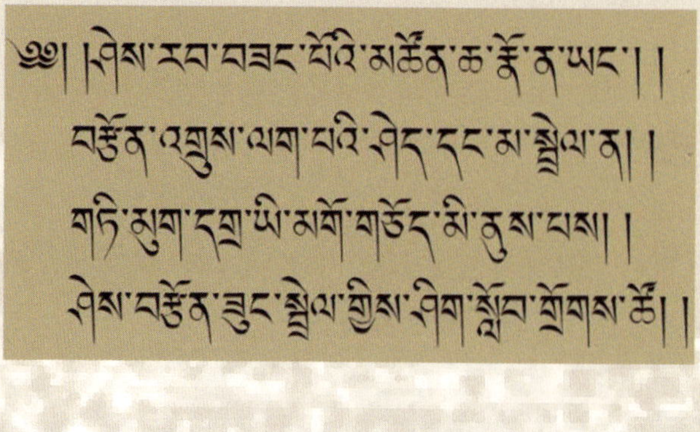

德格县是一个以牧业为主的县，著名景点有中国三大藏传佛教印经院之首的全国重点文物保护单位德格印经院、格萨尔王故里阿须草原等。

达日县位于青海省东南部，地处四川、甘肃、青海三省交界的果洛藏族自治州南部。全县总面积16 466平方公里，总人口3万余人（2013年），以藏族为主。

达日县是藏族聚居地区。明清时期，有少数蒙古人散居，后逐渐融合为藏族。境内有藏传佛教寺院10座，其中宁玛派（红教）8座，格鲁派（黄教）2座。果洛德昂洒智即德昂洒体书法起源于达日县。

二、场景内容

2.1 民俗背景

公元7世纪，吐蕃赞普松赞干布时期，大臣吞弥·桑布扎在原有文字的基础上，吸纳古印度不同文字的优点，结合藏族文化，创造了完善的现用藏文字，随后出现了八大书法家，形成了八大书法体系。书法家琼布玉赤对“乌钦”字书法进行了科学的规范，后来成为使用最广泛的字体，被称之为“琼赤”（即琼布玉赤之书法）。后来“琼赤”分出“尼赤”派系，盛行于尼木地区。德格藏文书法是在卫藏书法的基础上发展起来的独立书法体式，距今已有700多年历史。德昂洒智因源于青海省果洛藏族自治州达日县德昂乡而得名，传承至今已200余年，共有七代传人。

藏文创制年代，有两种观点。一种认为，藏文创制于公元七世纪，即吐蕃赞普松赞干布时期由吞弥·桑布扎所创制。持这一观点的人认为，公元七世纪即吐蕃赞普松赞干布时期，大臣吞弥·桑布扎以玛尔藏文为蓝本，参照古印度笈多文创制了新藏文。这就是至今我们所使用的藏文，它已有1300多年的历史。另一种观点认为，藏文产生于象雄（即今阿里地区），丹巴辛绕创立雍仲苯教时期，即藏文创制到今天至少有2000多年的历史。依照这一观点，最早的藏文书体叫达斯蚌益。与达斯蚌益同时代产生了另外几种藏文书体：拉颇益给、司益、玛益（玛尔藏文）。

2.2 表现形式

（1）德格藏文书法。德格藏文书法藏语称为“德真”，是在藏族广为

藏文书法

流行的一种传统藏文字书写艺术。

经历了由楷书到行书、草书的演变过程，至今已有700多年的发展历史。它与卫藏、安多等地藏文书法不同的是，德格藏文书法的楷书、草书带有自己独有的风格特色。至今，康巴地区不少学者在书写中仍采用德格书法谋篇布局的方法。德格藏文书法线条遒劲，字头舒放，布局精巧，结构疏密得当，其楷书、行书、草书等不同书体均显出轻快而劲健、凝重而灵动、舒放而练达的风格特色。

（2）果洛德昂洒智书法。果洛德昂洒智即德昂洒体书法，是流传于青海省果洛藏族自治州达日县德昂乡及周边部分地区的一种藏文书写艺术，创始人为德昂籍僧人洒安旦增。

德昂洒智是对果洛地区流传和使用的一种独具特色的藏文书写与制作墨纸工艺的统称，主要器具有笔、墨、纸、砚、写字板、文具盒、毛刷、砚套、打线器等物品，堪称藏族“文房四宝”。果洛德昂洒智属硬笔书法，线条简洁流畅，近似于刻印体。其书写多采用乌金体（楷体）和乌梅体（行书），兼有大黑体、小黑体、圆体、兰扎体（古印度梵文体）及艺术体等。果洛德昂洒智的书风别具特色，于温馨中见刚直、硬朗中显柔韧，显示出音乐和舞蹈般的美。果洛德昂洒智制笔工艺独特，通过劈、削、刻、发酵、油浸、熏烤等工艺流程，以达到书写流畅、刚柔适度、经久耐用。墨以当地矿物质和植物为原料，经研磨、烧制、调和等工序制作而成，在水中浸泡数年也不掉色、不走墨。纸则采集当地植物，经剁、切、煮、刮模、定型等工艺制作而成。

2.3 传承方式

德格书法最初主要在土司、僧侣、头人等阶层传播使用，是德格地区草拟文书、信函及记载物事的“官用书体”。德格印经院建院以来所形成的内部典籍及经板的雕刻和拓印，均以不同书体的德格书法作为标准样式。同时，它也逐步进入寻常百姓家，在广泛的社会生活中得到发扬光大。

果洛德昂洒智已有200余年的发展历史，基本以单传方式承沿至今，先后已历七代。

“藏文书法”代表性传承人
查·巴智（青海省果洛藏族自治州人，国家级非物质文化遗产代表性传承人）
桑格达杰（青海省果洛藏族自治州人，国家级非物质文化遗产代表性传承人）
扎西顿珠（西藏自治区人，国家级非物质文化遗产代表性项目名录“尼赤”代表性传承人）

三、价值意义

藏文书法艺术蕴藏着丰富的文化内涵，是藏族文化艺术和社会发展历史的重要成果，为藏族文学、哲学、医学、音乐、绘画等的研究提供了广阔的空间，具有很高的审美价值和使用价值。

四、保护措施

2008年，“藏文书法（德格藏文书法、果洛德昂洒智）”分别由四川甘孜州德格县、青海果洛州达日县申报，经国务院批准，被列入第二批国家级非物质文化遗产代表性项目名录。

湟中堆绣

一、项目背景

1.1 流传区域

堆绣是一种别开生面的寺院文化艺术。从广义上讲，堆绣属于唐卡的一种。堆绣是用各色棉布、绸、缎剪成所设计的各种图案形状，精心堆贴成一个完整的画面，然后用彩线绣制而成。其工序有图案设计、剪裁、堆贴、绣制、个别图案部分上色等。以堆贴为主，绣制为辅。

本项目特指流传于青海湟中县一带的藏族民间刺绣艺术。

1.2 族群背景

生活在青海省海东地区乐都、平安、湟中等县的藏族自称“卓仓娃”，其生活范围大约方圆100公里，有所谓“卓仓隆娃顿”（“卓仓七沟”之意）。有些村庄是多民族共同生活在一起的，有的是纯藏族村紧靠着纯汉族村。

据说卓仓藏族最早也是来自西藏。公元9世纪末，吐蕃王朝的最后一个统治者朗达玛被杀后，吐蕃陷入混战，朗达玛的两个儿子在各自母系贵族势力的支持下，分别自立为王，割据一方。二儿子沃松来到阿里地区，建立了阿里王系，著名的古格王朝就是他的后代建立起来的。他的第四世孙赤德从后藏来到青海湖一带，成为当地的首领，并逐渐建立起了势力强大的角厮罗政权，掌控着青海东部和甘肃，与宋王朝有着密切的关系。角厮罗政权的中心就位于今天的乐都县，“卓仓”这一称谓来自于祖先居住地，即今天后藏地区。卓仓隆为地方名，“卓”为“卓沃隆”，“仓”为祖系。“卓仓”这一名称一直沿用至今。

1.3 人文环境

湟中县是青海省西宁市下辖县，位于青海省东部，全县总面积为36.4平方公里，总人口43万余人，以汉族为主，少数民族有藏族、回族、土族、撒拉族、蒙古族等。

湟中堆绣是流行于青海省湟中县一带的民间艺术，主要分布在当地的田家寨、多巴等乡镇。

二、场景内容

2.1 民俗背景

湟中堆绣是汉藏文化彼此融合的结晶，其历史可追溯到唐代文成公主进藏时期。当时，文成公主将中原的丝绸、刺绣带至吐蕃；之后，各种织绣技艺逐渐流传到青藏地区，湟中堆绣即是在这一背景下形成和发展起来的。明嘉靖年间，湟中堆绣进入鼎盛时期，至清代中晚期开始衰落。民国初期，二世嘉雅堪布洛桑达杰大力推广堆绣艺术，使之重现振兴之势，在寺院僧人和民间艺人中传承至今。湟中一带有“会做针线活就会做堆绣”的说法，由此可见堆绣艺术在当地有着广泛的群众基础。

2.2　表现形式

湟中堆绣主要表现藏传佛教题材，它以剪、堆等技法塑造形象，多用于唐卡制作。珍藏在湟中县塔尔寺中的堆绣是藏传佛教艺术的瑰宝，被誉为塔尔寺艺术“三绝”之一，闻名遐迩。湟中堆绣将刺绣与浮雕艺术完美地结合在一起，粗犷中显细腻，质朴中见华美，呈现出动人的民族特色和超强的艺术感染力。

唐卡堆绣有极强的民族性和宗教性，用做唐卡堆绣的技艺制作富有生活气息的工艺品，会使堆绣的市场更广阔。堆绣工艺品是用各色棉布、绸、缎剪成所设计的各种图案形状，精心堆贴成一个完整的画面。其工序有图案设计、剪裁、堆贴及个别图案部分上色等。图案设计环节主要以客人需求为主。勾草图最能考量艺人的绘画技能，也是至关重要的步骤。图案设计完成后，将各色布料比照图案剪裁、粘好，之后再填充以羊毛或棉花等，以便图案凸起，最后将各色布料图案堆贴在设计好的大幅布幔上，构成一组完整的画面，达到静中有动、生动传神、惟妙惟肖的境地。作品粗犷中显细腻，点滴中见绝妙，技艺精湛，巧夺天工。一幅堆绣可以说是一幅丝质的彩色浮雕作品，极具艺术观赏价值。

2.3　传承方式

初期在寺院僧人和民间艺人中流传，以老带新，师徒传承。近年来，政府组织相关人员开班教授堆绣技艺，收到了很好的效果。

“湟中堆绣”代表性传承人
徐全熙（青海省湟中县人，国家级非物质文化遗产代表性传承人）

三、价值意义

湟中堆绣由湟中县汉、藏群众共同创造和传承，它采用浮雕与刺绣巧妙结合的手法，具有较高的工艺美术价值和审美价值。

四、保护措施

2008年，“湟中堆绣” 由青海省湟中县申报，经国务院批准，被列入第二批国家级非物质文化遗产代表性项目名录。

藏族编织、挑花刺绣工艺

一、项目背景

1.1 流传区域

藏族善于刺绣、纺织，精巧的工艺是藏族服饰地域风格最突出的表现形式。其刺绣，工艺精湛，针法不受经纬限制，适宜绣花草纹样。本档案特指流传于四川嘉绒地区的编织挑花刺绣工艺。

1.2 族群简介

嘉绒藏族主要居住在四川阿坝州金川、小金、马尔康、理县、汶川、黑水以及甘孜州丹巴、康定的部分地区。

"嘉绒"出自文献《安多政教史》，因嘉莫墨尔多神山而得名，指墨尔多神山四周地区。《安多政教史》载："多麦南北的人种大部分是吐蕃法王（按：指松赞干布）安置在唐蕃边境驻军的传人……"在公元5~6世纪为措巴首领割据称雄时期，嘉绒地区人户很少。公元7世纪初叶，吐蕃赞普松赞干布统一了吐蕃，嘉绒地区也统一于吐蕃之中，由赞普的将领充任嘉绒各地首领。嘉绒地区在《安多政教史》一书和讲藏语安多方言的藏民中称"查柯"。原因是：历史上吐蕃赞

藏族编织、挑花刺绣工艺

普曾派遣大臣柯潘前来嘉绒地区担任首领和武将，他的官邸在松岗以北，吐蕃王室在圣谕和公文中称他为“嘉木查瓦绒柯潘”或“查瓦绒柯潘”，简称“查柯”。柯潘是从西藏四大家族之一的扎族中招募来的大批士兵的指挥官，主管当时吐蕃的“西山八国”。吐蕃驻军及移民和下象雄居民长期融合形成嘉绒藏族。在卫藏地区的藏族人眼里，他们是藏族原始四大姓氏之一，扎氏的后代。

1.3 人文环境

阿坝藏族羌族自治州位于四川省西北部，紧邻成都平原，总面积83 426平方公里；2015年年末，户籍总人口914 106人，其中藏族占58.1%，羌族占18.6%，是四川省第二大藏族聚居地和中国羌族的主要聚居区。

二、场景内容

2.1 民俗背景

早在距今4 500多年以前的新石器时代，嘉绒地区的纺织技艺就已经发端。据《丹巴县中路罕额依遗址发掘简报》载，在这个新石器时代遗址里，发掘出土的第一期文物中，有骨质的“纺轮”。经碳14测定，该遗址的第一期年代在B.P5000~B.P4500。同时，还发掘出了数量较多的骨针。由此证明，早在新石器时代，嘉绒地区的纺织技艺已经发展。隋唐以前，嘉绒地区史称“嘉良”，居住其地的嘉绒藏族先民被称为“嘉良夷”。在《北史·附国传》中载：“嘉良夷政令系之酋帅……其俗以皮为帽，形圆如钵，或带幕䍠，衣多毛毼皮裘”。文中所记“毛毼”即指用羊毛纺织的毯子。

在唐代，成都平原以西的岷江、大渡河流域地区被称为“西山”，在《旧唐书》《新唐书》中的《东女国》条下即有关于“西山诸羌”的记载。在“西山诸羌”中最为有名的部族被称为“西山八国”。唐时，西山一带为唐蕃政权交往之冲，唐蕃统治者皆欲拥有西山诸部，其中的哥邻等部渐融于藏族之中。《旧唐书》中有西山八部曾内附的记载，“立悉等数国王数来朝，召见于麟德殿……其年，松州生羌等二万余众相继内附，其粘信部落董梦葱、龙诺部落主董辟和，皆授试卫卿立悉等并赴明年元会讫，锡以金帛各遣还”。此时，汉地挑花刺绣传入今天的四川藏羌地区（指唐时西山八国地）。

元、明、清时期，四川西部地区均推行土司制度，历代中央政权除在区内加强政治统治外，经济、文化等方面的交往逐渐频繁，推进了嘉绒藏族织绣工艺的发展。清朝中叶，乾隆征伐大、小金川后，汉族移民进入嘉绒地区，这些汉族移民也随之带来了汉族地区的挑花刺绣技艺。嘉绒藏族在原有织绣的基础上，吸纳了更多的汉地挑花刺绣技艺。致使嘉绒藏族织绣技艺更臻成熟，自成体系并一直传承至今。在以后的历史发展中，嘉绒藏族先民一方面依靠当地丰富的山羊畜牧资源和箭麻作物资源及其编织工艺，加工生产极具嘉绒地区特色的毛、麻织品；另一方面，在与内地的交往过程中，通过交换方式获得各种与生活相关的棉织品。

2.2　表现形式

嘉绒藏族的织绣工艺大致可以分为编织和挑花刺绣两个大类。在两个大类下，又可分为若干小类。其中编织类根据原材料的不同，又可分为毛编织、麻编织、棉织三个小类。在三个小类中，毛编织和麻编织均须经过纺线、编织两道工序。毛编织类主要编制毡子，麻编织类主要编织麻布，均为服饰用料。棉织类主要编织藏鞋带、呷乌带、围腰、披单、腰带等。因藏族聚居区不产棉，所以棉线均源自内地，故棉织类仅有编织工序。

挑花刺绣类大体可分为挑花类和刺绣类。挑花又叫撇花，主要在棉布上施技。在撇针过程中，要根据布面上的经纬线数纱使针，最大的特点是双面成图，且不见线头线尾的结头疙瘩。其要诀为“挑里看面”。在刺绣类中，又可分为扎绣、钮绣、勾绣、骑针绣、十字绣、堆贴绣、盘金绣和插针绣8种技法。在一件成品中，有的仅使用一种技法，多数成品往往集多种刺绣技法为一体。挑花刺绣多在棉、绒布和绸缎、麻布面料上进行。嘉绒藏族挑花刺绣时，除细布和绸类面料须用绷子作辅助工具外，其余面料均随手进行，无须辅助工具。以上八种技法中，盘金法极具民族和地域特色，在川西乃至整个地区具有唯一性。

嘉绒藏族织绣工艺将传统编织工艺与挑花刺绣工艺融为一体，自成一套相辅相成的完整体系。就编织工艺而言，毛、麻、布编织应有尽有；就挑花刺绣工艺而言，技法多样。其图案，多为现实生活中的自然花草、动物等，也有藏族传统的吉祥八宝、大鹏、拥忠等象征符号。不同的绣技有的单独绣成织品，如盘金绣和插针绣，其绣品显得富丽华贵，挑花细腻精巧。多种绣技混合绣成的织品，既古朴典雅，又妙趣横生、绚烂夺目。

2.3　传承方式

藏族织绣工艺以家庭传承（即母女传承）为主，兼具大众（集体）传承。织绣工艺在嘉绒藏族的生活中占有极为重要的地位。

“藏族编织、挑花刺绣工艺”代表性传承人
杨华珍（阿坝藏族羌族自治州人，国家级非物质文化遗产代表性传承人）

三、价值意义

嘉绒藏族编织挑花刺绣工艺直接体现了该民族的审美风格和民族特性，是民族的象征、文化的载体，也是实用与审美、物质与精神、艺术与技术的完美结合。挑花刺绣纺织等手工技艺在嘉绒藏族生活中占有极其重要的地位。其作品不仅满足着作者及家人的审美需求，还是嘉绒藏族一种依赖性很强的生活用品和生计基础。

四、保护措施

2011年，“藏族编织、挑花刺绣工艺”由四川省阿坝藏族羌族自治州申报，经国务院批准，被列入第三批国家级非物质文化遗产代表性项目名录。

彩砂坛城绘制

一、项目背景

1.1 流传区域

“坛城”藏语称“集阔”，有“中轮”“轮圆”之意。它源于印度佛教密宗，系密宗本尊及眷属聚集的道场，是藏传佛教密宗修行时必须供奉的一种对象。

“坛城”即“完整的本尊世界”，在梵文中称为“曼扎拉”，直译为“圆形围绕”。其意义就世俗象征性坛城而言，即对于所依本尊无量宫殿

中心做圆周围绕，或者对能依主尊、众多圣尊围绕。彩砂坛城绘制是日喀则地区及整个卫藏地区寺庙里重要的宗教仪轨活动。

1.2 族群简介

卫藏地区范围大致相当于现今西藏自治区除去昌都地区以外的大部分地区，以及不丹、锡金的部分邻近地区。

1.3 人文环境

日喀则是西藏自治区下辖地级市，位于青藏高原西南部，总面积18.2万平方公里，平均海拔4 000米以上。全市总人口75万（2017年），其中藏族人口占95%以上。

日喀则市的自然和人文旅游资源种类齐全、层次多样、特色鲜明，汇集了“世界屋脊，神奇西藏”大部分核心旅游资源。这里拥有世界最高的珠穆朗玛峰，还有马卡鲁峰、洛子峰、卓奥友峰、希夏邦马峰5座8 000米以上和30多座7 000米以上的山峰；拥有与江南风光媲美的亚东沟、吉隆沟、樟木沟、嘎玛沟、陈塘沟；拥有雅鲁藏布江、佩枯措、多庆湖、雍则绿措等江河湖泊；拥有历代班禅驻锡地扎什伦布寺，“第二敦煌”之称的萨迦寺，一寺容三派的白居寺，藏汉建筑艺术完美结合的夏鲁寺等名寺古刹；拥有米拉日巴、萨班、八思巴等许多圣僧名流的故居；拥有日喀则市、江孜县两大历史文化名城及帕拉庄园、江孜宗山遗址、曲美雄谷遗址等历史文化遗址。

二、场景内容

2.1 宗教场景

彩砂坛城的制作需要数名乃至数十位训练有素的喇嘛合作方能完成。绘制坛城是一个艰辛而细致的过程：喇嘛要戴着口罩，将事先磨成小颗粒状的沙子装在特制的锥形容器里，通过或轻或重的敲打控制流量，将沙子漏在模板上，细细堆砌、勾勒，而且要全神贯注、一丝不苟，稍有不慎，就要前功尽弃，依尺寸不同，需费时数日到数月不等的时间。每一个步骤，都谨遵佛陀所传秘诀如法制作，至今不变。制作彩砂坛城的喇嘛，都经过非常严格的训练，对每一细节都牢记于心，不可自创。

2.2 表现形式

“坛城”形式多样，大都以唐卡、壁画形式出现。在寺院的各殿墙壁上或天花板上都绘有精美的坛城。坛城是一个想象中的宫殿，如果把它称为画的话，它就是在平台或正方形织物上的圆形绘画。多数彩砂坛城是用七彩的沙子或岩石粉末、谷物这些非永久的材料用手捻撒而成，过程有严格的规定和细节要求，结构、位置、长度、名字等关键的地方绝不能搞

彩砂坛城

错，一般都是由经过严格训练的僧人执行。

坛城有各种尺寸，大的一米见方，更大的坛城有五六平方米，色彩鲜艳，像一幅平铺的挂毯，又似精美的建筑模型，堪称宗教艺术一绝。仪式结束后，坛城会被故意毁坏，这些沙会被打扫干净并且倒进附近的溪流或河里。因此，可以说它近似于今日之行为艺术。坛城沙画选用特殊细沙砌成，所用的白沙是以手工磨制特殊石头而成，其中有黄金、绿松石、玛瑙等贵重金属和矿石；再经染色，方才成为彩砂坛城的基本材料。用色有白、黑、蓝、红、黄、绿六色，除白黑之外，其余四色又分为深、中、淡三种层次，总共可调配成14种颜色。一般而言，蓝、黄、红、绿、白五种基本颜色，对应着五方佛及五智。

制作之前，喇嘛会先在台座上画好垂直线、对角线、圆形等几何图案，作为构图定位基础；然后描轮廓线，再从中间开始绘制，逐渐向外。从艺术的角度看，整幅图画结构严谨、色彩丰富，借助沙粒这种富有层次感和厚重感的媒介，将宗教的意义表现得十分到位。无论是端坐正中的佛，或是围绕在佛周围的神态各异的生灵，还是围绕在“世界”周围那一圈缥缈的气，都恰到好处地拥有了各自的神采，又和谐地构成了圆满的“世界”。这种独特的创作手法限制了太大改动的可能，因此整个图画必须一气呵成，就像僧侣们将自己脑中烂熟的世界观默写出来一般。

从行为的角度看，僧侣本身的创作过程也契合了图画的意义。漫长的创作，成功后短暂的喜悦，然后是毫不犹豫的毁灭——当这个沙制的坛城在完成及法会过后被驱散，从外层的沙驱散向内层，代表一切老死后又回到它心中本初的状态。另外，它又表达出世事的无常和空性。被毁后，余下的沙子会被装起来分成两半，一半交给参与仪式的信徒；另一半则洒入附近的河流中，让流水带着祝福流向大海，进而传到全世界。

2.3 传承方式

寺庙内部僧人师徒传承。

“彩砂坛城绘制”代表性传承人

次旺仁增（西藏自治区日喀则市人，国家级非物质文化遗产代表性传承人）

次旺仁增师从多位上师，熟练掌握了数量可观的彩砂绘画的度量仪轨和工艺技巧，其技艺水准达到了很高的境界，成为藏族彩砂坛城制作技艺中具有代表性和影响力的技师。30年来，他培育出了50余名彩砂坛城绘制学徒，传承有序。

三、价值意义

对毁灭坛城的平常解释是：为了表现尘世的虚幻，被毁灭的只是外在的坛城；而在喇嘛的意念中，通过此修炼，他们已吸取了更多的能量，意念中的坛城是越来越坚固了。也有人说，坛城作品是为了表现生命的短暂易逝，它似乎在告诫人们：世事万般繁华，也不过一掬细沙。生活就是漫长的付出、短暂的收获和失去的痛苦。总之，坛城的绘制在僧人和广大信众中是神圣而庄严的。

四、保护措施

2014年，“彩砂坛城绘制”由西藏自治区日喀则市申报，经国务院批准，被列入第四批国家级非物质文化遗产代表性项目名录。

安多强巴写实派绘画艺术

一、项目背景

“安多强巴写实派绘画”是以个人命名的一种画派。西藏唐卡艺术的画派很多，而且它们都有自己独特的绘画风格。安多强巴画派在唐卡这个非物质文化遗产的领域里也有较高的声誉。

1.1 画师简历

安多强巴，男，藏族，1915年出生在青海省尖扎县人措柱乡牧日村，7岁出家，拜叔叔松绕为师，在扎西群培岭寺受戒，开始自学绘画，17岁时到拉卜楞寺学习，28岁到拉萨哲蚌寺被任命为复诵师。

1944年，应曲桑寺的施主之聘离开哲蚌寺去画唐卡，结果与曲桑寺管家阿尼色琼·强巴旺姆的女仆相恋而还俗。他脱掉袈裟走进八廓街，成为拉萨街头一位藏族画家。20世纪50年代初，安多强巴的名气在拉萨如日中天。

1955年后，安多强巴成为一名正式的宫廷派画师；1956年，在罗布林卡，他创作出两幅传世名作，一幅为《释迦牟尼初次说法图》，另一幅是画满了达丹明久大殿整整一面墙壁的历史壁画《权衡三界》（十四世达赖喇嘛坐床庆典），奠定了他在现代西藏美术发展史上的重要地位。在20世纪60年代初，安多强巴参与了制作《藏汉大辞典》插图的工作，绘制了宗教器皿、服装饰物、生产用具、生活用品等插图120多幅。

安多强巴

1979年10月，作为西藏文学艺术代表团的一员，安多强巴到北京参加了全国四次文代会，当选为中国美协理事。1981年，安多强巴当选为第一届西藏美术家协会主席。他陆续创作了《伟大的爱国者——十世班禅大师》《源远流长的藏汉医学交流》《三代法王像》《度母》，以及表现西藏名胜的风景画等。2002年3月28日，安多强巴与世长辞，享年87岁。

1.2 历史渊源

藏族传统绘画写实派的历史可以追溯到公元15世纪中叶，它是由钦孜派创始人贡嘎岗堆巴钦孜钦木开创，其后更顿群培将这一画派真正发展为独立的画派——写实派。

二、表现形式

安多强巴写实绘画艺术的基本特征是绘画题材丰富多彩，除宗教题材作为主要内容以外，还涉及历史人物、山水风景、民俗风情、飞禽走兽等。

安多强巴的一生几乎经历了整个20世纪。他创作的作品题材范围广泛，主要有佛本生等佛教故事在内的宗教内容的作品，如《释迦牟尼初次说法图》《白度母》《绿度母》等；历史人物题材作品，如《松赞干布》《三代法王像》《毛主席像》《伟大的爱国者——十世班禅大师》等作品；风景题材的作品，如《奇丽显境》《藏南盛景》《后藏风景》《冈底斯山》《念青唐古拉山》《布达拉宫》等；风俗题材作品，如为一些拉萨达官贵人的居所门厅、梁柱上所绘的表现日常生活场景和飞禽走兽的作品。

这位天才画家仅靠着对于照片所显示出的黑白关系的理解，就解决了素描和立体感的问题，加之西藏传统绘画的色调影响和他对生活的独特领悟力，在色彩的表现上也创立了一种全新的风格。用他自己的话说，“我所画的作品，既不是西方绘画的方法，更不是东方绘画的方式，我的作品和配色方法是从自己的实践经验和努力下取得的，所以我的老师也就是我本人”。

安多强巴所指的老师是专就写实画法而言的。面对西藏博大精深的文化艺术传统，安多强巴从来都是深怀敬意的。寺院殿堂中的千年壁画和雕塑，大自然中无处不在的连天接地的艺术——风马旗、玛尼石刻和擦擦佛像，从安多强巴的幼年开始就每日每时地对他产生着潜移默化的影响。深受西藏历史、宗教和自然所开启的心智与灵性。成就了一代藏族写实派绘画大师。

他描绘的《三代法王像》与传统描绘方式相比，更加接近历史原貌，他依据更敦群培所著的藏族历史著作《白史》，把法王头巾的颜色画成了红色。另外，法王的造型、背景景物的描绘与传统绘画相比都更加贴近西藏的真实风貌。用安多强巴自己的话来概括其特点："以前西藏的画师只画神，不画人，画的人也像神；我安多强巴既画人，又画神，画的神也是人。以前西藏的画师只画唐卡、壁画等宗教画，别的都被看作旁门左道，不准涉猎；我安多强巴既画宗教画，又画人物画、肖像画、风景画。以前西藏的画师，只是按照祖宗传下的画经画画，不敢越雷池一步；是我安多强巴，把藏画、汉画和西洋画结合起来，形成了一种新画风、新画派，使画面有了层次，有了光影、有了立体感，有了更大的魅力！"

安多强巴作品

三、社会影响

2015年9月，藏族传统绘画写实派作品在拉萨集中展出，以纪念著名唐卡画师安多强巴100周年诞辰。活动主办方介绍，此次展览共展出安多强巴大师亲笔绘制的20幅精品唐卡作品及28幅代表性作品的图片。安多强巴的名字在藏族享有广泛的声誉，提起他就如同提起齐白石、张大千，在西方提到毕加索一样。

安多强巴的绘画具有重要的史籍价值。安多强巴几乎见证了百年西藏所有重要的历史时刻，当之无愧地成为一百年来最伟大的藏族画师。他留下的许多传世杰作，直观地记述了西藏百年的沧桑、千年的荣耀。他用一生的创作编织了一幅西藏历史的长卷。

四、保护措施

2009年，"安多强巴写实派绘画艺术"由安多强巴美术学校申报，经西藏自治区人民政府批准，被列入西藏第三批自治区级非物质文化遗产代表性项目名录。

藏族壁画绘制技艺

一、项目背景

1.1 流传区域

藏族壁画分布在藏族各地的寺庙、府第、宫殿、民宅、驿站、旅店等地方的墙壁上，而寺院则为壁画聚集之大所在。大寺院往往有数十个到数百个殿堂，各个殿堂及其周围走廊的墙壁、天花板等处均绘满了壁画，估计寺庙壁画在10万幅以上，如果把这些壁画一幅幅的排列起来，那确实是延绵不断、绚丽多姿、色彩缤纷的美丽画廊。

壁画（来源：西藏快搜）

1.2 人文环境

西藏位于青藏高原的西部和南部，占青藏高原面积的一半以上，海拔4 000米以上的地区占全区总面积的85.1%，素有“世界屋脊”和“地球第三极”之称，是世界上海拔最高的地方。

二、场景内容

2.1 民俗背景

有关西藏壁画的线索之前只是一些西方人士的零星记述。最早提到过西藏高原壁画的是著名的瑞典探险家斯文赫定，他在《亚洲腹地旅行记》一书中写到，曾在西藏北部某个海拔约4 500米的山谷中发现“一块山石上雕刻着几个拿弓的猎人追赶着羚羊”。此后，第二次世界大战期间从印度战俘营逃出进入西藏的意大利人奥夫施莱特在拉萨附近也发现壁画。他在一篇古迹调查报告中提到在某处的大圆石上发现刻有马类动物的图像。另一位发现过壁画的意大利人是著名的学者杜齐，他在其名著《穿越喜马拉雅》一书中提及，在拉达克、西藏西部、后藏和藏东地区发现，在巨大花岗岩石上的“岩石雕刻”，这些“雕刻物一般是动物，经常出现大角野山羊，还有骑在马背上的人，进行战斗的武士，后期还有塔的雕刻物”。此外还有一些西方人士也提及曾在西藏高原见到过刻在岩石上的图像或符号。1985年是“国际青年”年，一群年轻的中国藏、汉考古学者第一次用科学的考古作业方法，发现并记录了西藏西部日土县境内的三处壁画。其后又有西藏的艺术家及作家们在藏北尼玛加林山和藏西日土乌江发现了多处壁画图像。

西藏壁画的大发现时期始于20世纪90年代以来的全区文物考古大普查，在粗疏却是艰苦认真的野外调查中，新的发现层出不穷。经初步统计，迄今为止已在阿里地区的日土、札达、革吉、改则，那曲地区的尼玛、申扎、班戈、那曲、索县，山南地区的贡嘎，日喀则地区的定日，昌都地区的八宿，林芝地区的墨脱等地发现了近60处壁画地点，记录了数千个图像。壁画在西藏的广泛发现，对于曾一度认为中国壁画零存在的世界壁画廊，对曾长期缺乏西藏壁画资料的中国壁画档案，无疑是一个值得欣慰的收获，一个意料之中的收获。

西藏壁画大致可划分为早、中、晚三期，目前发现最早的壁画可能是距今3 000年前后的遗存。北部加林山壁画和西部的阿垄沟壁画点有可能属于高原最早的一批壁画点。另外，鲁日朗卡、任姆栋等壁画点也保存着部分早期壁画图像；中期壁画大致在距今3 000-2 000年间。这一时期也是西藏壁画的繁荣期，但壁画点主要集中在西藏西部地区。晚期壁画以藏北纳木措一带的洞穴壁画为代表，其下限可能晚至吐蕃王朝时期。

经历过千百年时代变迁，西藏壁画的形成、发展和繁荣，总是同藏传佛教衰荣相辅相成的，和寺庙的兴建更有着不可分割的关系。佛教越弘扬，寺庙修建得越多，对壁画的需求就越多，画师们的创作便得到更多的发挥，技法得到更多的锻炼，风格臻于成熟。

2.2 表现形式

西藏壁画中突出绘画的是人像，往往以巨大的篇幅绘画出一尊尊站立式或端坐式的大佛，而在其周围再画若干其他佛像。也有的是点缀其巨像活动的环境，并进行极为华丽精致的装饰。也有的壁画采用连环画图式，所有壁画色彩都很鲜艳，色彩缤纷、片片锦绣，极富吸引力和诱惑力，多用作对群众进行宗教、历史、道德等教育的形象教材。但从本质上说，壁画仍然是社会性的审美艺术。藏族艺术家们根据其生存时代的需要，贡献出自身的智慧和才能，创作了极其丰富多彩的壁画，这些壁画极具浓郁的民族特色。

西藏壁画的特点是技法丰富多变。绘制佛像，须严格依照佛法定规，画法多采用单线平涂，成像庄严肃穆，体态匀称；绘制历史故事和风俗画，则笔法古朴细腻，多采用俯瞰式透视法，以几何结构描绘人物和建筑物背景，画面别具一格。所用颜料均为传统的不透明的矿物质颜料。与唐卡一样，颜料内均已调入动物胶和牛胆汁，以保持色彩鲜艳，经久不褪。壁画的题材比唐卡广泛，多了一些反映征战、劳役、修建寺庙的故事画和民俗画。

大昭寺壁画保存了文成公主进藏宣传盛唐文化的业绩，也保存了唐代的壁画艺术，不仅是历史和艺术的珍品，也是汉藏文化交流的实物纪念。

真实地记录西藏与中原、藏族与汉族及其他民族的友好往来也是西藏壁画的内容之一。壁画中有详细描写吐蕃赞普松赞干布派其大臣禄东赞赴唐请婚的故事，也有元朝时西藏归入祖国版图的历史事实以及西藏地方上层人士与中央来往的记载，如《八思巴与忽必烈会于六盘山》《大明使臣会见宗喀巴》等。

在西藏壁画中，最富于高原壁画特色的是牦牛图案。在西藏古老的壁画里，早期高原人对牦牛的深切关爱和细致入微的观察得到了生动体现。牦牛的艺术表现更是鲜明地体现出高原艺术特有的性格特征——简明扼要，生动夸张，表现风格的多样化。壁画的创作者突出牦牛的某些局部特征，例如通过夸张牦牛的拱背和牛角，表现出牦牛雄厚孔武的躯体与强有力的动态。有一种“简影”式画法很可能属于壁画中的早期风格。这类牦牛多为通体凿刻，饱满圆浑，体积不大却气势磅礴，大尾小头，拱背垂腹，四肢短而有力，牛角弯成半圆形或干脆为圆形。多见于鲁日朗卡和阿垄沟壁画点，但最突出和最生动的形象，还非藏北加林山壁画点的牦牛图案莫属。

属喇嘛教文化范畴的西藏壁画，在人们的观念上常把它作为纯粹宣传宗教教义来理解。其实它的内容并非拘泥于宣传宗教，许多壁画真切地反映了西藏历史、人民生活和自然景物，记录了优美的神话传说和民间故事；展现了西藏历史上的重大事件和重要人物。即使有表现宗教题材的画面，也不同程度地透露了当时的社会矛盾和人民生活状况。

2.3 传承方式

主要以拜师传授的方式传承。

“藏族壁画绘制技艺”代表性传承人
罗布斯达（西藏自治区拉萨市人，区级非物质文化遗产代表性传承人）

三、价值意义

壁画所绘史实，大都与文字史料记载互为印证，有重要的历史价值。西藏的不少壁画是形象化了的历史资料，它通过各时代绘制的不同画面，给后人提供了记录当时社会状况、劳动人民生活习俗、人们相互关系及建筑、服饰、生产工具、生活器皿等各类图案。这些丰富的壁画内容成为今天研究西藏历史和民族学、民俗学、宗教和文学艺术等方面不可缺少的宝贵资料。

四、保护措施

2013年，“藏族壁画绘制技艺”由西藏画院申报，经西藏自治区人民政府批准，被列入西藏第四批自治区级非物质文化遗产代表性项目名录。

雪堆白

一、项目背景

1.1　流传区域

在拉萨，“雪堆白”旧址位于布达拉宫脚下。“雪”即拉萨布达拉宫下的一片地方，“堆白勒空”（勒空即单位、机构之意）。“雪堆白出品”标志着当时藏民族手工文明的最高成就。其工艺制作和管理对整个地区都有广泛而深远的影响。

1.2　历史人文

卫藏地区是藏族政治、宗教、经济、文化的中心。拉萨的布达拉宫、大昭寺、小昭寺闻名全藏，是举行盛大法会、高僧辈出的地方。另有后藏日喀则的扎什伦布寺、前藏山南的桑耶寺等诸多主要寺庙，宗教兴盛，因而被称为“法域”。

扎雅活佛认为，早在五世达赖喇嘛执政时期，为了解决修缮和塑造大昭寺、布达拉宫等殿堂和佛像所需的技术人员等问题，将以“惹玛岗”地方的铜匠大师傅公夏为首的一部分手工业者集中起来，成立了一个组织，命名为“多白”，意思是“能兴建一切享受物品者”，将其厂址设在布达拉宫下的“雪”区（即拉萨布达拉宫脚下的一片地方，在其城墙外西侧的广场边上，有一座端端正正、四四方方的两层院落），并给予特殊的待遇，这就是“雪堆白”的初始。

据说，五世达赖喇嘛阿旺罗桑嘉措时期，整个布达拉宫及其内部的装饰体现了当时西藏的手工业者，特别是金银匠和土木匠人的工艺水平。在整个建筑过程中，不仅藏地的能工巧匠济济一堂，还聘请尼泊尔的匠人和内地工匠。这种横向的交流合作，给西藏手工业注入了活力，开拓了眼界，丰富了自身。这个时期，在拉萨召开过一次全藏手工业产品展评会。当时，江孜的卡垫、山南姐德秀的围裙、郎杰秀的氆氇、墨竹工卡的陶器、拉萨的缝纫制品、昌都的唐卡、卫藏地区的金银铜铁器均被评为优质产品，而且这种认同一直保持至今。

“雪堆白”还是西藏地方政府的官办工厂，这里的工匠们每年要制造大量布达拉宫和西藏地方政府各大机构所需的金银铜铁工艺品：大到庙宇金顶，小到文房用具，宗教供品佛像、佛塔，世俗用具茶盖、茶托等。300多年来，他们制作的精品有布达拉宫金光灿灿的金顶，布达拉宫历代达赖喇嘛的灵塔，罗布林卡装饰典雅的诸多宫殿，以及数不清的宗教和生活用品等。而“雪堆白”正是这样一个各种工匠汇聚一堂的“富丽堂皇的世界”。

二、场景内容

2.1 表现形式

从藏式建筑需要出发，当时的“雪堆白”就是各工种俱全的“大公司”。在其编制内有27名铜匠和26名錾花工匠，12名铸工、6名泥塑工和3名画匠，3名雕刻匠，6名钻石镶嵌工和6名铁匠，2名木匠，他们是从藏族聚居区各地征调而来。另外，还有8名妇女充任助手，她们主要是擦拭铜器、镀银，在镀金物品上抛光，还给铜匠、镶嵌工等工种充当助手。

“雪堆白”不仅是生产单位，它还有一定的管理职能。按照“堆白勒空”的条例规定，拉萨地区的各个寺院、贵族、商人等，谁要新制作或修缮佛像、法器、生活用具等，都要事先向“堆白勒空”呈送申请报告，得到批准后方可进行；“堆白勒空”有权征调他们所需的各类工匠差役，以前藏、后藏、康区为主。新建或者维修寺庙时，“堆白勒空”只派一名大师傅主持，其他人员则由各工种自己选派负责人。普通工匠可按需要从当地工匠中征召。

“雪堆白”在工艺方面力求精致、典雅，作品布局严谨，刀工细腻、线条流畅，并在保持整体传统风格的基础上有所创新。长期的艺术实践形成了独特的“雪堆白”艺术风格，也代表了西藏近、现代传统工艺的最高水准。如今珍藏在布达拉宫、罗布林卡的不少珍贵历史文物（如布达拉宫的鎏金强巴佛铜像就是其中之一），都受到了很好的保护。

罗布林卡林园是历代达赖喇嘛夏宫所在地，始建于第七世达赖喇嘛时期，经过200多年的扩建形成如今的规模。林园内的一座座宫殿，表现了各个时期的建筑思想和审美观念，体现了各个时期的建筑艺术水准；而最年轻的宫殿——“达丹明久颇章”的建筑风格，恰恰体现了20世纪50年代的建筑思想和审美追求，而且它既是“雪堆白”的最集中、最独立，也是最后的建筑杰作。

在漫长的历史长河中，“雪堆白”涌现出许许多多名震全藏的建筑工艺大师，被称之为“乌钦”，藏语口语中尊称他们为“钦莫啦”，意思是技艺精湛的大师傅。据不完全统计，“雪堆白”历史上曾出现过上百个技艺高超的“乌钦”和“乌琼”。

2.2 传承方式

过去，“雪堆白”作为西藏地方政府官办性质的手工业技艺工厂，其传承方式是政府管理、着眼全藏、技师主导、以师带徒。

雪堆白代表性传承人
达娃桑珠（西藏自治区拉萨市人，区级非物质文化遗产代表性传承人）

三、社会影响

在西藏博物馆里，件件标有“‘雪堆白’制造”的艺术品依然闪耀着昔日的辉煌，是西藏手工业技艺的典范象征，在藏族有着很高的知名度和影响力。

四、保护措施

2018年，“雪堆白”由拉萨泥塑公司申报，经西藏自治区人民政府批准，被列入西藏第五批自治区级非物质文化遗产代表性项目名录。

尔苏藏族图画文字

一、项目背景

1.1 流传区域

20世纪80年代初期，科学家在四川凉山彝族自治州甘洛县等地先后发现了几卷经书，其中主要的一种叫作“虐曼史答”，意思是“看太阳的”或者是“看日子的”。这种经书乍一看很像一套连环画册，可是它却是实实在在的文字——尔苏沙巴文。经考证，尔苏沙巴文是尔苏藏族人中从事宗教活动的“沙巴”们使用的图画文字。

1.2 族群简介

尔苏藏族是整个藏族中的一个支系，人口3万人左右。他们讲尔苏语，分三个方言区。操东部方言的自称“尔苏” 或“鲁苏”，又称尔苏方言，人口万余，分布在四川省雅安市的石棉、汉源和凉山彝族自治州的甘洛、越西、冕宁、木里等县。操中部方言的自称“多须（续）”，分布于凉山州冕宁县，人口最少。操西部方言的自称“里汝”，分布在甘孜藏族自治州的九

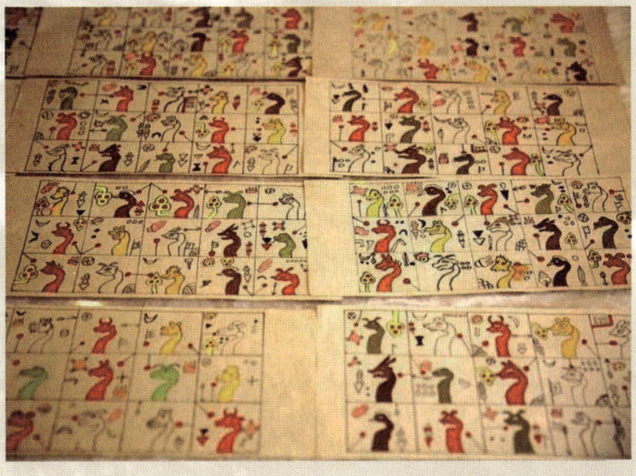

尔苏藏族图画文字

龙县和凉山州的冕宁、木里等县。居住在凉山州甘洛、越西两个县的自称“尔苏”的藏族约6 800人。其中甘洛县3 872人，越西县2 879人。在尔苏语中，“尔苏”就是“白的人”或“崇尚白色的人”。

尔苏藏族没有成熟的文字。过去，少数藏传佛教的传播人“苏瓦”和“拉莫”使用古藏文，还有极少数的原始宗教传人“萨巴”使用萨巴文字。萨巴文字“扎拉码”是原始图腾符号。国际知名民族语言学家、中国社会科学院教授孙宏开先生受联合国教科文组织委派，到甘洛研究尔苏文化后指出，“尔苏藏族拥有比东巴文字更原始、文字发展层级更低的图画文字——沙巴文。其流传的童话挖掘出来，不比安徒生童话逊色”。

1.3 人文环境

甘洛县隶属于四川省凉山彝族自治州，位于四川省西南部、凉山彝族自治州北部，东以马鞍山为界，与乐山市峨边县和金口河区交界；南与美姑、越西县接壤；西与雅安市石棉县毗邻；北临大渡河与雅安市相望。全县行政区域面积2 150.79平方公里。截至2012年，甘洛县共有19万余人，有彝族、汉族、藏族、苗族等14个民族，其中尔苏藏族有4 000余人。位于县境北部的蓼坪乡清水村，是甘洛县最大的尔苏藏族聚居区。

甘洛具有悠久的历史，还有多姿多彩的藏族民间文化，在语言、文学、建筑、服饰、用具、饮食、体育及风俗习惯等方面极具民族特色。

尔苏藏族图画文字

甘洛越西尔苏藏族传统服饰有藏族汉子的“布妞挖拉”“悟韭”，藏族姑娘的“沙沙裳”“阔朵”“明葡裳裳”……尔苏藏族的农具如“拉舌、支迷”（铧口和脚犁），打麦子用的“桲”（连枷），还有“坛坛酒”文。尔苏藏族的“措乃屋”（又叫射箭节）、火把节和“崇巴做”（拜山神）、“部渣做”藏年等传统节日活动，都表现出古老的部落文化底蕴。

二、场景内容

2.1　民俗背景

沙巴文是指尔苏人的祭师使用的一种图画文字。“沙巴”是村寨中从事原始宗教活动的人。尔苏人的宗教信仰为苯教，这种图画文字大概有200个左右，仅限祭师“沙巴”使用，用红、黑、白、蓝、黄、绿等色料在图画上添色，每一种色彩在文字中表达了一定的意义。这种文字的起源目前还不清楚。据尔苏民间传说，他们的祖先和诸葛亮打仗时就有这种文字了。人们在利用这种连环画看天气的时候，必须自己加进大量的词语才能念出完整的句子来。

2.2　表现形式

尔苏语属于汉藏语系藏缅语族的羌语支。尔苏沙巴文起源何时，由谁创制，无确切记载。尔苏沙巴图画文字的特点为：文字的形体与它所代表的事物有明显的一致性，可以从单字体推知它所代表的事物；有少量的衍生字和会意字；用不同的颜色表达不同的附加意义，常在文字中配用白、黑、红、蓝、绿、黄色来表示不同的字义，如白色代表金，绿色代表木，蓝色代表水，红色代表火，黄色代表土。这些特点在世界所有文字中是极为罕见的。无固定的笔顺和书写格式，但有时为了说明时间顺序，根据内容需要，在一个复杂的图形中，将单字按左下、左上、右上、右下、中间的顺序排列。单字体和语言里的词和音节不是一对一的关系，往往一个字读两个音节或三个音节，有的字需要用一段话才能解释清楚。尔苏沙巴文是象形文字，其表达功能系统还很不完备，是一种由图画脱胎出来刚刚跨入文字行列的原始文字。木里地区使用沙巴文的现象比较普遍，也许还有人懂沙巴文。

尔苏沙巴图画文字的形状：第一种是比扑克牌大的纸张，每一张上画有不同的符号，似乎是用来算命或占卜的。第二种是以前见过的尔苏象形文字文本，其开本与东巴文献一样大小，纸质也很像“东巴纸”。与东巴文一样，图画上涂上了色彩，在外行人看来与东巴文献没有太大的区别。第三种是传统的藏文，但其开本和纸质与东巴文献文本相似。第四种文字类型属于音节文字，但笔画没有彝、汉文复杂，有点像梵文。在东巴文献类型的开本上，每页打了若干个格子，每个格子内填有一个文字，有的还添加有辅助符号。

2.3 传承方式

沙巴图画文字的绘制及使用靠历代尔苏沙巴师徒传承沿袭。

“尔苏藏族图画文字”代表性传承人
王联轻（凉山彝族自治州甘洛县人、非物质文化遗产代表性传承人）
王长青（凉山彝族自治州甘洛县人、非物质文化遗产代表性传承人）

三、价值意义

尔苏沙巴文的图画形态十分古老，是考察研究尔苏藏族历史文化、民风习俗、宗教信仰的活化石。

四、保护措施

2014年，“尔苏藏族图画文字”由凉山彝族自治州甘洛县申报，经四川省人民政府批准，被列入四川省第四批省级非物质文化遗产代表性项目名录 。

三 传统技艺

传统技艺指世代相传并具有完整工艺流程，具有鲜明民族风格和地方特色的工艺品种和技艺，是一个民族活态的历史印记。包括工具器械制作工艺、传统饮食加工工艺、传统建筑营造工艺、雕塑工艺、织染工艺、编织扎制工艺、陶瓷制作工艺、金属冶煅加工工艺、髹漆工艺、家具制作工艺、文房用品制作工艺、印刷术、刻绘工艺、特种工艺等。

藏族传统技艺代表性非遗项目有『德格印经院藏族雕版』『牛羊毛编织技艺』『藏族面具制作技艺』『藏香制作技艺』『奶酪制作技艺』等。

德格印经院藏族雕版印刷技艺

一、项目背景

1.1 流传区域

德格印经院全名“西藏文化宝藏德格印经院大法库吉祥多门”，又称“德格吉祥聚慧院”，始建于1729年，总占地面积约5 000平方米，建筑占地面积近3 000平方米，总建筑面积9 000余平方米，坐落在德格县城（更庆镇）文化街。德格印经院为藏族聚居区三大印经院之首，德格版的经书在藏族及国内外的藏学界广泛流传，十分有名。

1.2 民族简介

藏族是中华民族大家庭56个民族中的成员之一，是青藏高原的少数民族。在中国境内主要分布在西藏自治区、青海省和四川省西部，云南迪庆、甘肃甘南等地区。目前，全世界藏族人口750万左右，中国境内约700万（2016年），藏裔人口保守估计在1 000万以上。按方言不同，中国境内可分为卫藏、安多、康巴三大方言区，也被认为是三大藏族支系。卫藏指的是西藏拉萨、日喀则一带；康巴指西藏的昌都和四川的甘孜州、青海的玉树州、云南的迪庆州；安多指的是青海除了玉树以外的其他藏族聚居区和甘肃的甘南州、四川的阿坝州（部分）。在方言或民族交汇地带，还聚居或散居着如贡布藏族、嘉绒藏族、白马藏族、木雅藏族、华锐藏族、卓仓藏族、夏尔巴人、阿尔麦人等特殊藏族支系。他们的语言在藏语基础上受到交汇区其他民族的影响而发生变化，习俗也有一些差异。

德格印经院（福建老邱/摄影）

1.3 人文环境

德格县位于四川省甘孜州西北部，青藏高原东南缘，隶属四川省甘孜藏族自治州，位于甘孜藏族自治州西北部，东与甘孜县毗邻，南与白玉县相接，西与西藏江达县隔金沙江相望，北与石渠县接壤，地处金沙、雅砻江上游。县境总面积11 025.24平方公里，全县辖五个工委，6个镇，20个乡，171个行政村。截至2016年年底，全县户籍人口87 551人，其中藏族约占96%。

德格县是一个以牧业为主的县，著名景点有中国三大藏传佛教印经院之首的全国重点文物保护单位德格印经院、格萨尔王故里阿须草原。德格县是一个以藏民族为主的多民族聚居县，藏族居民占县总人口的96%左右。境内有彝族、藏族、羌族、苗族、回族、蒙古族、土族、傈僳族、满族、瑶族、侗族、纳西族、布依族、白族、壮族、傣族等民族分布。这里遍布高山大川，风景壮美，但交通不便，较为闭塞，藏民族的传统文化在此环境中得到了较好的保存。素有“藏文化大百科全书”“藏族璀璨的文化明珠”“雪山下的宝库”盛名的德格印经院就坐落在德格县城。

二、场景内容

2.1 历史背景

据藏文《德格世德颂》记载，印经院系德格第十二代（第六世法王）土司却吉·丹巴泽仁（1689—1750）创建，始建于清雍正七年（1729）。早在1703年，德格土司就已出资雕刻经板、印刷经书了。除1958—1979年间中断了20年外，印经历史接近300年。德格土司时期以藏纸印经，每年用藏纸约50万张。1729年，在八邦寺大喇嘛司徒·却吉穷乃（1700—1774）的鼓励下，丹巴泽仁52岁时决定修建德格印经院。到他61岁去世时，印经院尚未建成。他死后，他的儿子彭措登巴、索朗贡布和洛珠加措3人继承父志，继续扩建印经院，经16年才告竣工，后来再经历世土司扩建，终于达到较为完整的规模。

德格印经院以藏书丰富、门类齐全、各教派兼容并蓄著称于世。创始人丹巴泽仁虽信奉红教，但他并不排斥其他教派的经典。这使得德格印经院超过其他几个印经院，形成特色。最初搜集书稿时，在司徒·却吉穷乃的帮助下，大批有学问的人到西藏的桑耶、钦普、纳塘、夏鲁、萨迦、拉萨、阿里等地遍寻手抄本或木刻印本，然后延请著名学者曲格旺曲等人认真分类校勘定稿。定稿后，由精于藏文（楷体）书法的数十人缮写书版，并由几位学者核审，然后由数百名经过培训挑选出来的能工巧匠刻版，再由学者校对。经过4次反复校对，确认无误后，又对经版的复杂细致的防腐、防裂等技术处理，一块经版才算制作完毕。每道工序都有严格的质量标准，规定十分细致、严密，完成的经版字迹清晰准确，经久不变。由于气候关系，每年印经时间只有半年，从藏历三月十五日至九月二十日，在此期间，人们可到印经院朝拜书版，称为“巴尔恰东”。

印经院构造独特，红墙高耸，绿树婆娑，幽静壮观。靠大门一侧为一楼一底，正房则为二楼、三楼，参差有致，系典型的藏式建筑风格。院内分藏版库、纸库、晒经楼、洗版平台、裁纸齐书室及佛殿、经堂等。藏版库大小共6间，约占整个建筑面积的一半，印书操作也在其中。

德格印经院成立近300年来，院藏书版基本完好。它不仅以兼容并蓄、版本良好、印刷考究闻名于世，也以其收藏各类印版的数量丰富、内容完备，在国内外享有盛誉。据说，最多时藏有经版30多万块。清末，德格土司家多吉森格兄弟争夺王位。在混乱中，多吉森格之妾趁机偷走一部2万多块书版的《宝库》，卖给了噶举派的八邦寺。这是唯一的一次较大损失。

公元7世纪末，藏王松赞干布的大臣噶尔东赞的后代避难到康区后，生活在金沙江一带。传至30代时，这个家族的传人索郎仁青为元朝帝师八思巴的膳食堪布，受到宠幸而获得“四德十格”之大夫称号，受封于元朝廷的称号逐渐演变成当地地名。他统领的疆域跨川、藏、青三省区共计10万平方公里的土地。这个家族在首领的率领下，转战金沙江两岸，来到沙鲁里山脉下的地方，建起了一个政教合一的土司之国，于是这个阳光普照的地方便崛起了一座小城——德格。这个家族的后代——第12代德格土司丹巴泽仁——为继续扩充疆域，巩固完善“政教合一”的政治制度和封建农奴制度，他决定修一座藏文印经院，以弘扬佛法，达到巩固家族统治的目的。

清雍正七年（1729年）初，印经院破土动工，历经十二、十三、十四世德格土司的努力，前后耗时27年，终于形成了德格印经院后来的规模和建筑风格——一座占地近3 000米、共3层、建筑面积近万平方米的印经院。

德格印经院的刻版历史可分为以下几个阶段。

德格印经院创建前的萌芽阶段。经多方考证和查阅有关资料证明，德格印经院院藏印版的历史至少可以上溯到清康熙四十二年（1703年）以前，早于建院时间26年。在德格印经院创建之前，由德格土司出资雕刻的印版数量为1500余块，主要为梵文、乌都尔文、藏文三文合璧的《般若波罗蜜多经八千颂》。

德格印经院创建时期的初兴阶段。却吉·丹巴泽仁土司执政时期，一方面着手创建印经院，另一方面积极筹划印版的刻制工作。从清雍正七年

（1729年）至清乾隆三年（1738年）的近十年间，较大规模的刻版工作全面铺开，其目标旨在完成《甘珠尔》的编校、刻制和《丹珠尔》印版刻制初期工作。同时还完成了一些其他典籍的印版刻制工作，印版总数已近10万块。

德格印经院建成后的中兴阶段。这个阶段从18世纪40年代至18世纪末。之所以称为中兴阶段，主要是因为所刻制的印版数量之大，是此前和此后的所有时期都无法比拟的。所编辑和刻制的重要文献有数十部，共计340多函，使德格印经院印版数超过20万块。仅《丹珠尔》的印版就达3.2万余块。

19世纪以来的维持阶段。经过前两个阶段大规模的印版刻制，使印经院藏版已达到相当规模。19世纪，德格土司统治势力和经济实力已开始衰落，所以印版的刻制逐步减少，处于一种相对维持阶段。

20世纪80年代以来的再兴阶段。20世纪80年代以来，德格印经院一边在进行维修，一边着手对残缺印版和新版本印版的刻制工作。从80年代初至2001年12月25日止，已补刻和新刻印版8万多块，相当于70年代末院藏印版总量的20%。

2.2 制作技艺

德格印经院藏版库中排列着整齐的版架，书版分门别类地插满了版架，每版有一手柄，这是“德格巴尔康”的特色之一。书版规格有许多种，最大的长110多厘米，宽70厘米，厚约5厘米；最小的长约33厘米，宽仅约6厘米。到18世纪80年代末，全院有书版21.75万块，每块刻两面。大、中、小版平均若每面各以600个音节计算，其字数总计约2.6亿字，规模宏大。

印经院规定：《大藏经》一律用朱墨（朱砂研细、搀胶，成红墨）印刷，以示尊敬，其余用黑墨。造纸工艺基本沿用汉族古老的手工造纸技术。在旧社会，土司辖区内造纸户有100多家。古泽、色格、聂曲、龚垭、卡松渡等地也有少量的造纸户，年可造纸10万多张（每张面幅大于机制纸的对开面），全部送交印经院。

在今日印经院的库房里，存放着20多万块印版，这些印版中，有经

德格印经院（叶子视觉/摄影）

文，有史籍，有画版，储存了藏族文化中70%的古籍。它们是藏族文化的长城，文化的史诗，文化的奇迹。印经院，不单纯是“院”，按照今天的话说，是出版社、印刷厂的综合体。要管好这个综合体并非易事。幸好印经院有严格的管理制度，如藏版库防火、防虫、防潮的管理制度，印版出入库要发行检查、登记、签名手续，不经土司允许，任何人无权更改版面和处理印版。除土司外，还有大量的藏族人民努力保护这座印经院，使它没有随着岁月剥蚀而成为废墟。

德格印经院藏族雕版印刷技艺经过纷繁复杂、精雕细琢、严格系统的流程制作出的雕版，被誉为“雪域西藏印经院中最具标准的经典版本”。工匠们都是经过数年严格的学习和考核才被录用的，须懂得藏族语文的文法规范并且掌握一些绘画的技能。

德格印经院的雕版制作大致可以分为原材料加工、书写、刻制和验收等流程。原材料是选用德格、白玉和西藏江达等地盛产的红桦木。过去所用的红桦木是由印经院预算出次年的需求量后呈报土司，土司向盛产红桦木地区索用。秋叶黄后，差民上山砍伐挺直而无节的红桦木，按照所需尺寸锯成节，然后顺木头纹路劈成4~5厘米厚的板材，在地上架起并用微火熏烤脱水；熏干后，将其驮回家放入粪池中沤制一个冬季，待次年的3—4月份，板材木性沤退后，将其取出制板。在阴暗处或灶上用熏烟来烘干，推光刨平后成为胚版，再驮至印经院验收入库。胚板根据需要而定，有五六种之多。最大的长110厘米、宽70厘米、厚3厘米；一般长66~77厘米、宽11~18厘米，厚2厘米；最小的长33厘米，宽6厘米，厚1.5厘米。以上为经版制作，画版的加工制作依需要的不同而定。

刻制雕版前，先由藏文书写员严格根据德格书法家所著的《藏文书法标准四十条》和雕版的尺寸书写。一般有两种书写方法，一种是将藏文直接反书写于胚版上，雕刻前校对；另一种是将薄型透明纸裁成与胚版规格大小相同的样纸，然后将藏文书写于样纸上，经过校对无误后将书样纸用清糨糊反贴在胚版上，藏文字迹就会自然渗透在胚版上，待样纸干到一定程度，就用水浸湿，取掉空白样纸，字迹完全清晰地显现在胚版上。

雕刻艺人不仅要技法娴熟，还要求有较好的藏语文法功底和绘画基础，特别是雕刻画版的工匠，必须懂得构图的基本原理和绘画的基本技能。为了保证雕版刻深、刻准、刻精、刻好，规定每人每天只准刻一寸版面。版块初刻出来后，首先印刷一张，交于专人按字母评读，之后进行连读校对，校对出来的错字、漏字、掉字等进行挖补改错；然后将验收的成批雕版放入酥油锅中浸泡熬制，再取出晒干，让酥油渗透到雕版中；最后用当地一种名叫“苏巴”的植物根须熬水清洗，晾干后便可上藏版架。整个雕版在加工、书写、雕刻、验收等过程中，大约经过15次以上的工序、10多次的校对验收。因此，德格印经院的雕版在全藏族被誉为“雪域西藏印经院中最具标准的经典版本”。

德格印经院用墨有两种，一种是供书写用的墨，另一种是专供印刷用的墨。印刷用墨的原材料大多为大杜鹃树的树皮（藏语叫“招呷”）。当地老百姓制墨时，先到盛产杜鹃树的地方挖一个地灶，灶上搭一个小型的密封好且又能闭气的木板棚，然后将采集的杜鹃树皮和少部分“阿朗”树枝放入地灶熏烧20~30天；待熄火冷却后，打开密闭木板棚，将附着在木板棚壁上的烟灰刮下，经过精心研磨后包装待用。用杜鹃树皮和少部分“阿朗”树枝制作的烟墨柔和细腻，墨色鲜亮，使用时只需加适量水调和。因为这两种树皮和树枝本身带有黏性，所以无须加胶。而书写公文信件用的烟墨一般用当地的大页柳做原料再加入部分“阿朗”树枝，烧制方法与印刷墨相同。研磨时可适当加入牛胶，书写时加适量的水调和即可。色彩和字迹永远鲜亮，既不变色，也不褪色。

德格印经院坚持传统印刷技艺，整个印刷过程由3人完成：一人搬运雕版，一人刷墨汁，一人印刷。德格印经院印刷流程大致可分为4部分：裁纸、颜料加工、印刷、装订。又可以分为20个进程：裁纸、泡纸、兑墨、研磨、研制朱砂、取雕版、印刷、雕版上架、晾晒、洗版、晒版、擦油、清页、分页、检查、装订、打磨、包装、打边红、入库。上述工序既是流水作业，又相互交叉，有条不紊，全部为手工完成。

德格印经院留有大量的历史文物。首先，木刻印版是德格印经院文物的主体部分。截至目前，院藏印版总量已达29万余块，可分为书版和画版两大类。书版根据传统分类可分为六种，即《甘珠尔》《丹珠尔》、文集、丛书、综合、大藏经单行本。德格印经院所藏的大量书版中，有许多珍本、孤本和范本。例如，有印度早已失传的《印度佛教源流》，也有《汉地佛教源流》和早期医学名著《居悉》（即《四部医典》）等稀世珍本；又如，最古老的版本《般若波罗蜜多经八千颂》是目前全地区仅存的孤本，作为档案文献已经于2002年3月被获准首次登录《中国档案文献遗产名录》中。德格印经院所收藏的376块旧画版数量虽然不算多，但都很重要且珍贵。德格在历史上是藏族传统绘画“门”派和“噶玛噶则”（早期称“噶派”）派的重要传承地。特别是“噶玛噶则”画派自18世纪以来，已在德格形成了一个中心，并把藏族传统绘画中的“唐卡”艺术融入刻版之中，是德格印经院木制印版的一个重大突破和创新。德格印经院所藏画版大体上可分为“唐卡”、坛城（曼荼罗）、风马（隆达）三类。

2.3　传承方式

德格印经院的制版、雕刻、制墨、造纸、印刷、分类、验收、储存等工艺人员都要以师带徒模式培养，经过严格考核、筛选，达到技术完全熟练的人，才能从事相应的工作。藏语文法功底、绘画基础、构图的基本原理和绘画的基本技能是培训传承的主要内容。

“德格印经院藏族雕版印刷技艺”代表性传承人
彭措泽仁（四川甘孜藏族自治州德格县人，国家级非物质文化遗产代表性传承人）

他收徒50人左右，为传承德格雕版印刷技艺做出了重大贡献。

三、价值意义

德格印经院藏族雕版印刷技艺古老而独特，长期以来，为藏族文化乃至中华文化、世界文化的延续发挥了巨大的作用。众多典籍和文人墨客的书画作品都借助于它而得以传承。时至当下，其刻版、造纸、印刷、装帧等诸多工艺技术基本保持着历史上的传统技艺，为已逐渐消失的雕版印刷文明提供了不可多得的既古老又鲜活、既真实又质朴的例证。

中国雕版印刷起源于南北朝后期，后来被活字印刷代替。一千多年过去了，印刷术已经进入了电脑照排和高速彩印时代。而在中国藏族的德格印经院，现仍保存着古老的雕版印刷技艺，几十位工匠在几十道工序的劳作中，用纯粹的手工技艺制作出一本本经典。因此德格雕版印刷技术具有重要的文化价值，将与中国书法、绘画艺术共冶一炉，流芳百世。

德格雕版印刷技术生产工艺流程复杂，精细的印刷工艺在整个藏族印经院乃至全世界都是绝无仅有的。这些生产技艺是藏族人民长期的智慧结晶，蕴含着丰富的科学技术基因，是一份极其宝贵的历史遗产。

根据德格印经院的版藏目录，它的藏书之丰在我国藏族各印经院中首屈一指，有佛教经典、天文、地理、医学、历史、文学、音乐、美术、工艺技术等方面的丛书或专著200多部，其中还有一些珍本、孤本。例 如，该院收藏的《印度佛教源流》，在佛教的发源地印度早已失传，国际上的科研工作者和佛教徒也得求助于它；《汉地宗教源流》一书也是研究汉地佛教和考查历史上汉、藏关系的珍贵材料；有300年历史的梵文、尼泊尔文、藏文对照的《般若波罗蜜多经八千颂》经版，亦为世界仅有。

四、保护措施

1950年，德格更庆寺及印经院受到人民政府保护。1959年甘孜藏族自治州民主改革完成后，更庆寺仍为保留寺庙之一。“文化大革命”中，印经院主体建筑和藏经版得到群众保护，损失很小。

1979年，德格县文物管理所成立，负责印经院的维修保护和书版的清理工作。1980年，印经院被列为省级文物保护单位并得到了修葺。1982年春起，印经院恢复经书刻版印刷，对残缺和少量遗失的书版重新雕刻、补齐。20世纪80年代末，为进一步改善刻版、印刷、储藏等方面的条件，适应和接待日益增多的国内外客人，国家投资在印经院附近兴建了一幢三层大楼，供藏学家访问、学习之用。

1996年11月20日，经中国国务院批准，德格印经院被列入全国重点保护文物单位。

2006年，“德格印经院藏族雕版印刷技艺”由四川省甘孜藏族自治州德格县申报，经国务院批准，被列入第一批国家级非物质文化遗产代表性项目名录。

藏族邦典、卡垫织造技艺

一、项目背景

1.1 流传区域

毛织围裙在藏语中称为“邦典”，具有装饰、耐寒等功能。西藏山南地区贡嘎县杰德秀镇是藏族围裙的主要产地，因而有“邦典之乡”的美称。“杰德秀围裙”享誉中外，是闻名的“围裙之乡”，也是“八大古镇”之一。

卡垫：即藏式地毯。以日喀则市江孜县制作的卡垫最负盛名。

1.2 人文环境

贡嘎县是西藏自治区山南市下辖县，位于西藏自治区南部、雅鲁藏布江中游河谷地带。贡嘎县总面积2 386.11平方公里，县辖5镇3乡，43个行政村（社区），168个村。总人口5万人。贡嘎县是拉萨贡嘎国际机场的所在地，是西藏著名的航空大县。

藏族邦典卡垫织造技术（江孜县供图）

杰德秀镇东接扎囊县，西邻吉雄镇，北隔雅鲁藏布江与昌果乡相望，南倚朗杰学乡。

江孜县隶属西藏自治区日喀则市，地处西藏南部，日喀则市东部、年楚河上游。总面积3 771平方公里。县辖1个镇，18个乡，151个村，3个居民委员会。总人口为6.7万，境内居民以藏族为主，占98%。

江孜县是西藏著名的地毯（藏族称为“卡垫”）之乡。江孜地毯和土耳其地毯、波斯地毯并称为世界三大名毯。

二、场景内容

2.1 民俗背景

藏族的毛织技艺有着悠久的历史，其制品以围裙和地毯最为著名。西藏山南地区贡嘎县杰德秀镇是藏族围裙的主要产地，因而有“邦典之乡”的美称。藏毯主要指“萨垫”（地毯，铺在地上的毯子）和“卡垫”（垫褥，铺在坐垫表面上的栽绒垫子）。按照不同的规格，面积大于1.67平方米的称地毯，小的称“卡垫”。

“杰德秀”藏语为“口齿伶俐”之意，曾名“姐得秀、杰得雪”等。杰德秀镇生产毛织品已有一千多年的历史，生产围裙也已有五六百年。在历史上，该镇店铺众多，家家户户都拥有一台或多台织机，所织造的氆氇曾为历代贡品，相传文成公主所穿的氆氇服装便产于该镇。经过世代传承和改进，杰德秀镇的毛织品在品种、图案、色彩和技艺等方面都有了很大的发展。镇上目前约有780户2 200人，几乎家家生产毛织围裙，产品不仅在国内享有盛名，还远销印度、尼泊尔、不丹及西欧国家。

早在公元 11 世纪，在年楚河中游地区（即今白朗县一带）就有一种名为“旺丹仲丝”（即“卡垫”）的手工技艺品。这一地区一直是西藏地毯的传统产区，织造技艺得到了较大发展，并形成了系列图案。之后，江孜人民在传统“卡垫”手工技艺的基础上不断改进和创新，形成了独具特色的江孜地毯。民国年间，英国商人曾在江孜开设小型工厂和技艺学校，产品出口到欧洲。

2.2 表现形式

（1）邦典。邦典是藏族妇女穿的藏装上的一种特殊标志，是一种五颜六色、细横线条的氆氇（藏袍原料），后来成为藏族妇女喜爱系在腰间的装饰品，也就渐渐成了藏式围裙的代名词。它的原料与氆氇相同，但比氆氇单薄、精致、小巧。藏族人用邦典来制作妇女的坎肩、围裙和挎包，或者镶嵌在藏袍边上，现代人还用它装饰客厅的墙壁。

邦典是羊毛织品，编织精密，美丽大方，色彩艳丽。它的生产首先要将羊毛纺成线，再染色和刷毛，织成条状后再缝合成围裙。围裙织法独特，编织精密。农牧区妇女喜欢以强烈的对比色条相配，城镇妇女则选择以纤细的相关色组成娴雅温和的调子。邦典有宽纹和细纹两种，宽纹以强烈的对比色调相配制，具有粗犷明快的风格，为广大农牧区妇女所喜爱；细纹以纤细的相关色调组成娴雅温和的格调，为广大城市妇女所选用。邦典的制作工艺并不简单：最初的原料是上好的羊毛，经过梳毛捻线（细捻为经，粗捻为纬）、上织机（经机梭打、编织等）、织图、着色、反复浆染、揉搓、晾晒等工序，一条成品的邦典才能完成。其中，染色是用藏族特别的民间工艺调制的岩石和植物染料，羊毛线可以染出20多种艳丽的色彩，而且绝不会褪色。捻线更是费时费力的活，自古就是女捻线、男织机。

围裙品种很多，最好的藏语叫“斜玛”，用14~20种染色毛纱，精工织成；其次的一种叫作“氆氇”，就是比较普通的围裙了。

（2）卡垫。卡垫即藏式地毯，有单人床那么大，是藏族家庭中不可缺少的生活用品。传统卡垫以长方形为主，藏族习惯使用它当作坐垫或卧具。“卡”在藏语中是“上”的意思，因铺设于座席之上而得名。卡垫也是寺庙、宫室、民间、帐篷里不可缺少的用品。卡垫质地软而结实，可以防潮保暖，经久耐用，既是一种舒适的卧具，又是一种装饰品，适合高原地区居民使用。卡垫是用绵羊毛手工织成的毯子，一般长约2米，宽约1米，其原料纤维长，弹性强，图样设计别致，色彩鲜艳，美观大方。卡垫结构紧密，色彩艳丽，多以龙、凤、鹿、花草为图案，具有浓郁的藏族艺术风格。

传统卡垫织机是一种斜靠在墙上操作的小型木制机台，它的结构比较简单，是由两根方形立身柱，上下梁形成一个基本框架，木楔，高度固定嵝，固定嵝上的支撑木等组成。它没有坐板架、绞缘等设施，上下梁和立身柱也都是活的。上经时根据活面宽窄的需要把两个立身柱平行地摆在地上，把它们的两端分别用两根枕木垫起，校正好宽度，然后再把上下梁放在定好宽度的立身柱上，这时就可以在平机上上经。上完经后，分别再在两个立身柱上的固定木喙上下加相同厚度的木楔，使经线紧到所需要的程度，这时就可以把机子竖起斜靠在墙上，开始织作了。活面增高，坐墩也要随之垫高。等织到一定高度时，取出木楔，重新调整位置后再用木楔紧经线，再织下一块，依次重复上述运作。

除织机基本框架外，织卡垫还需套经杆、缯板、缯、分绞板、绕扣杆等附件。开始织作时，首先提缯出绞（一批缯），把分绞板从缯下现出的绞口中插入，从而使绞固定下来，随之将分绞板推向缯前，使绞口逼近活面约三寸处，再顺手把分绞板翻起（开头是扁平插入的），即可进行绕扣。扣结绕完一道后，用鸭嘴榔头将其带绒扣的绕扣杆砸抵活面，再从两边分别过粗、细纬线，然后用“打”（用青冈木或其他硬木做成的一种上圆下扁的工具，作用与耙子相同）砸实。这时就可以用刀片划开绕扣杆上的毛纱扣，拿去绕扣杆，剪齐茸毛即成一道栽绒。待经线已恢复了平绞（原来的绞已经被纬线压住），抽出分绞板，再重新提缯分绞，插入分绞板，继续织作下一道，依次往复。

卡垫是在“旺丹仲丝”的基础上衍变发展起来的，它的穿杆结扣法，在全国乃至世界地毯织造技术中都是独树一帜的，其织法、色彩以及纹样等方面，也鲜明地体现了民族和地域特色。卡垫的种类很多，以编织工艺的不同，可分为仲丝、尺不戒、汪丹仲丝等几类。

2.3 传承方式

历史上，邦典卡垫制作技艺是家庭内部或作坊内部师徒传承；现在，随着科技手段的提高和生产规模的扩大，其传承方式已转向政府主导下的专门机构的专业培训和科研传承。邦典、卡垫产品在继承和发扬悠久的西藏民族传统卡垫图案的基础上，根据国内外用户的需求和市场的变化，不断创新，设计出具有民族风格、地方特色和时代感的新颖图案。经过近千年的生产实践，形成了独特的梳、纺、染色、倒线、手工编织、平剪、洗毯等一条龙生产工艺。独特的藏式穿杆和扣法，别具一格的民族风格，丰富多彩的花色品种。

“藏族邦典、卡垫织造技艺”代表性传承人
格桑（山南市贡嘎县杰德秀镇人，国家级非物质文化遗产代表性传承人）
嘎日（日喀则市江孜县人，国家级非物质文化遗产代表性传承人）
边多（日喀则市江孜县人，国家级非物质文化遗产代表性传承人）

三、社会影响

江孜“卡垫”反映了1 000多年间藏族织造技艺发展的历史，其图案、纺线、染色、织造、剪毯等方面都非常出色，具有织造技艺独特、色泽鲜艳和谐、毯面柔软的特点，艺术价值极高，深受广大人民群众喜爱。

四、保护措施

2006年，“藏族邦典、卡垫织造技艺”由山南市贡嘎县、日喀则市江孜县申报，经国务院批准，被列入第一批国家级非物质文化遗产代表性项目名录。

加牙藏族织毯技艺

一、项目背景

1.1 流传区域

藏毯是青海藏族的传统手工织造品。经过3 000多年的传承，青海逐步形成了具有地方特色的藏毯织造行业。加牙藏毯属于安多藏毯，其主要产地分布在青海湟中县上新庄加牙村，在藏族居住区玉树、海南、海北、果洛藏族自治州及西宁周边的贵德、平安、乐都、湟源等县也有流传。

1.2 族群简介

安多地区边沿的卓仓藏族。生活在青海省海东地区乐都、平安、湟中等县的藏族人民自称“卓仓娃”，其生活范围大约方圆一百多公里，有“卓仓隆娃顿”（“卓仓七沟”之意）。有些村庄是多民族共同生活在一起的，与包括汉族、回族、蒙古族等多民族共居一村；有的是纯藏族村紧靠着纯汉族村。这里的藏族人民生活基本属于以农业为主的半农半牧区。

据说卓仓藏族最早也是来自西藏。公元9世纪末，吐蕃王朝的最后一个统治者朗达玛被杀后，吐蕃陷入混战，朗达玛的两个儿子在各自母系贵族势力的支持下，分别自立为王，割据一方。

加牙藏族织毯技艺（来源：中国非遗网）

二儿子沃松来到阿里地区，建立了阿里王系，著名的古格王朝就是他的后代建立起来的。他的第四世孙赤德从后藏来到青海湖一带，成为当地的首领，并逐渐建立起了势力强大的角厮罗政权，掌控着青海东部

和甘肃醅，即古丝绸之路，与宋王朝有着密切的关系。角厮罗政权的中心就位于今天的乐都县。“卓仓”这一称谓来自于祖先居住地，即今天后藏地区卓沃降地方名。“卓”为“卓沃隆”，“仓”为祖系，“卓仓”这一名称一直沿用至今。

1.3 人文环境

湟中县是青海省西宁市下辖县，位于青海省东部，为西北黄土高原和青藏高原过渡地带，属青藏高原凉温干旱地区。境内三面环山，祁连山余脉雄踞西北，拉脊山脉绵亘西南。湟水由西向东横贯县境中部，大南川、西纳川、云谷川等十四条河流呈扇形从南、西、北三面同区汇入湟水。县城鲁沙尔镇距西宁市25公里，县境西、南、北三面环围西宁市，海拔2 225~4 488米，总面积2 700平方公里，县辖2镇24乡，以汉族为主。少数民族有藏族、回族、土族、撒拉族、蒙古族等。

湟中历史悠久，早在四千多年前就有人类活动。李家山镇卡约村古文化遗存的发掘，证明早在青铜器时期，古代先民就已经在这里繁衍生息了。我国西部古老民族之一的羌人是迄今为止最早活动在湟中地区的民族。县境内莲花湖景区位于湟中县鲁沙尔镇，距离黄教创始人宗喀巴诞生地——塔尔寺以东1公里处。景区三面环山，依山傍水，形成了山清、水秀 、林茂的旅游风景区。塔尔寺旅游景区为国家重点文物保护单位，2001年评为国家4A级旅游景区，是藏传佛教格鲁派六大寺院之一。塔尔寺不仅以宗教艺术闻名于世，还是藏族宗教、文化艺术的宝库。被誉为艺术“三绝”的酥油花、壁画、堆绣，更是藏族艺苑中的奇葩。

湟中县上新庄镇位于县城西南部，距县城16公里。有33个行政村，7 743户，32 194人，其中回族、藏族、土族、蒙古族等少数民族占总人口的45%。古迹有清代黑古城遗址。

二、场景内容

2.1 民俗背景

藏毯是青海藏族的传统手工织造品。经过3 000多年的传承，青海逐步形成了具有地方特色的藏毯织造行业。藏毯编织是藏民族创造的优秀手工技艺。高原特殊的自然地理环境形成了藏民族独特的生活方式，生活在青藏高原上的藏民族亘古以来就有着用牛羊毛皮制造生活用品的习惯。他们经常使用的遮风挡雨的牛毛帐房、防寒隔潮的毛毡长垫、耐磨的羊皮袄、华丽的锦缎礼服……样样都离不开牛羊。尤其是做工精良的藏毯更显现了藏民族高超的手工技艺。

1959年，海西柴达木诺木洪文化的发现地、塔里他里哈遗址中出土的毛席残片，是迄今为止我国出土的最早的“毛席”实物（现陈列于青海省博物馆内），证明了青海藏族先民3 000多年前就已经掌握了原始藏毯的编织技艺。据考证，该“毛席”残片的原材料就是青海的藏系羊毛，即世界公认的西宁“大白毛”。

据史料记载，明末清初是加牙藏毯的成熟期，距今有400多年。清康熙年间，著名的藏传佛教圣地塔尔寺扩建，为供应寺院装饰及僧人们诵经的坐垫，藏毯便在塔尔寺附近的湟中加牙村应运而生。产品以卡垫、马褥毯、炕毯、地毯为主，花样新奇，做工精致。

2.2 制作技艺

由于历史和地理环境的原因，安多地区和康巴地区在藏毯的编织技艺、图案设计上存在着差异。康巴地区（玉树地区）较多地保留了传统藏毯的编织技艺，而安多地区则在图案设计上将藏汉文化融为一体，构思巧妙，色调和谐，风格独特。加牙藏毯的原材料来自天然放养的藏系绵羊毛、山羊绒、牦牛绒和驼绒等，通过低温染纱、低温洗毯等工艺流程，成品具有色泽艳丽、弹性好和不脱色掉毛的优良品质。加牙藏毯品种繁多，有14个系列、70多个品种，采用连环编结法，毯面较厚，约在15毫米以上，同时保留着传统藏毯边缘不缠线的特点。

加牙藏毯品种繁多，花色各异，有以藏式吉祥图案为主的传统藏毯、仿古藏毯、包芯卡垫藏毯、丝毛合织藏毯、丝绒藏毯等。图案具有风格粗犷、大气，配色艳丽，雍容华贵等特点。加牙藏毯之所以能够得到世人的青睐，其精良的制作工艺和百里挑一的材料功不可没。

加牙编出的藏毯具有图案逼真、轮廓清晰、色彩鲜艳、反复踩压不变形等特点。更神奇的是，一块藏毯至少可以用上10年，而且使用年代越久，光泽越明亮。加牙藏毯编织技艺还蕴含着丰富的传统民间文化底蕴。它精良的制作工艺堪称绝活，全部用手工编织完成。织毯匠人将用橡壳、大黄叶根、槐米、板蓝根等天然植物染色的毛线环绕在绕线杆上，织完一行，就将毛线扣全部拉紧，再用刀具将杆上的绕纱割开。于是，在毯面上出现层层毛线的断面，这一制作工艺被称为手工连环结。

整片藏毯织完之后，织毯匠人再用剪刀对其进行打磨。值得注意的是，在早期，织毯匠人根本没有图纸可依照，完全是按照脑海中构思的图案进行编织的，最后织出的图案竟与事先设计的完全一致。这种高超的“凭空织造”技艺不得不令人拍案称奇。

藏毯从材料的选择、纺纱到染色、编织等都用手工制作，因此其色泽艳丽而不褪色，质地坚硬而富有弹性。藏族先民们还在传统编织方法的基础上，发明了独特的连环扣。这一技艺使藏毯产品更具独特的艺术价值。

2.3 传承方式

据《湟中县志—手工业》记载，清嘉庆年间（1796—1820年），宁夏地毯工匠大、小马师来湟中加牙村。村民马得全、杨新春二人拜其为师，进一步学习栽绒地毯的编织技艺，使藏毯的编织技艺更加规范化。其后马、杨两家的地毯技艺世代相传，全村人几乎都会捻线、编织藏毯，民间甚至有“姑娘嫁到加牙里，不捻线着干啥哩”的俗语。由此可见，藏毯的编织技艺主要是通过家庭传承以及师徒传承方式而得以延续。

“加牙藏族织毯技艺”代表性传承人

杨永良（青海西宁市湟中县加牙村人，国家级非物质文化遗产代表性传承人）

杨氏加牙藏族织毯技艺传承至今已有200多年的历史，在藏族久负盛名。

三、价值意义

青海曾是华夏文明、西亚文明、中亚文明的交汇点，各种文化精华通过绵延了1500多年的丝绸之路，在这里交融汇合，并形成了源远流长的民族文化。藏毯技艺的传承区域处于藏传佛教的发祥地，这一民间手工艺与佛教文化结下了不解之缘。受到这种影响和启发，青海现如今的藏毯编织依然沿袭手工编织的方式，并吸取了加牙藏毯编织所用的原料、技艺、染色等环节。加牙藏毯具有极高的艺术价值、历史文化价值、实用价值和商业价值，是研究我国藏族历史、文化、习俗以及民族关系的一个重要渠道。

四、保护措施

2006年，“加牙藏族织毯技艺”由青海省湟中县申报，经国务院批准，被列入第一批国家级非物质文化遗产代表性项目名录。

2013年9月，“加牙藏族织毯技艺传习所”在湟中县上新庄镇加牙村正式挂牌成立。加牙藏族织毯技艺传习所是集技艺培训、产品研发、藏毯展销、对外交流为一体的综合性场所。这为传承和发扬加牙本土手工藏族织毯搭建了平台，对促进文化旅游融合发展起到积极作用。

拉萨甲米水磨坊制作技艺

一、项目背景

1.1　流传区域

在西藏农区和部分牧区，人们利用山间水流的落差巧妙地建造了水磨坊，用来加工糌粑、面粉及家畜饲料，其中以“甲米曲果”最为驰名。“甲米曲果”意为甲米水磨坊，位于拉萨市城关区北郊的娘热沟，距拉萨市中心6公里。

1.2　人文环境

拉萨市城关区位于西藏自治区中部偏东南的雅鲁藏布江支流拉萨河下游段南北两岸，东与达孜县接，南与山南地区贡嘎县和扎囊县毗邻，西与堆龙德庆区紧靠，北与林周县相依。

娘热沟位于拉萨市城关区娘热乡境内。娘热沟是拉萨市近郊的生态景观区，有谷沟、田园、村落，保留有农耕文化以及藏戏文化。娘热沟有色拉寺、帕邦喀、曲桑贡巴等景点，还有娘热沟民俗风情园。21世纪初，经人民政府扶持，此地已设有公交站点，交通获得改善。拉萨城关区面积544平方公里，行政区域东西跨距28公里，南北跨距31公里。根据

甲米水磨坊制作技艺（中国非遗网）

规划，娘热沟将被打造为“一轴”“一区”“两村”的发展模式。“一轴”指娘热沟生态景观轴，指在娘热沟的水磨花溪开发三处旅游景点：糌粑水磨群、十里桃花溪、三大滨水林卡。“一区”指娘热农业休闲园区，即在该园区的入口区以及南部靠山的农田兴建青稞农场，在娘热沟北侧的农田兴建藏药本草园，在中部的农田区兴建格桑花海。“两村”指桑邓藏村、欠囊藏村。

娘热沟民俗风情园内的景点很多，主要景点有甲米曲果。这座水磨坊曾是布达拉宫的专用水磨房，如今已成为民俗风情园的组成部分，但平时仍让娘热村的民众用来磨糌粑。水磨房院子内的墙壁上绘有一幅壁画，讲述传说中藏族人祖先猴女变成人，并用青稞养育后代，以及农民收获青稞的过程。

娘热沟丰富的水资源使这里形成了拉萨市郊最具规模的水磨坊群，近两公里的水边修建了近20座水磨坊，这在整个地区是绝无仅有的。娘热沟从古至今一直是拉萨地区加工糌粑的重要场所。

二、场景内容

2.1 民俗背景

藏族人民食用糌粑已有几千年的历史。早期的糌粑是用人力手工磨制，后来开始借助水力。甲米水磨坊约建于公元17世纪，磨坊显现了中国藏族人民机械制造和谷物加工的杰出才能。它充分利用天然泉水，以节能、无污染的方式磨制糌粑。五世达赖喇嘛在帕邦卡松赞岩洞闭关修行时，磨坊主人曾向他供奉过该磨坊所产的糌粑。这些糌粑加工精细，纯白无杂，美味可口，五世达赖喇嘛对其赞不绝口。到七世达赖时，娘热甲米水磨坊成为向达赖喇嘛供奉糌粑的定点磨坊，并获得正式命名。为了表彰甲米水磨坊向历代达赖喇嘛供奉甲米糌粑的功绩，原西藏地方政府特赐长2米、宽20厘米的法棍两根，免去磨坊的税额和乌拉差役，并规定甲米水磨如有坍塌、损坏，由其他水磨坊协力修复，还给予甲米水磨坊优先使用水资源的特权。

过去，每月藏历15日和30日为甲米曲果专门磨制达赖喇嘛糌粑的吉日。届时，达赖贴身僧官和厨师前来监督，他们把达赖喇嘛享用的糌粑，装在一个黄缎小口袋里带过去。其余糌粑则交给布达拉宫僧俗官员及达赖随从人员。

2.2 制作技艺

甲米水磨坊传统手工制作技艺包括水磨坊机械制作技艺以及糌粑加工技艺两部分。水磨坊制作技艺包括几个方面：一是选址、建渠、起屋，这要求懂水利和营造；二是水磨坊核心部位“磨盘机械传动系统”的制作，这个环节会涉及石工（磨盘制作）、木工（木质水涡轮中轴、桨叶、连杆和调节器等）、铁器加工（“T”字形传动主轴）、土木建造（导入槽的土木部分等）以及编织缝纫（漏斗状青稞喂料袋等）等门类；三是磨坊各环节的使用与维修技艺。糌粑加工技艺则包括从选料、炒制到加工完成中每一个步骤。

水磨坊大都建在河边或大江支流沿边的草地上，水渠源头设有控制流量的闸门，水流通过从高到低的木槽注入磨坊底层，推动连接磨盘中轴的木转轮。磨坊上层设有大小相等的上薄下厚同心圆（直径1~1.2米）石质磨盘。磨盘四周是糌粑蓄池，磨盘上方吊有盛青稞的布袋，布袋底部装有出料管并与磨盘接触，随着石盘的转动，青稞自动均衡地通过磨孔落入摩擦面。

最为称奇的是，在糌粑池边还有个升降木杆与转轮底座相连，通过杠杆原理调节磨盘之间的缝隙宽度，这样就可以根据用户喜好加工出不同粗细的糌粑。按照习俗，水磨的转向必须是逆时针。

2.3 传承方式

历代地区政府和广大藏民对水磨坊实施保护和维修，使其得以完好保留。

三、价值意义

受甲米曲果的启发，藏族人民利用地区河流的天然落差设置水磨坊，造福世世代代子孙，推动了生产力的发展和进步。更重要的是，甲米曲果的文史价值是唯一的，不可再生的。

2004年年底，经国家旅游局专家组按国标现场考评，“娘热民俗风情园”被评为全国首批、西藏独家的“全国农业旅游示范点”和“国家级AAA旅游景点”。

四、保护措施

2006年，“拉萨甲米水磨坊制作技艺”由西藏自治区拉萨市申报，经国务院批准，被列入第一批国家级非物质文化遗产代表性项目名录。

藏族造纸技艺

一、项目背景

1.1 流传区域

造纸在西藏地区十分盛行。西藏东部地区盛产康纸，西藏南部盛产金东纸、塔布纸、工布纸、波堆纸、门纸（珞巴、门巴地区的纸），卫藏地区盛产尼纸、臧纸、聂纸（聂拉木纸）、猛噶纸、灰纸及阿里纸等。

1.2 民族简介

藏族是中国的56个民族之一，是青藏高原的少数民族。在中国境内主要分布在西藏自治区、青海省和四川省西部，云南迪庆、甘肃甘南等地区，此外，印度、不丹、美国、加拿大、欧洲、澳洲等地区也有藏族分布。拉萨是藏族人心中的圣地。目前全世界藏族人口750万左右，中国境内约700万（2016年），藏裔人口保守估计在1 000万以上。藏族的历史是中国历史不可分割的一个组成部分，是中国及南亚最古老的民族之一。藏族有自己的语言和文字。藏语属汉藏语系藏缅语族藏语支，分卫藏、康、安多三种方言。藏族普遍信仰藏传佛教，公元7世纪佛教从天竺传入吐蕃，已有1 400多年的历史。

1.3 人文环境

西藏，简称“藏”。西藏自治区位于中华人民共和国西南边陲，是中国五个少数民族自治区之一。西藏位于青藏高原西南部，平均海拔在

4 000米以上，素有“世界屋脊”之称。西藏北邻新疆，东接四川，东北紧靠青海，东南连接云南；周边与缅甸、印度、不丹、尼泊尔、克什米尔等国家及地区接壤，陆地国界线4 000多公里，是中国西南边陲的重要门户。

藏族造纸技艺（来源：中华网）

造纸技术的提高与普及使藏纸行业名匠辈出，创造了许多精工细作的名纸，如产于塔布金东而享誉全藏的金东纸，适于馆藏文献使用的尼木县毒纸等。许多特殊的纸面加工纸品更令世人刮目相看，如印刷纸币和邮票的精品藏纸，制作技艺精湛的金汁、银汁大藏经用纸等即是其中显明的实例。

西藏全区面积120.2189万平方公里，约占全国总面积的1/8，在全国各省、市、自治区中仅次于新疆。西藏以其雄伟壮观、神奇瑰丽的自然风光闻名。它地域辽阔，地貌壮观，资源丰富。藏族人民创造了灿烂的民族文化，在文学、音乐、舞蹈、绘画、雕塑、建筑艺术等方面，留下了极为丰富的文化遗产。藏族雕刻技艺高超，藏戏独具特色，藏族造纸技艺精湛，藏医药学发达，这些都是人类的重要遗产。

二、场景内容

2.1 民俗背景

自唐朝文成公主远嫁吐蕃时起，中原造纸术传入西藏已有1 300多年的历史。公元8世纪，为译经的需要，藏族人民不断学习、借鉴周边民族先进的造纸技艺，就地取材，生产出了独具地方特色的藏纸。清乾隆年间，曾做过湖南巡抚的查礼时至西藏，留有《藏纸诗》长句，诗中说“蜀纸逊豫章，工拙奚足尚……孰意黄教方，特出新奇样，臼捣柘皮浆，帘漾金精浪……质坚宛茧练，色白施浏亮。题句意固适，作画兴当畅。裁之可糊窗，缀之堪为帐。何异高丽楮，洋笺亦复让”。美言藏纸比蜀纸高出一筹，就连高丽纸也稍逊风骚。

2.2 制作技艺

藏纸以瑞香狼毒、沉香、山茱萸科的灯台树、杜鹃科的野茶花树为主要原料，根据原料品质的差异，可以制成各种不同用途和等级的藏纸。造纸工艺一般都有去皮、划捣、蒸煮、沤制、漂洗、捣料、打浆、抄造等环节。

古代藏纸的制作工序较繁杂，有11道步骤。第一道是采剥树皮；第二道是晒干；第三道是磨平，用小刀把粗皮剥平；第四道是水煮；第五道是放在石头上用木槌敲打到泛白为止；第六道是再次水煮；第七道是加淀粉使之催熟；第八道是用纱布过滤使之平整；第九道是整平后晒干；第十道是对纸张打磨，处理纸张的薄厚、柔软度和光泽度；第十一道是用加了小麦粉的水煮纸张蒸干。这样，整个造纸工序才完成。

藏纸原料来自喜马拉雅山脉6 500米以上生长的一种叫“瑞香狼毒”的灌木树皮。狼毒草对昆虫有微毒，瑞香科植物，为多年生草本，高20~50厘米，茎丛生，叶互生，披针形至椭圆状披针形。狼毒草在高原分布广泛，丰富的原料为藏纸业的发展提供了前提条件。藏族人民以廉价的原料，加工出了具有民族特色的藏纸品种。

由于高原干燥缺氧，原料有一定毒性，因而藏纸具有防腐、防蛀、防潮的特性，易于长期保存。其纸质较为柔韧，经久耐用，色彩也丰富多样，具有装饰美感。

由于原料和工艺的限制，西藏境内藏纸的产量极低，年产量约1万张以下。

西藏用这种纸书写的档案文献至今仍保存完好，在寺院经历数百年的藏经文也完好无损，不因时间长久而损坏，字迹也不模糊。这是藏纸的一大特色。

2.3 传承方式

作坊生产，手工技艺，家庭或师徒世代传承。

“藏族造纸技艺”代表性传承人
次仁多杰（西藏自治区尼木县塔荣镇雪拉村人，国家级非物质文化遗产代表性传承人）
强巴遵珠（西藏自治区拉萨市人，国家级非物质文化遗产代表性传承人）

三、社会影响

随着社会历史的发展，西藏造纸技艺形成了多种类共同发展的格局。藏族造纸业不仅在西藏地区得到全面推广，还传入印度、尼泊尔、不丹等国。

2014年12月30日，由文化部非物质文化遗产司和国家图书馆共同主办，中国民族图书馆协办的“我们的文字——非物质文化遗产中的文字传承”跨年大展在国家典籍博物馆拉开帷幕，藏族造纸技艺在其中得到展示。

四、保护措施

改革开放后，随着经济的快速发展和生产力水平的大幅提高，政府对民族手工艺的传承与发展日益重视。尤其是20世纪90年代，政府加大对传统民族手工业的扶持力度，使藏纸传统手工艺在这一时期得到传承与发展。

2006年，“藏族造纸技艺”由西藏自治区申报，经国务院批准，被列入第一批国家级非物质文化遗产代表性项目名录。

拉萨风筝制作技艺

一、项目背景

1.1 流传区域

风筝在藏语中被称为“甲比”，意为“会飞的纸鸟”，主要流行于拉萨、日喀则等地，深受西藏群众的喜欢。其文化由来已久，相传早在1000多年前伴随藏纸的出现，就有了风筝的雏形。清代盛行于藏族上层。现已成为当地人十分喜爱的一项娱乐竞技项目。按以往的习俗，藏历八月是西藏放风筝的季节，因为此时卫藏地区风力较足。

1.2 人文环境

拉萨是中国西藏自治区的首府，是具有高原和民族特色的国际旅游城市，既是西藏自治区的政治、经济、文化中心，也是藏传佛教圣地。拉萨位于西藏高原的中部、喜马拉雅山脉北侧，海拔3 650米，地处雅鲁藏布江支流拉萨河中游河谷平原。拉萨河流经此，在南郊注入雅鲁藏布江。拉萨东与林芝市相连，西与日喀则市交界，南与山南市接壤，北与那曲地区毗邻，面积2.96万平方公里，平均海拔3 658米，全市下辖城关区、林周县、当雄县、尼木县、曲水县、堆龙德庆县（县改区已获国务院批复）、达孜县、墨竹工卡县8个县（区）及拉萨国家级经济技术开发区、柳梧新区，48个乡、9个镇、8个街道办事处，224个行政村、43个社区。截至2015年年底，拉萨市总人口90.25万人。

拉萨素有“日光城”的美誉，是国务院首批公布的24个历史文化名城之一。全市有国家级自然保护区2个、国家级森林公园2个，世界文化

拉萨风筝制作技艺（来源：非遗地图）

遗产1处3点，全国重点文物保护单位16处，自治区级重点文物保护单位85处。

二、场景内容

2.1 民俗背景

拉萨风筝据说有上千年的历史。过去，精明的商人在印度定做精美的风筝赶在放风筝的季节运到拉萨出售；每年秋季拉萨和日喀则等城镇中，也有人家专门做风筝出售。十三世达赖喇嘛偏爱风筝，曾专为供风筝和加工筝线的“上哉”加封印章。藏历八月，卫藏地区风力较足，是放风筝的季节。

2.2 制作技艺

藏族风筝制作形态较为单一，多为菱形平面，但讲究彩绘图案，有

"加沃"（大胡子）、"古玛或古那"（钉头或黑头）、"米洛"（瞪眼）、"其瓦"（龇牙）、"帮典"（围裙）、"嘎林"（腿骨号）六种。因色彩艳丽，放飞时天空一片斑斓。平时这些风筝悬挂在墙，被视为升腾运气的圣物。

拉萨风筝的放飞技巧体现在空中的争斗玩耍。放线与收线的微妙变化，可以使风筝在空中迅速地升降、旋转、左右打滚。最大的特点是"打架斗殴"，最后断线飘走者为败。各种打斗技巧最后都集中在"绞线"上，线的质量至关重要，故在制作时有一道独特工序，即上"那"。"那"的主要成分是玻璃碎粉，加入一种黏性较好的植物"旺拉"，调上捣碎的大米、白糖和水搅拌煎熬。等冷却到一定温度时，先将"那"放在手心，再将风筝的线从指间穿过，使其粘上粗细不等的"那"，如同锯齿。

拉萨风筝的放飞有许多规定。在时间上，拉萨在雪顿节后放飞，日喀则必须由东头宗的俗官先行放飞。风筝的形制与使用有年龄的规定，如六轴、八轴、十轴风筝，必须按年龄大小分开选择。

2.3 传承方式

拉萨风筝的制作技艺主要是家庭传承，它的制作具有季节性。日喀则的拉达卡其和拉萨的次仁等家族的风筝制作技术精湛、特色鲜明，颇有影响。

"拉萨风筝制作技艺"代表性传承人
普琼（拉萨市人，区级非物质文化遗产代表性传承人）
优苏夫（拉萨市人，区级非物质文化遗产代表性传承人）

三、社会影响

在拉萨，风筝是传统娱乐项目中最早进入市场的，而且生意十分兴隆。民间认为，风筝放早了，秋季就会过早终结。作为季节性娱乐活动，放飞风筝深受藏族同胞喜爱。

四、保护措施

2006年，“拉萨风筝制作技艺”由西藏自治区拉萨市申报，经国务院批准，被列入第一批国家级非物质文化遗产代表性项目名录。

藏族黑陶烧制技艺

一、项目背景

1.1　流传区域

藏族黑陶烧制技艺历史悠久，特色显著，经过备料、塑形、雕花、阴干、烧制等工序，形成陶器通体漆黑，光洁细腻的独特陶艺制品。主要分布于云南省迪庆藏族自治州香格里拉县尼西乡汤堆村、四川省稻城县赤土乡阿西村和青海省玉树地区囊谦县等藏民居住区。

1.2　族群简介

康巴地区范围大致相当于现今西藏自治区的昌都地区、那曲地区东部（聂荣、巴青、索县、比如、嘉黎五县）、林芝市东部（察隅、波密、墨脱三县），青海省的玉树州（治多县西部除外），云南省的迪庆州，四川省的甘孜州、阿坝州部分（小金、金川等）及凉山州的木里县。康巴地区即康区，旧称“朵甘思”地区，最早是指卫藏以东广阔的地区，后来这一地域又分为“康”和“安多”两部分；康区现多指青藏高原东南部的横断山区。居住于云南迪庆、四川稻城、青海玉树等地域内的藏族统称为康巴藏族。

藏族黑陶

1.3 人文环境

陶器烧制技艺（来源：国际在线）

香格里拉藏语意为“心中的日月”，是云南省迪庆藏族自治州下辖市及州府所在地，位于云南省西北部、青藏高原横断山区腹地，是滇、川、藏三省区交界地，也是世界自然遗产“三江并流”景区所在地。总面积11 613平方公里，辖4镇7乡，共有6个社区、58个行政村。2011年年末，香格里拉市总人口为174 585人，除主体民族为藏族外，还有汉族、纳西族、彝族、白族等十几个民族。香格里拉地区历史悠久，自然风光绚丽，拥有普达措国家公园、独克宗古城、噶丹松赞林寺、虎跳峡等景点。距县城30公里处有一个不起眼的小村落——汤堆村——隶属于迪庆州尼西乡，曾是茶马古道的必经之地。这里不仅保留有古朴的藏族民风，还传承着有2000多年历史的民间黑陶制作工艺。

稻城县位于中国四川省西南边缘，甘孜州南部；地处青藏高原东南部，横断山脉东侧；属甘孜藏族自治州辖县。东与九龙县相接，西与乡城县相邻，北接理塘县，南与木里藏族自治县接壤，西南与云南迪庆藏族自治州相邻。稻城县面积7 323平方公里，辖12乡2镇、2个社区、124个村。藏族人口占全县总人口96%以上。著名的黑陶生产就主要分布在阿西村。

囊谦县隶属青海省玉树藏族自治州，北与海西蒙古族藏族自治州为邻，东与果洛藏族自治州相通，东南与四川省甘孜藏族自治州毗连，南及西南同西藏自治区的昌都市和那曲地区交界，西北角与新疆维吾尔自治区巴音郭楞蒙古自治州接壤。总面积12 741平方公里，总人口为13万余人，其中有藏族、汉族、回族、土族等少数民族。囊谦县是玉树文明的发祥地，境内有金、银、铜、铁、铅、锌、锡、石膏、硫黄、石灰石、煤、盐等丰富的矿藏资源。囊谦黑陶烧制工艺已有上千年的历史。

二、场景内容

2.1 民俗背景

黑陶制品作为藏族文化的象征，在藏族聚居区被广泛地使用。在金沙江、澜沧江流域，考古学家曾发现2 000多年前的黑陶器皿。2 000多年来，藏族民间艺人孜孜不倦地用双手传承着悠远的黑陶文化。相传，唐代文成公主进藏远嫁松赞干布时途经玉树，将独特的制陶技艺传授给当地的藏族群众，使当地原始的制陶工艺更加完善，成为藏汉文化融合的结晶。在历史长河中，黑陶渗透在藏族的文化和宗教生活中，并在明清时期演化出藏黑陶。

2.2 烧制技艺

迪庆州香格里拉县尼西乡汤堆村的藏族黑陶烧制工艺采用黏性大、可塑性强的白色和红色陶土，加上风化沙石研磨而成的石粉，混合形成制坯原料。其制作工具以木拍、木刮、木垫、木榔头等为主，极其原始和简单。烧制黑陶工艺十分讲究，要依次经过选土、练土、制坯、镶瓷、磨光、装饰、阴干、烧制、渗炭、防裂等12道工艺。制作陶坯采用泥条盘筑的方法，技术要求较高。先是取揉拌均匀的陶土，用木拍打成条状后置于基座上，再根据所需器物的形制，用手捏出轮廓，接着磨光内外器壁和沿口；然后镶嵌白瓷片，点饰动物和几何纹图案；最后高温烧制约一小时后即成成品。汤堆村藏族黑陶手工艺产品大致可分为日常生活用品和宗教用具两大类。它品种齐全，用途广泛。藏族人民使用的各种餐具、炊具、茶具、酒具、饮具及香炉、酥油灯等无所不包。

甘孜州稻城县赤土乡阿西村烧制藏族黑陶以当地泥土加上其他两种泥土混合成原料，然后借助捏、捶、敲、打等手工技艺使之成形，再用碎瓷片装饰花纹。这些步骤完成后，架起松柴点火烧制，使黄褐色的陶土在此过程中变为黑色。烧制成的陶锅、陶罐、陶盆、陶壶、陶瓶都是藏族人民不可或缺的生活用具。最初，藏民以陶锅等换取粮食和其他物品；现在，阿西黑陶已走向市场，成为具有鲜明地方特色的手工制品。

玉树州囊谦县藏族黑陶主要产于囊谦县山荣村。囊谦藏族黑陶采用原始手工方式制作，选材讲究，用当地纯净细腻的红胶土和黏土为原料，经手工捣碎、筛选、拉坯、晾晒、修整、压光、绘制等工艺制成坯体，封存于大陶罐中，采用独特的“封罐熏烟渗碳”方法，烧制时严格控制温度和湿度，使碳粒在烟熏过程中渗入陶坯，经十余天烧制才能完成，最后成为“黑如碳，硬如瓷”的黑陶。囊谦藏族黑陶制品目前主要包括坛罐、壶、香炉、酥油灯具及宗教用品等，其中以宗教用品和贡品最为精致。

2.3 传承方式

传统手工制作，作坊师徒传承。

“藏族黑陶烧制技艺”代表性传承人
白玛群加（青海玉树州囊谦县娘拉乡人，国家级非物质文化遗产代表性传承人）
孙诺七林（云南迪庆州香格里拉市尼西乡人，国家级非物质文化遗产代表性传承人）

三、社会影响

黑陶是中国古老的文化艺术结晶，是藏族土法手工艺品，被中外史学家称为“原始文化的瑰宝”。

四、保护措施

2008年，“藏族黑陶烧制技艺”分别由云南省迪庆藏族自治州香格里拉县、四川省甘孜藏族自治州稻城县、青海省玉树藏族自治州囊谦县申报，经国务院批准，被列入第二批国家级非物质文化遗产代表性项目名录。

附录

黑陶烧制技艺传承人孙诺七林

云南香格里拉县的黑陶大师孙诺七林的居室兼用作黑陶作坊，屋檐下有道红白色瓷砖镶嵌的花边。因为孙诺七林家族超过四代人都从事黑陶制作，村里的黑陶工匠几乎都是他家的徒子徒孙，所以那道红白花边是村里人给他家做的特殊标识。

爬上孙诺七林家窄窄的木楼梯，只见阳光从狭小的窗口打进来，一位小伙子正盘腿坐在窗下捏泥巴。没有水盘，没有电动马达，就在三块叠起的锥形木盘子上转着捏泥巴，转着转着就捏出一个圆圆的瓶口，然后再用木片把壶口处的泥巴拍平。小伙子是孙诺七林的孙子拉茸初称。与拉茸初称一墙之隔，爷爷和叔叔洛桑恩主正在里间做藏八宝的黑陶壁饰。一样的坐姿，一样的工具。

孙诺七林介绍说，尼西黑陶至今仍然使用世代相传的古老工艺，从采集陶土到陶品的问世大约需要一个月。黑陶的原料位于两公里外，一种是分布于地表之下的红色黏土，另一种为灰白色的粉状土。调和好的陶土需要不断地捏、捶、敲、打使之成形，最后架起松柴点火烧30分钟左右，再于木渣堆里闷上30分钟，黄褐色的泥土就会魔术般地变成黑色。

孙诺七林说，与宜兴紫砂陶、建水紫陶相比，香格里拉黑陶显得有点“土”，但它的价值就在于质朴与纯手工制作。随着时代的发展，拉土、舂泥等辅助工序可以借助拖拉机等机械完成，但塑形等主要制作过程一定要靠手工，这样才能保证黑陶制品的品质。谈及做黑陶的“诀窍”，一旁的洛桑恩主说：“做黑陶最难的是雕花，心静就是诀窍。拍、打、切、削

黑陶烧制技艺传承人孙诺七林

陶泥的时候，心中不能有丝毫杂念，只要一心想着做出最好看的黑陶就行。”洛桑恩主从父亲那里继承了黑陶制作的手艺，已经在作坊里度过了14个春秋，并希望黑陶技艺可以一代代传下去。

据介绍，汤堆村180余户中约有80户从事黑陶制作。该村手工制作的黑陶制品有100多个品种，大部分是生活必需品，如炖煮肉类的土锅、酥油茶壶、土奶瓶等。每年从这里销售出的黑陶制品有2万多件。除了在云南的香格里拉、德钦、丽江，西藏的芒康、左贡和四川的稻城、德荣等藏族聚居区畅销以外，这些黑陶制品在中国其他省市也颇受欢迎，甚至远销国外。

毛纺织及擀制技艺

（藏族牛羊毛编织技艺）

一、项目背景

1.1 流传区域

千百年来，藏民用于装糌粑、牛羊肉、奶制品、酥油、奶渣等饮食与服装生活用品的袋子，大都是用牛羊绒线编织的。其制作过程包含了原料加工、搓毛线、编织等工序。它是藏族人民长期生产生活实践的产物，是藏族人民勤劳智慧的结晶，具有独特的社会价值与民族文化内涵。本档案特指流行于四川甘孜藏族自治州色达县一带的牛羊绒线编织技艺。

1.2 族群简介

康巴地区范围大致相当于现今西藏自治区的昌都地区、那曲地区东部（聂荣、巴青、索县、比如、嘉黎五县）、林芝市东部（察隅、波密、墨脱三县），青海省的玉树州（治多县西部除外），云南省的迪庆州，四川省的甘孜州、阿坝州部分（小金、金川等）及凉山州的木里县。居住于色达境内的藏族主要是康巴藏族。另外，色达地处四川西北部，其北部草原与青

牛羊毛编织技艺

海果洛州的达日县、班玛县接壤，因此其方言也受到果洛州安多藏语较大影响。

1.3　人文环境

色达县是四川省甘孜藏族自治州下辖的一个县，位于甘孜州东北部，地处四川阿坝州、甘孜州、青海省果洛州相交处。东邻阿坝藏羌族自治州壤塘县，北与青海省班玛、达日两县接壤，西、南分别与甘孜州的甘孜、炉霍两县毗邻。面积9 338.98平方公里，辖2镇15乡，134个行政村。总人口36 167人（2002年），其中藏族34 513人，占95.7%。

色达县名由来，经考证，主要因早年曾在色塘发现一马形黄金而得名，故有“金马”之称。色达历史悠久，民族民间宗教文化博大精深，加之是“格萨尔王传”的发祥地之一，以格萨尔文化、寺庙宗教文化为代表的民族民间文化占有极为重要的地位。色尔坝格萨尔藏寨等6个申报项目获批省级重点文物保护单位；“色达藏戏”等两项目编入省级非物质文化遗产代表性项目名录；5人荣获省级优秀文化传承艺人称号；色达县荣获“中国民族民间特色文化艺术之乡”称号。

二、场景内容

2.1　民俗背景

在藏族浩瀚的典籍之中，《智者喜宴》中有这样一个记载，“第六囊囊恶魔统治时，郎当灵当之间发明了蜂蝗石带”。这是藏族史料之中唯一有关远古时期藏族纺织方面的记载。“蜂蝗石带”藏语称“乌朵”，即投石器，也许这就是藏族祖先发明的最初纺织物。通过这一记载，虽然我们无法考证原始纺织物的最初年代，但是可以粗略断定，至少远古藏族祖先已经懂得编织简单的织物。起初，就像现在广大农牧区藏族人能够熟能生巧地编织各种绳索一样，人们用纺锤捻线，手工编织较短的绳索。

新石器时代，我国就已有用棍棒碾轧制毡的工艺。据《新唐书》记载，吐蕃国（位于今青藏高原）也以红毡、霞毡著称，并进贡长安。

远古藏族不仅掌握了饲养动物，同时也掌握了使用动物毛来纺织一些简单的毛织物。在与周边其他民族的交往过程中，受到外来纺织文化的影响，纺织技术逐渐提高，保暖耐用的牛羊毛编制品成为藏民族生产、生活中必不可少的传统纺织用品。缝制衣袍、藏被、睡垫、鞋帽等；用于生产中的牛马驮具、垫具、盛具、包袋；用于游牧区、军事装备中缝制各类大小居住帐房等；色彩绚丽的毛棉织品还成为装点妇女的心爱之物，具有很高的审美、观赏价值。毛纺、棉纺、丝织等纺织工艺极大地促进了本土编织工艺技术的发展。历史上的藏族聚居区，除了农耕和游牧外，其余的生产活动几乎都集中于手工业。民族手工业与农业和畜牧业并列为藏族聚居区历史上的三大传统产业。

2.2 制作技艺

藏民日常用品包括装糌粑、牛羊肉、奶制品、酥油、奶渣等食品所用的袋子，以及地毯、氆氇、卡垫、围裙（邦典）、藏被、服装、藏包、藏靴、鞍辔等生活生产用具，大都是用牛羊绒线编织的。色达县毛绒织品是以牦牛、绵羊、藏山羊等牛羊毛为原料，应用纺织、擀制工艺加工生产而成，既保温防潮，又经久耐用，极具青藏高原特色。其制作过程包含了原料加工、搓毛线、编织等工序。

运用牛羊毛纺织一般都要先经过剪毛、选料、纺锤纺线、织机编织、染色、剪裁、加工等工艺程序。先将羊毛、骆驼毛等用热水浸湿，然后加以挤压，用棍棒碾轧和揉搓等方式使毛绒黏合在一起，形成名为“毡”的无纺织型毛织品。根据用途可分为多个品种，其中包括炕毡、坐垫毡、祈祷毡、内围毡（围于蒙古包等内壁）、外围毡（围于外壁）、彩色毡（以彩色羊毛擀制而成）、绣活（饰以刺绣）、剪刻毡（按毡上彩色图案轮廓剪成立体状）、火炉毡（置于火炉旁）等。毡还可用于缝制挎包、褡裢、杂物袋等，是藏族人民日常生活中不可缺少的必需品。

毛纺织品具有结实耐用、柔软、保暖性能好等优点，特别深受高寒地区的人们青睐。藏族围裙色彩艳丽、风格粗犷明快，绚丽多彩，犹如雨后一道道彩虹。地毯、卡垫柔软细腻，色彩鲜艳，冷暖色在对比中完美和谐，图案纹样丰富。

2.3 传承方式

家庭内部传承，或在一定规模的作坊生产中师徒传承。

"毛纺织及擀制技艺"代表性传承人
冬措（四川甘孜藏族自治州色达县人，国家级非物质文化遗产代表性传承人）

三、价值意义

牛羊毛编织技艺是藏族人民长期生产生活实践的产物，是草原特定生态环境的产物，是藏族人民勤劳智慧的结晶，具有独特的社会价值与民族文化内涵。

四、保护措施

2008年，"毛纺织及擀制技艺（藏族牛羊毛编织技艺）"由四川省甘孜藏族自治州色达县申报，经国务院批准，被列入第二批国家级非物质文化遗产代表性项目名录。

2018年，色达县"藏族牛羊毛编织技艺"入选文化和旅游部、工业和信息化部《第一批国家传统工艺振兴目录》。

藏香制作技艺

一、项目背景

1.1 流传区域

藏香多数用于佛教祭祀活动，亦有少量用于家居的净晦辟邪。其制作工艺流程蕴含着藏文化的精髓。传统藏香的主要原料是柏木，除柏木之外，还需要多种香药，如藏红花、雪莲、甘松、檀香、沉香、丁香等。本档案特指流传于西藏尼木县、墨竹工卡县的藏香制作技艺。

1.2 人文环境

尼木县隶属于西藏自治区拉萨市，地处西藏中南部、雅鲁藏布江中游北岸，位于自治区中南部，距拉萨市147公里，系西藏前、后藏的结合部。西部与日喀则市南木林县相邻，东部与曲水县相接，南部与日喀则市仁布县、山南市浪卡子县相连，北与当雄县接壤。总面积3 275.8平方公里，下辖1镇7乡。境内有吉嘎曲德寺，以及古代西藏造桥专家唐东杰布造的尼木铁索桥等景点。

尼木县属高原温带半干旱季风气候区，四季分明，夏季雨水集中，辐射强，年日照时数2 947.8小时。年均温度6.7℃，1月均温- 40℃，7 月均温15.0℃，年降水量295.3毫米，无霜期为100 天。优越的地理气候条件，孕育了境内众多中药材，为尼木藏香的制作提供了必备的原料。尼木县的藏香（吞巴藏香）制作历史悠久，以其在制作过程中不伤害生物和独特的原料配方而深受广大群众喜爱。尼木县是西藏著名的藏香源产地之一。

墨竹工卡县隶属于西藏自治区拉萨市，藏语意为“墨竹色青龙王居住的中间白地”，东邻林芝地区工布江达县，南接山南地区桑日县、乃东县、扎囊县，西毗达孜县、林周县，北连嘉黎县。县辖1镇15乡，149个村民委员会。境内山川相同，河谷环绕，草原广布，地势呈东高西低，平均海拔4 000米以上。墨竹工卡县有松赞干布出生地甲玛景区、距今850多年历史的白教代表直孔梯寺等人文景观，有德仲温泉、日多温泉、思金神湖等享誉区内外的自然景观。

藏香制作技艺

墨竹工卡县的“直贡梯藏香”制作是一种历史悠久、地方特色明显、拥有古老技艺和制作工具的传统文化，其原始配方蕴含着一段凝厚的历史和文化积淀。

二、场景内容

2.1 民俗背景

相传藏香系公元7世纪时由松赞干布的七贤臣之一的吞米·桑布扎所创，距今已有1 300多年的历史。藏王松赞干布虔信佛教。为供奉从长安和尼泊尔请来的两尊释迦牟尼生前亲自开光的佛祖12岁和8岁等身佛像，松赞干布责成大臣吞米·桑布扎研制供佛之香。吞米·桑布扎以藏医学为指导，精心研制出了手工水磨制香技艺。从此藏香开始在各地流传。

尼木藏香被誉为“雪域第一藏香”。藏王松赞干布曾派出16名青年才俊到印度学习佛法。然而，15人客死他乡，只有吞米·桑布扎学成归来。吞米·桑布扎发明藏文后，对从印度所学熏香技术进行改进，发明了藏香，并教会藏民水磨制香。1 300年来，吞巴人一直采用水磨磨制木浆制作藏香，形成一条数公里长的水磨长廊。尼木县吞巴乡吞达村几乎每家每户都在生产藏香，从村子中间穿过的吞曲河上分布着大大小小250多座用于研磨藏香原料的水磨。

2.2 制作技艺

藏香以柏木、榆树皮为原料水磨加工而成。颜色为土黄色、黑色、红色，形状分为条状、塔状及粉末状。因其不同的配方形成了各具特色的香味和功效，能祛除异味、净化空气、提神醒脑、益气养神、驱虫驱蚊、杀菌抗病毒、预防感冒多种功效，社会知名度和认可度高。

由于藏香最主要的用途是用在宗教礼仪上，因此在制作过程中要求一切都要以圣洁为主，否则会被视为是对神灵的不敬。传统的藏香原材料繁多而复杂，一般是柏树树干为主料，再以藏红花、麝香、白檀香、红檀香、紫檀香、沉香、豆蔻、穿山甲、甘菘、冰片等几十种香料按适当比例配合主料搓揉而成。

藏香的制作工艺大体分为4道。第一道工序是先把柏树树干锯成若干小段，去皮。把去皮的柏树段中间打孔，再用一个木楔子紧紧地插上，然后把木段挂在水车的摇臂上，在水车的带动下，这些木段昼夜不停地在铺着石板的槽中摩擦，直到全部磨成木泥。在这个过程中，要不时地往槽里加水，不让已经磨成的粉末随风吹散。第二道工序是把已经磨好的柏树沫和各种香料一起搓揉。香料通常是以几十种藏药合制而成，不同的香料有不同的味道和颜色。第三道工序是成形流程，把混着各种香料的木泥放入牛角，再挤出来。这是制作藏香一道很关键的程序，要求成形的藏香成笔直的线条状。最后一道程序是晾晒。晾晒过程相当重要，不能长时间暴晒，只能在阳光充足但温度不高的地方摆放。这是由于藏香原料的配制过程中，水的比例较少，这样能够使香料香味更纯正，经过两三天的晾晒程序便可以包装出售了。

气味呈现出幽婉、厚醇、清扬、高亢、触鼻清香、悠扬、甘甜的脂木香。藏香的外形和理化指标是：线香长度小于等于50厘米，直径小于等于4毫米；塔香高度小于等于5厘米，直径小于等于1厘米。成品藏香必须含有柏木醇、2-莰酮、丁香酚、无羁萜、表木栓醇成分。产品安全及其他质量技术要求必须符合国家相关规定。

2.3 传承方式

藏香制作的传统技艺历史上主要是家族传承或小作坊传承。今天，西藏已经形成了规模化的藏香文化产业。

"尼木藏香"代表性传承人
旦增曲扎（西藏自治区尼木县人，国家级非物质文化遗产代表性传承人）
次仁平措（西藏自治区墨竹工卡县人，国家级非物质文化遗产代表性传承人）

三、社会影响

藏香具有祛病除灾、养神益智、清洁空气、杀菌消毒、促进人体新陈代谢、增强免疫功能、驱虫、预防流行性疾病等功效，历史上主要供高僧大德供佛礼拜时燃点，使用范围极其有限。藏香作为藏族传统的手工艺品，也是藏传佛教重要的文化载体之一。现在，藏香已经推广到大面积的民用领域，全国各地乃至全世界都有藏香消费。2013年，尼木藏香的销售总额是600多万，占县生产总值的15%，平均每户制作藏香人家的人均收入为3至4万元。直贡梯藏香也远销各地。

四、保护措施

2014年12月，原国家质检总局批准对"尼木藏香"实施地理标志产品保护。

2008年，"藏香制作技艺"由西藏自治区尼木县、墨竹工卡县申报，经国务院批准，被列入第二批国家级非物质文化遗产代表性项目名录。

晒盐技艺

（井盐晒制技艺）

一、项目背景

1.1 流传区域

西藏自治区的盐井盐田位于昌都地区芒康县的纳西乡和曲孜卡乡，这里的盐业生产有着悠久的历史。据考证，当地在唐代就已开始晒盐。盐井晒盐是最原始的盐业生产方式，目前在我国乃至全世界都是独一无二的。纳西乡和曲孜卡乡的井盐晒制现仍沿袭传统方式。盐民用木制水桶从澜沧江边的盐卤水井中背上卤水，倒在各自的卤池中风干浓缩，再倒入盐田里风干结晶成盐。这种以传统方式进行的盐业生产，其生产工具和工艺都显得极为原始。

1.2 人文环境

芒康县位于藏东横断山脉腹地，东与四川省的巴塘县隔江相望，南与云南省德庆县毗邻，北、西分别与西藏昌都市贡觉县、察雅县、左贡县相连，处于川、滇、藏三省区交界处。平均海拔4 317米，芒康县总面积11 431平方公里，辖2镇14乡（含一个民族乡）。据第五次全国人口普查，芒康县总人口73 155人，其中藏族占98%。

芒康藏语意为“善妙地域”。独特的藏文化和非物质文化遗产又给这道风景线增添了神秘诱人的魅力。这里的藏族人和纳西族人和谐相处。藏传佛教的白塔、经幡与天主教堂上巨大的十字架在高原明媚的阳光下交相辉映着。主要旅游景点有茶马古道、芒康滇金丝猴自然保护区、莽错风景区和尼果寺等。素有“一山有四季，十里不同天”之称的芒康，自古就是西藏的东南大门，茶马古道进入西藏的第一站。

二、场景内容

2.1 民俗背景

芒康是“茶马古道”由四川进入西藏的第一站，历史上曾为茶马古道的食盐运输做出过重要贡献。据考证，当地在唐代就已开始晒盐。与丝绸之路齐名的茶马古道始于唐朝，兴盛于明清，是藏汉政治、经济、文化交流的重要途径之一。

芒康有一样东西是历经千年、迄今一直行走在这条古道上不变的主题，那就是盐。盐和糌粑、酥油、茶一样，不可或缺，而芒康生产的盐，一直是当地农牧民群众的生活必需品。河边急剧升高的层层建筑，好似雪白晶莹的梯田一般，这就是盐井古盐田。盐井古盐田是世界级的古文化极品。独一无二的原始晒盐方式和当地特殊的自然环境形成了一处自然与人文融为一体的世界级奇观，是藏民族和纳西民族值得骄傲的文化遗产。

早在西藏吐蕃王朝之前，朵岗六岗之中，芒康岗就以产食盐而名扬天下。“沧江水灏淼，中蕴泻盐水。未识通咸海，翻来喷大川。野云低霭护，修绠汲兰田。天意怜民苦，随风共日煎。”晚清诗人刘廷赞在《盐井民国志》中对昌都芒康县盐井古盐田进行了这样的描写。盐井藏语为“察卡洛”，“察”为盐，“察卡洛”意思为生产盐的地方。在食盐匮乏的年代，因为食盐之争还引发过一场持久的战争，史称“羌岭之战”。传说当年藏民族英雄“岭格萨尔王”与当地的纳西

芒康古盐田（芒康县供图）

王“羌巴”为争夺盐井食盐展开激烈战斗，“岭格萨尔王”最终战胜“羌巴”，占有了盐田，并活捉了纳西王儿子益拉托久。到了吐蕃王朝后期，益拉托久又成了格萨尔王麾下的纳西大臣，格萨尔王又将盐井和盐田赐给益拉托久。

在千百年的沧桑岁月里，盐井记录了盐民的辛酸和艰辛，也见证了时代的发展和变迁……

2.2 制作技艺

所谓古盐田，其实是在澜沧江边搭建的一些土木结构的平台，这些平台遍布在背靠和面对达美拥雪山的纳西民族乡和曲孜卡乡境内，澜沧江东西两岸，平台上以细碎的草本植物垫底，然后再铺上一层旧盐田里的泥土、细沙、草木屑等，用白色、紫色黏土把台面抹平、压实，做上围堰，形成一个平整砚台式晒盐池，即小块盐田。盐田大的不超过10平方米，小的仅有1~2平方米，一排排、一层层从江边一直架到三四百米的山腰上。盐田在澜沧江边上重叠建设，形成了现存美轮美奂的古盐田景观。

现今的古盐田由三部分组成，包括西同卡古盐田遗存、加达古盐田、色曲龙雅卡古盐田。西同卡古盐田遗存隶属纳西乡纳西村，位于澜沧江东岸，最上层距江边约120米，高出江面70~100米，总面积3万平方米；加达古盐田隶属纳西乡加达村，位于澜沧江西岸，最上层距江边约95米，高出江面30米左右，总面积3.5万平方米；色曲龙雅卡古盐田隶属纳西乡上盐井村，位于澜沧江中岸东部，南北长约445米，东西宽约95米，总面积3.5万平方米。

盐井目前有两个乡生产盐，即纳西民族乡、曲孜卡乡。芒康出产的盐又叫糌粑盐，是打酥油茶的必备之品。目前盐井从事盐业生产的有371户，3 270多块古盐田，占地面积约12 908平方米，古盐田海拔2 271~2 325米。盐井的盐业生产处于原始的生产方式，生产力水平低下，产量不高，年总产量约2 000吨。由于地质、土壤等条件差异，盐井生产的盐以澜沧江为界，差别甚大，江东的纳西、上盐井出产白盐又称雪花盐，江西加达、曲孜卡出产红盐又称桃花盐。由于生产出来的盐颜色不同，因此又分别被称为白盐井和红盐井。红盐产量高但价格低，白盐产量小、精细，价格略高于红盐。

盐井盐业生产的晒盐方式属于天然风干。在澜沧江西岸有一处处的泉眼，这些泉眼流出来的就是卤水，盐井的盐泉资源极为丰富，较集中于上盐井、下盐井、加达村三处，共有泉眼83个，日流量为140~2 288立方米。盐民在泉眼处垒石固水，就形成了盐水井，有的盐水井深达11米。顺着小道下坡，盐民背着圆柱形木桶，通过陡峭的梯子，进入盐水井中提取卤水；然后背到各自家中的卤水池或盐田的槽沟中储存起来，需要的时候从中舀出，倒在各自的卤池中风干浓缩。卤水经过暴晒，结晶成盐。春夏风高日烈，晒盐一次只需要两天；秋冬日薄风寒，晒盐则需要4~5天。晒好后，盐民们便用刮刀把盐粒刮出扫在一起，沥干后就可以出售了。先刮出的盐洁白干净，供人食用，后刮的盐泥土较多，供牲畜食用。每块盐田产盐十几斤，桃花盛开的季节是盐产量最高、质量最好的时段，价格也比平常高。这个时期产出的盐，人们称为“桃花盐”。

2.3 传承方式

盐井古盐田已有千年的历史，盐井的盐是风和太阳的礼物。当地盐民的晒盐技艺是特定空间条件下的家族世代传承方式。

“晒盐技艺”代表性传承人
卓玛央宗（西藏芒康县纳西乡人，国家级非物质文化遗产代表性传承人）

卓玛央宗家是世代相传的纯盐民，在盐井较为有名。她从小耳濡目染随长辈晒制井盐，盐田中遍布了她的足迹。12岁开始，她在父母的带领下，学习制盐技艺，很快就在当地有了一点名气。随着时间及年龄的增长，她的制盐技艺得到了当地群众的一致认可，制盐水平高超，成了有名的制盐人。

三、社会影响

芒康井盐制作是人类文明史上的一大奇观，独特而原始的晒盐技艺中凝结着当地群众的心血和智慧。盐业的兴盛促进了芒康的发展，使之成为西藏东南部对外政治、经济、文化交流的重要窗口。芒康井盐的销路比较广，除销往西藏昌都的贡觉县、察雅县、左贡县、八宿县，林芝的察隅县外，还销往四川的巴塘县、理塘县、康定县，云南的德钦县、香格里拉县、维西县等地。

四、保护措施

2003年，芒康县成立了盐井古盐田芒康县县级文物保护单位，纳西民族乡成立了文物保护工作领导小组，按照《中华人民共和国文物保护法》的相关规定对其进行保护，对立柱和晒盐场地进行了加固，将有风险的古盐田搬迁到了不易被洪水淹没的地方。

2008年，“晒盐技艺·井盐晒制技艺”由西藏自治区芒康县申报，经国务院批准，被列入第二批国家级非物质文化遗产代表性项目名录。

2012年，在国家文物局公布的最新《中国世界文化遗产预备名单》中，芒康盐井古盐田名列其中。

2013年5月，芒康盐井古盐田被国家列为第七批国家重点保护单位。

藏族碉楼营造技艺

一、项目背景

1.1　流传区域

藏族碉楼是由藏族先民用石头建造的具有军事防御功能的方形建筑物。一般高三四层，最高的碉楼有三四十米。在高层有窗孔，方便遇外敌入侵时观察防御。随着时间的逝去，如今碉楼已经成为古迹。从地理上看，藏族碉楼民居在国内的分布集中在川西北的羌藏少数民族地区，尤以四川丹巴县嘉绒藏族碉楼、青海班玛县藏族碉楼群最为典型。

藏族碉楼营造技艺（丹巴县供图）

1.2 人文环境

丹巴县位于四川甘孜藏族自治州东部，是甘孜州的东大门，东与阿坝州小金县接壤，南和东南与康定县交界，西与道孚县毗邻，北和东北与阿坝州金川县相连。丹巴县地势西高东低，海拔1 700~5 521米，县城位于大渡河畔的章谷镇。丹巴县辖区面积5 649平方公里，辖14乡1镇、2个街道，总人口60 279人（2011年），主要为藏族。

丹巴素有“千碉之国”“美人谷”之称，是嘉绒文化的发祥地之一，民族文化悠久，有国内独有、世界罕见的中路、梭坡古碉群；有天人合一、具有浓烈的民族风格的嘉绒藏族民居；有新石器时代古石棺群、土司官寨；有鲜明的民族特色、文化底蕴极其深厚、内涵丰富的嘉绒民族风情；有不同旋律、不同情调、不同寓意的锅庄，嘉绒藏戏，嘉绒藏族多姿多彩的服饰，精彩的弓箭舞及赛马等传统文体活动；有顶毪衫和抢头帕等颇为独特的丹巴嘉绒藏族婚恋习俗，还有特色浓厚的传统婚礼和丧葬习俗。

班玛县属青海果洛藏族自治州辖县，位于州境东南部，东、南部与四川省接壤。面积6 376平方公里，辖8乡1镇。人口2.7万人（2007年），以藏族为主，占总人口的95%以上。

果洛藏族自治州班玛县灯塔乡东北面3公里玛柯河北岸第二台地上，分布着加卜着藏式古建筑群。这种藏式建筑在玛柯河流域较为常见，分布都较为零散，但在加卜着村却比较集中。班玛藏族碉楼群是中国保存最完好的藏族碉楼群落之一。碉楼分为石碉、木碉、混合碉三种，其中石碉最有特色。

二、场景内容

2.1 民俗背景

四川丹巴县古碉堡楼群历史悠久，是嘉绒藏族先民的建筑艺术杰作。

丹巴县是中国乃至世界古碉堡楼数量最多、最集中、类型最全的地方。这里古碉堡楼的历史最早可追溯到秦汉时期。隋唐以后，古碉堡楼在丹巴西部和整个藏东地区大为盛行，并传沿不绝。据2004年统计，丹巴全县现存古碉堡楼 562座。

青海班玛藏族碉楼，藏语称为“夸日”，其历史至少可以追溯到800多年前，主要分布在灯塔乡的班前、科培、格日则等村。其中仅班前村内就有碉楼近百座，大多有300年以上的历史。20世纪之前，班玛曾经是中国西南地区茶马古道上的重镇之一，从其县府所在地赛来塘到西藏的商路，历史上曾被称为“赛西古道”。来往的商贾，为班玛带来财富的同时，也将四川、甘肃、西藏多地藏族、汉族、彝族等民族的建筑风格带到这里，使班玛碉楼既博采众长，又独具特色。

2.2 营造技艺

丹巴古碉堡楼建筑形式多样，有四角、五角、八角、十三角等类型，而以四角楼最为常见。整个建筑角如刀锋，端正笔直，墙体光滑，墙壁厚实牢固，虽年代久远，仍拔地屹立。以丹巴古碉堡楼为代表的藏族砌石建筑传统技艺被称为“叠石技艺”，它能自然运用建筑力学原理，用天然石材砌筑造型优美、结构坚实的碉堡楼，显示出很强的地域特色。这种建筑技艺中，反手砌筑技术十分发达，引人注目。

丹巴山区的碉房，一般依山而建，多为三层：一层关拦牲畜，二层当卧室、厨房和储藏室，三层设经堂。平顶用来晾晒谷物，屋顶插经幡。房屋旁一般有转经筒。室内一般都供有神龛、经书。通常不用床铺和桌椅，睡卧和坐都在垫子上。高级住宅，在主要入口处或主要房间外侧设置一层或数层高的敞廊。封闭的碉房，开敞的廊檐，都很有民族特色。

加卜着藏式古建筑群位于果洛藏族自治州班玛县灯塔乡东北面3公里玛柯河北岸第二台地上。有21户藏式古建筑组成，占地面积1.8万平方米。这些民居距今有大约300多年的历史。长期的战争以及部落之间的争斗，使得班玛境内特别是玛柯河流域建起了大量的以居住和防御为主的藏族民居。

加卜着藏式民居建筑颇具特色，它们一般都建在高的台地上或山顶上，建筑材质则以石块为主，木料为辅。石砌高墙，易守难攻，以保平安。下层圈养牲畜，建筑整体高约10米，屋面多为平顶，墙体石、木交错，隙间夹杂黄土。一层畜棚为四梁八柱。各楼层由独木梯衔接。独木梯由整根原木做成，一面砍平便于平稳，另一面凿出梯槽。这种梯子既可以随意挪动，又可防止不速来客。二层主要由居室、堂屋、厨房、走廊组成，房与房之间用横木墙体隔开，外墙留有窗户和烟道。烟道口一般为三角形，高20厘米，宽10厘米，留于后墙。窗户建于侧墙，其形内大外小、长方形。窗口外沿高30厘米、宽20厘米，内沿高40厘米、宽30厘米。其用途有两方面：一是采光，二是防御。房屋外沿由柳条编制篱笆墙隔出走廊，廊宽1米，并在拐角处设有厕所。三层为经堂及库房，外墙设有瞭望口。墙体、门窗、天棚、独木梯均为本色，不刷油漆。外墙全用石片砌成，按照类似榫卯的结构，大小相扣、横竖交错，使墙体受力均匀，不易裂缝、倾斜。直波碉楼，藏语意为“峡谷口上的官寨”，分南北两座，依山势而建，南碉在村内，北碉在村北山脊上。两碉相距50米左右。直波碉楼高43米，楼外呈八角形，内呈圆形，向上收分，用石砌筑。两座碉楼棱角分明，墙体平整如削。八角碉楼距今已300多年，主要是战时用来通信和防御。

2.3 传承方式

藏族碉楼是特殊历史背景下和特殊地理环境中族群集体劳作的产物，族群中的工艺技师是碉楼营造技艺的传承者，因此，其方式主要是师徒传承。

“藏族碉楼营造技艺”代表性传承人
果洛折求（青海果洛州班玛县人，国家级非物质文化遗产代表性传承人）
其米巴丹（四川甘孜州丹巴县中路乡人，省级非物质文化遗产代表性传承人）

三、价值意义

丹巴现存的藏族碉楼营造技艺是该地区藏族历史文化的活化石，具有无与伦比的历史、文化、科学研究价值。班玛碉楼建造时由藏族专业的石匠修建，由于该建筑群稀少罕见，因此在研究古代藏族群体生活习性和藏式建筑工艺方面具有很高的艺术价值。直波碉楼形态完美，与周围的环境协调，融入了建造者的审美观念和精湛的技艺，具有很高的历史、民族学及建筑技术与科学价值。

四、保护措施

2008年，“藏族碉楼营造技艺”分别由四川省丹巴县、青海省班玛县申报，经国务院批准，被列入第二批国家级非物质文化遗产代表性项目名录。

2018年，四川省丹巴县“藏族碉楼营造技艺”入选文化和旅游部、工业和信息化部《第一批国家传统工艺振兴目录》。

藏族金属锻造技艺

（锻铜技艺、藏刀锻制技艺）

一、项目背景

1.1 流传区域

藏族金属锻造技艺所生产的产品种类很多，主要有佛像、各种法器（如转轮、密宗金刚杵）、香炉等，而尤以藏族刀具最为著名，也最为常见。本档案特指流行于四川甘孜州白玉县，西藏日喀则市南木林县、拉孜县，青海玉树市藏族自治州的“金属锻造技艺”。

1.2 人文环境

藏族锻铜技艺主要流布于西藏自治区的南木林县，因藏族锻铜技艺在该县的扎西吉彩村而扬名。南木林县隶属于西藏自治区日喀则市，地处西藏自治区中南部，日喀则市东北部，雅鲁藏布江中上游北岸。南木林县东与尼木县交界，西与谢通门县相邻，北与申扎、班嘎两县接壤，东南与仁布县毗邻，南与日喀则市隔江相望。总面积8 848平方公里，总人口76 235人（2013年年底），主要为藏族。

白玉县以金属手工艺闻名遐迩，有“手工艺之乡”的美誉。当地生产的藏刀人称“白玉藏刀”，一直为广大藏民所喜爱。白玉县藏刀生产较为集中，主要分布于河坡、热加两乡。白玉县隶属四川省甘孜藏族自治州，地处青藏高原向云贵高原的过渡地带，属横断山脉北段，金沙江上游东岸。东与新龙县接壤，南与巴塘、理塘两县毗邻，西隔金沙江与西藏贡觉、江达县相望，北与甘孜县、德格县交界。辖区面积10 591平方公里，辖1镇16乡共156个行政村，总人口5.7万人，藏族人口占90%以上。

西藏自治区拉孜县的藏刀主要产于拉孜雪村，人称“拉孜雪刀”，至今已有1000多年的历史。拉孜藏刀指的是西藏日喀则拉孜县孜龙乡出产的手工藏刀，也叫“孜龙藏刀”。拉孜县位于西藏自治区西南部，日喀则市中部，念青唐古拉山最西部。东连萨迦县，西南接定日县，西靠昂仁县，北邻谢通门县。总面积4 505平方公里。拉孜县下辖9乡2镇（105个自然村），总人口52 616人（2011年），以藏族为主。

青海省玉树藏族自治州玉树市安冲乡藏刀以造型精美、性能良好而闻名，它以金、银、铜等金属为主要制作材料，以牛角、牛骨为装饰材料。安冲藏刀不仅闻名于青海、西藏和四川、甘肃等地区，还驰誉世界，被国内外游客视为不可多得的宝物并悉心珍藏。玉树市地处青海省东南部，为玉树藏族自治州州府所在地。总面积1.57万平方公里，平均海拔4 493.4米，全市辖4个街道办事处2镇5乡，62个村牧委员会，259个生产合作社，16个社区。2016年，全市总人口111 352人，以藏族为主。

二、场景内容

2.1 民俗背景

西藏日喀则市扎西吉彩村的金银铜器加工，据考证系七世班禅丹白尼玛（1780—1854年）从尼泊尔请进金银匠，在“陆定”（现在扎西吉彩南边）建立加工场地，专门组织加工寺庙用品，传承至今。

白玉县藏刀生产的历史悠久，最早可追溯到公元7世纪唐代初期，至今已有1 300多年的历史。宋代，岭·格萨尔王时期，河坡的金属手工产业以生产兵器为主，有“格萨尔兵器库”之称。

金属手工技艺制造生活用品

元明清三代以来，在甘孜呷拖寺的建造过程中，汉藏民间工艺文化互相交流，使河坡乡金属手工技艺得到很大的发展，并从制作传统兵器转为制造生活用品。

2.2 锻造技艺

锻铜是一种区别于铸铜的工艺，是在铜板上进行创作，利用铜板加热后质地软，锤打后又恢复坚硬的特性，重复这一过程，最终制作出艺术成品。例如，制作一个银碗一般要经过六七道工序，其中最关键的一道就是洗银、镀银。首先要将白铜碗表面的氧化物清洗掉，然后再利用一种特殊的药水将白银直接镀在洗好的白铜碗上。锻铜主要用于铸造佛像，技艺精湛，手法洗练，艺术风格独特，显示出南木林地区手工技艺的优秀传统。整个锻铜生产过程步骤繁多，制作严谨，所用材料的质地不同，工序也不尽相同。

锻造材料以紫铜、黄铜、白铜为主，有时也采用金、银等。但很少选择青铜和铁，因为这类材料质硬且脆，缺乏延展性，不利于塑造、锻制。金属材料使用前先要放在胶泥做成的坩埚中熔炼，自然冷却成金属铸块后再锻成金属板。而后经由焊接造像、镏金、磨光、上红等环节，最终锻铸出庄严曼妙的佛像。例如，吉祥八宝、曼陀罗、妙翅鸟、龙、凤、雄狮等等也都是寓意美好的常用的纹饰，无不显示出本地能工巧匠的娴熟技艺和极其丰富的实践经验，同时也体现出了藏族金属工艺美术的璀璨绚丽。

藏族金属锻制工艺手工制作金银铜器有两个关键的步骤，主要是“雕刻”和“敲打”，这些物品上的图案都要先用铅笔进行勾勒，再按照铅笔画的线条雕刻出来。手工制作的亮点也在于此，图案精美、传神却不是千篇一律。“敲打”也并非一件易事，在器具成形的过程中，“敲打”时要求工匠力度适当，并且一直保持这个力度不停地敲打，所以需要在此过程中做到心无旁骛，以免影响制作。就在这一锤一敲打的过程中，一件件精美的器具便诞生了。

藏族腰刀刀面净光，刀刃锋利无比；刀把（柄）用牛角、硬木（如枣木）制成，并缠以铜丝、银丝；顶端箍铜皮，并镶以黄铜或錾刻图案。刀鞘也十分讲究，上刻龙凤、虎狮、花卉鸟禽等图案，有的还缀以宝石和玛瑙，风格华贵富丽。

白玉县河坡乡的金属手工艺品主要可分五类，而以藏刀为主。藏刀主要包括男式长腰刀、中长腰刀、吊刀，女式吊刀、刺刀、格萨尔刀等。除藏刀外，还生产马具（马鞍、马镫等）、佛具（酥油灯、净水碗、净水瓶等）、生活用具（银碗等）和饰品（打火链、耳环、头花、腰带、项链等）等。锻造一把完整的白玉藏刀至少需要15天的时间。刀鞘材料一般使用黄、白铜或纯银，镶珠嵌宝，正面雕龙画凤，背面线刻卷草，佩在身上，既美观又十分具有威慑力。在阳光下，复合锻造的刀身会呈现出银光粼粼、光彩夺目的质感，刀刃经过动物尿液和脂肪淬火后坚硬无比、异常锋利。白玉藏刀突出的錾花工艺表现在对虎、狮、鹏、龙、鹞鹰和卷草纹的精雕细刻中，虎的吼叫，狮的回首遥望，龙的盘旋、鹞鹰的展翅，鹏的高飞，卷草纹的圆润舒展，各式各样生动的艺术造型激情飞扬，保留民族特色的同时又充满了想象力。白玉藏族人热情奔放的性格可见一斑。

拉孜地区锻制的藏刀有长刀、短刀和小刀三种。长刀最长可达一米，短刀长约40厘米，小刀仅长十几厘米。藏刀的一般制作工艺由冶炼、模具翻铸、敲抠大形、刻花镶嵌、焊接组合、加固、锉磨整形、精雕细刻及抛光等环节组成。拉孜藏刀系以钢材锻制而成，加工精细，刀面净光，刀刃锋利。刀把以牛角或木料制成，缠以银丝或铜丝。高档的刀把顶端包镶铜皮，有的还镶以银饰。刀鞘也十分考究，往往包银或包铜，并錾刻花卉、动物图案，甚至还会镶嵌珠宝或镀金，显得华丽异常。拉孜藏刀最大的特点是钢刃特别好、工序多，做好一把拉孜藏刀起码有20多道工序。它的钢口经过千锤百炼，经久耐用；其次是刀鞘完全由手工制作，雕工精美；再配以优雅修长的整体造型，完全可以称得上是一件极具西藏民族特色的完美手工艺术品。刀刃锋利和雕刻精美是拉孜藏刀的硬性指标。此外，拉孜藏刀在刀刃与刀把的结合处会有精致的包铁外延，血槽也比较规整。比起一般的藏刀，拉孜藏刀的血槽的线条感更为流畅舒展。

玉树安冲藏刀分男式和女式两种。在造型上，女式藏刀大多呈月牙形，做工玲珑细致，造型美观，刀鞘上錾刻龙凤、花卉、佛教八宝中的法轮等图案，并镶嵌有珊瑚、绿松石、玛瑙等。男式安冲藏刀造型与普通刀相同，镀金镶银，刀刃如霜，锋利无比。藏族人民称之为“三用刀”，意指此刀一可用于割食牛羊肉，二可用于抵御野兽和防身，三可用于腰间佩饰，增添英豪之气。

玉树安冲藏刀的特点，在于它那华丽的外观镶饰。玉树刀无论男刀女刀，皆用丰富的材料通体交叉彩饰。男刀外观造型笔直。柄尾多为朵云形。鞘首多为圆形或椭圆形，而且宽出鞘体数毫米，看去就像一个小小的盾牌。其外部镶饰材料主要有金属叶片、金属丝、鲨鱼皮、宝珠等。在工艺技法的运用上，金属叶片有镂空二方连续图案，浮雕适合图案，以及用不同色泽的叶片拼制图案等。金属丝多用于叠压或拼凑纹样。宝石则直接嵌入高高的金属基座上。纹样表现题材有龙、凤、花草、法轮、宝瓶和几何形图案等。在纹样及其他饰物的布局上，刀鞘主纹龙凤纹及鲨鱼皮常以大块面表现，其余则作局部点缀。玉树女式藏刀很有特点，整个刀身从侧面看略呈弯形，首尾两侧是对称平弯的菱形，正面镶有等距对称宝石，刀片也略呈弯形，与刀鞘相吻合，工艺装饰味极浓。男刀多在柄尾金属饰物中部嵌一颗珊瑚珠，异常醒目。同时，藏家艺人利用白银、紫铜、黄铜三种不同色泽的金属材料交叉镶饰，相互衬托，也在很大程度上增强了装饰效果。

2.3　传承方式

格萨尔王时期的图腾有鹏、龙、狮、虎、象、鹞鹰、雕、狼等，还有吉祥八宝纹、七珍宝等藏传佛教纹样。千年的时代流转，这些纹样在他们铸造金属制品的过程中早已深深地烙印在心中，代代相传。千百年来，藏族人民以不同规模的手工作坊生产出各种金属制品，其技艺传承主要是师傅口传心授，徒弟操作实践的经验传承方式。其工艺也存在于个别的文字传承记载中。

“藏族金属锻造技艺”代表性传承人
拉琼（西藏自治区日喀则人，国家级非物质文化遗产代表性传承人）
次旦旺加（西藏自治区拉孜县人，国家级非物质文化遗产代表性传承人）
列旦（西藏自治区南木林县人，国家级非物质文化遗产代表性传承人）
俄色呷玛（四川省白玉县人，国家级非物质文化遗产代表性传承人）
尕玛代青（青海省玉树藏族自治州人，国家级非物质文化遗产代表性传承人）
龙多然杰（青海省玉树藏族自治州人，国家级非物质文化遗产代表性传承人）

三、社会影响

藏族金属锻造技艺历史悠久，风格独特，工艺精湛，其传统产品与藏族人民的生产、生活和宗教信仰紧密联系在一起，具有鲜明的民族性和地域性。藏刀既是藏族人民生活的必需品，又是著名的藏族手工艺品，深受艺术收藏家、鉴赏家喜爱。藏刀具有生产、生活、自卫、装饰等功能，是藏族众多工艺品中最具代表性的品种，更是藏族文化的重要组成部分。

四、保护措施

2008年，“藏族金属锻造技艺”（藏族锻铜技艺、扎西吉彩金银锻铜技艺、藏刀锻制技艺）分别由四川白玉县，西藏拉孜县、南木林县，青海玉树州申报，2011年，由西藏自治区日喀则地区申报，经国务院批准，被列入第二批、第三批国家级非物质文化遗产代表性项目名录。

藏族矿植物颜料制作技艺

一、项目背景

1.1 流传区域

在西藏，制作和应用矿植物绘画颜料已有2 000多年的悠久历史。自古以来，藏族绘画所用颜料都是从雪域高原本地的矿植物中提取。藏传绘画颜料依靠其特有的千年不变的性能，绘制的作品遍及以布达拉宫、古格王朝遗址等为代表的西藏全境的寺庙、古建筑，虽经千年风吹日晒和岁月的侵蚀，却仍能完好保存。

1.2 民族简介

藏族的主体是古代的吐蕃人，公元633年松赞干布在拉萨建立了吐蕃王朝，在其后不断的征战中融合了古羌集团中的苏毗、羊同、白兰、党项、附国和古鲜卑集团的吐谷浑以及部分汉族，形成了今天的藏族。

藏族矿植物颜料

1.3 人文环境

西藏自治区位于中华人民共和国西南边陲，是中国五个少数民族自治区之一。

西藏自治区已发现101种矿产资源，查明矿产资源储量的有41种，勘查矿床100余处，发现矿点2 000余处，已开发利用的矿种有22种。青藏高原被称为“世界屋脊”，被视为南极、北极之外的“地球第三极”。西藏地形复杂多样，有高峻逶迤的山脉、陡峭深彻的沟峡以及冰川、裸石、戈壁等多种地貌类型；地貌大致可分为喜马拉雅山区、藏南谷地、藏北高原和藏东高山峡谷区。西藏境内草地土壤归属于8个土类，林业土壤归属于10个大类，土壤类别的多样性、地理环境的复杂性和海拔落差大的情况决定了西藏植物种类的独特性和多样性。藏传矿植物绘画颜料的加工技术主要分布在拉萨、日喀则、昌都、山南等地。

二、场景内容

2.1 民俗背景

自人类出现以来，矿物颜料就与人类相伴至今。人类最早用来绘制壁画的是矿物颜料，在中国已发现的最早利用天然色彩的例子可追溯到旧石器时代晚期。藏族矿植物颜料制作技艺起源于唐卡绘制，唐卡的早期绘画内容主要是释迦牟尼佛像。唐卡的色彩绘画艺术的首要特征是鲜艳夺目、端庄大方，是佛教绘画艺术中的工笔重彩，最具民族特色，颜料全部由画师自己加工制作，并且大部分取自自然。

2.2 制作技艺

藏传矿植物颜料色彩艳丽厚重，不褪色；植物颜料色泽纯正，耐光耐热，适用于寺庙的壁画、佛像和庙宇、房屋装饰，尤其适合长期暴露在外的房屋图案装饰，在西藏占有极其重要的地位。矿植物颜料作为最基本的原料，其永不蜕变的色彩与矿物颜料的特性是密不可分的。由于这些颜料矿物是在一定的地质环境下形成的，并具有较稳定的物理、化学性质，因此用这些矿物颜料所绘的各种画，其颜色能保持经久不变。

矿石类有：白土、红土、南碱、朱砂、蓝靛石、水银、硼砂、寒水石、石膏、土矾、砒石、雄黄、铁砂、方解石、食盐、紫铜矿石、硫黄、黄铜矿石及铜氧化物，以及金、银、玳瑁石、猫眼石、胭脂、墨锭等；植物类有：野菊花、绿绒蒿、高山蓼、牛膀子、黄花、飞燕草、报春花、扁豆花、避阳草、青莲花、油松、樱桃果等；药材类有：黄连、松香、松脂、藏红花、杜仲、龙胆、姜黄及一些海藻类寄生物；还有动物类：海螺、珍珠、龙骨、玳瑁、珊瑚等。这些矿石和动植物颜料的炮制和提取，手续繁杂，程序较多，还要念咒诵经来增加整幅作品的加持力。但就是这种色彩原料，造就了唐卡艺术的生命和辉煌，使它的色泽艳丽鲜亮，经久不衰而闻名于世。

绘制唐卡所用的颜料有透明和不透明两种。天然矿、植物提取物既可做颜料绘画，也可入药治病，被称为“藏药”“藏颜”。矿物颜料的可贵之处在于它们是从晶体矿石提炼出来的天然结晶矿物，可使画面产生光泽，且更增加了作品的艺术价值；植物颜料主要提取自雪域地区比较罕见的花、草以及树木的叶、皮等，耐光耐热，具有极佳的色彩寿命。蓝铜矿石与孔雀石可以磨制出蓝色与绿色的矿物颜料，而红、黄、橙三种颜色的矿石则需要去昌都等地寻找。唐卡、砂绘坛城、壁画、木雕和家具上的装饰画等传统艺术品在塑造的过程中，对原料的需求量也越来越大。使用天然矿物和植物颜料绘制的唐卡，时间越久远，色泽越鲜艳。

过去唐卡画师所用的颜料都由自己制作、调配，他们拿到手的只是一些经过简单处理的矿石，全凭个人经验加工成颜料。相对而言，植物颜料的加工工艺较为简单，主要经过采集、精选、清洗、浸泡、熬煮（或加碱）、蒸发、制丸等工序。

简略的颜料炮制工序：准备足够需要提取的颜料素材，倒入加了足够水的锅里并搅匀，让其渗透水分；锅插好电开始煮，直到沸腾，然后蒙好过滤布，倒入用来储存的容器里，使劲拧一拧，将剩余汁液尽数入锅；重新铺好布，将所有过滤好的汁液倒进锅里，继续熬制，煮沸后再过10~20分钟，冷却以后，倒入容器储存。

2.3 传承方式

多以画师个人、家族或行会组织自行加工制作的形式传承。

“藏族矿植物颜料制作技艺”代表性传承人
阿旺晋美（西藏自治区拉萨市人，国家级非物质文化遗产代表性传承人）
扎西（西藏自治区人，区级非物质文化遗产代表性传承人）

三、社会影响

唐卡被称为西藏文化的“百科全书”，内容丰富，色彩斑斓，而颜料犹如唐卡的灵魂，渲染出一幅幅多姿多彩、可长久保存的绘画艺术珍品。藏族唐卡颜料取自于当地的矿植物，色泽明亮鲜艳，不褪色。几百年前的唐卡就跟刚画出来的一样，且时间越久远，色泽越鲜艳。这些使得以壁画、唐卡为主的西藏绘画艺术，成为高原最为璀璨夺目的遗产之一。

四、保护措施

由于历史原因，自20世纪中期已基本上无人制作或使用该颜料，使这一独特的生产工艺面临失传的境地。传统制作工艺在1959年以后就基本失传，只能在史料中找到一些零星的记载。1996年由西藏大学专门组织成立了由阿旺晋美等四位专家学者组成的藏传矿植物颜料制作工艺研究小组，在1998年成功研制出了比原来颜料色泽更鲜艳也更耐用的、最传统的，包括藏青、绿、朱砂等12种矿植物颜料，还总结出从原料采集、粉碎、漂洗、研磨、分离到筛选的主要工序，并对传统器具做出了改进。目前，阿旺晋美的扎西彩虹颜料公司能生产32种颜料，将来会研发更多种类的颜料。

2011年，“藏族矿植物颜料制作技艺” 由西藏自治区拉萨市申报，经国务院批准，被列入第三批国家级非物质文化遗产代表性项目名录。

拉孜扎念琴手工制作技艺

一、项目背景

1.1　流传区域

“扎念”是一种历史悠久的弹拨乐器。“扎念”藏语意为“悦耳动听之声”。扎念琴有六弦琴、八弦琴、十六弦琴等，其中以六弦琴最为普遍，广泛流行于西藏各地，是极受群众喜爱的民间乐器之一。拉孜扎念琴手工制作技艺在藏族聚居区最负盛名。

1.2　人文环境

拉孜县位于西藏自治区西南部，日喀则市中部，念青唐古拉山最西部。东连萨迦县，西南接定日县，西靠昂仁县，北邻谢通门县。拉孜县历史悠久、地域开阔、交通便利，是日喀则市西部七县必经之要塞，总面积4 505平方公里，下辖9乡2镇（105个自然村），总人口52 616人（2011年），主要为藏族。

拉孜，藏语意为“神山顶，光明最先照耀之金顶”。拉孜境内的木扎山石窟是西藏现存较少的古代文化遗存之一。昌木钦墓地以及昌木钦古墓群是吐蕃王朝时期藏王墓葬群。拉孜堆谐于2019年，被文化和旅游部命名为2018—2020年度“中国民间文化艺术之乡”。

二、场景内容

2.1 民俗背景

“扎念”的起源，众说不一。据传，它是古代由印度传入西藏，也有人认为它是唐代从内地传入藏族聚居区；而为数较多的西藏学者根据西藏古文献记载认为扎念琴源于西藏本土。我国著名民族音乐家田联韬先生曾多次前往藏族聚居区考察，也确认扎念琴是藏族人民自己创造的乐器。自吐蕃时期开始，扎念琴就已经成为宫廷歌舞中的重要乐器。其制作技艺最早可以追溯到8世纪前后的吐蕃时期。后来，“扎念”成了在西藏流传很广、极受群众喜爱的民间乐器，并传播至甘肃、青海、四川的藏族聚居区。

2.2 制作技艺

西藏传统手工制作的扎念琴，琴体通常由柏木、红木、胡桃木、檀香木制成，振动膜蒙皮为山羊皮、蟒蛇皮等。扎念琴的制作工艺流程是：首先，要将整木掏空制成共鸣箱，要求中空兼具小共鸣箱的琴杆，并配好称为“卡芯”的面板；其次，制作“达果”，即马头、鸟头或龙头形状的琴头，然后嫁接于琴头顶端；再次，制作附在琴头的呈半圆形、向后弯曲、中间开有弦槽的扎念弦轴；最后，选用包括古筝线、鱼线、羽毛球线等多种质料的弦，按不同音高配于各自弦轴上。为了琴身的美观大方，粗制完成后的扎念还需要在上面精心雕刻一些花纹图案，并涂色上漆。

2.3 传承方式

家庭或手工作坊内的师徒传承方式。

“拉孜扎念琴手工制作技艺”代表性传承人
尼玛次仁（西藏自治区拉萨市人，市级非物质文化遗产代表性传承人）
索朗琼拉（日喀则市拉孜县人，区级非物质文化遗产代表性传承人）

三、社会影响

拉孜藏族民歌唱道：“雪域高原是我的家乡，琤琤扎念是我的家产，雅鲁藏布带走我的哀念，珠穆朗玛灿烂我的梦想……”可见扎念琴在藏族民众的生活中占有十分重要的位置。西藏享有“歌舞海洋”之美称，自古以来藏家儿女皆能歌善舞。在藏民族地区的歌舞、音乐活动也非常频繁，音乐活动重要的伴奏乐器就是扎念琴，起着规范音准、统一节拍的作用。

四、保护措施

2014年，“扎念琴制作技艺”由西藏自治区拉孜县申报，经国务院批准，被列入第四批国家级非物质文化遗产代表性项目名录（扩展项目）。

附录

“扎念”制作老艺人尼玛次仁的故事

“扎念”制作老艺人尼玛次仁

“扎念”藏语意为“悦耳动听之声”。在藏族不少地方，堪称家家有歌声，户户有“扎念”。也许家中不是每一个人都会弹唱，但人们却乐意把它挂在家里，以备日常庆典聚会之用，同时它也具有汇聚福禄的意蕴。

在拉萨市城关区贡布堂路有一家制作“扎念”的手工作坊，作坊的主人尼玛次仁是一个有着20多年制琴经验的老艺人。触摸尼玛次仁制作的扎念，如同抚摸一个婴儿的皮肤，如此的温润光泽，想必是用最稳定的手最纯净的心，在二十余载的时光里，重复积累的打磨、匠心，才能做到这样的极致。这是一把“扎”进尼玛次仁心里的琴。

尼玛次仁出生于林周县边角林乡的一个村子，年过半百的他扎着一个小辫，散发出一个艺术家特有的气质。在10岁的时候，尼玛次仁被挑选到生产队当宣传队员的学徒，每逢农闲的时候就要去宣传队学习唱歌、跳舞和其他的表演。18岁的时候，尼玛次仁在澎波农场成为一名正式的宣传队队员，在这里他第一次接触到了“扎念”。尼玛次仁回忆说：“那时候，‘扎念’极其珍贵，在我的眼里更像是一个宝贝。林周县会弹‘扎念’的人极少，在那个物资匮乏的年代，制作和维修一把‘扎念’十分不容易，老师不会轻易让外人碰。”

不管是激昂的革命歌曲还是悠扬的藏族民歌，在宣传队老师手指一上一下有节奏的拨动下，“扎念”发出的声音是如此让人沉醉，尼玛次仁像着了迷一样地喜欢上了“扎念”。趁老师外出的时候，尼玛次仁悄悄地拿起了“扎念”，躲在房间的角落里，把琴抱在胸前，学着老师的模样，手指在琴弦上拨来拨去，认真识别每根琴弦发出来的声音。

“有点像是无师自通吧，我很快就学会了如何弹奏‘扎念’。”在宣传队的时间里，尼玛次仁一边听着录音机里磁带放出来的扎念琴声，一边用老师的琴弹奏学习。23岁的时候，尼玛次仁从宣传队辞职了，跟随父亲当起了一名木匠。从小耳濡目染，加之兴趣所在，在父亲的精心指导下，没几年，尼玛次仁就学会了门框、房檐、家具的制作，并开始四处接活。有一年，尼玛次仁到那曲地区帮一户人家修房子，有一个朋友听说他会弹奏“扎念”，极力邀请他当老师给村民传授弹奏的方法。尼玛次仁忙完手中的木工活，答应了朋友的邀请，在那曲地区一待就是8个月。第一次当老师的经历，让尼玛次仁因为会弹奏“扎念”还可以教授学生充满了自豪感。

1981年的一天，尼玛次仁在拉萨走到北京中路的时候，看见一家琴行，停下了脚步。一把做工精致的羊皮琴面的“扎念”高高地悬挂在琴行的中央，轻轻一拨便发出纯净悦耳的声音，从此，这把琴“扎”进了尼玛次仁的心里。老板开价2500元，可以说是十分昂贵，那时候一碗藏面才卖到6毛钱。尼玛次仁摸了摸空空的口袋，暗暗下决心一定要做一把那样精致的“扎念”。

为了实现自己的愿望，他开始了四处奔波，收集、学习、整理扎念制作技艺。那年，尼玛次仁来到林芝市，朋友邀请他去朗玛厅表演“扎念”，尼玛次仁欣然同意，但是没有“扎念”怎么办？自己是木匠，再加上林芝的木材丰富，何不自己做一把呢？说干就干，尼玛次仁做出了他人生的第一把“扎念”。20多年过去了，这把“扎念”如今还被放在尼玛次仁的工作室里。朱红色的外漆随着时光变得色彩斑驳，做工不是那么精致，外表看起来凹凸不平，但这仍是尼玛次仁最珍贵的回忆。

怎样才能做出一把“扎”进心里的“扎念”，尼玛次仁决定拜访西藏各地的制琴高手，学习不同地方制作“扎念”的方法。经过10多年的学习和研究，尼玛次仁熟练地掌握了使用核桃木、桦木、杨木、香樟木作琴身，蛇皮、鱼皮、山羊皮作琴面，古筝8号线、鱼线、羽毛球线等作弦的技艺，能够制作出阿里扎念、定日扎念、拉萨扎念、芒康扎念等9种不同地域的扎念琴。在外形上，主推桃形扎念和瓶形扎念。

一把琴的制作过程看似简单，实为复杂。一把桃木的扎念，从材料的加工到成品就需要一年多的时间。尼玛次仁介绍道："首先进行最为重要的制作工序，将整木掏空制成共鸣箱；制作中空兼具小共鸣箱的琴杆，并配好称为'卡松'的面板；制作'达果'即'马头''鸟头'或'龙头'形状的琴头，并嫁接在琴杆顶端；制作附在琴头的呈半圆形、向后弯曲、中间开有弦槽的'扎念'弦轴；选用包括古筝线、鱼线、羽毛球线等多种质料的弦。为了琴身的美观大方，初制完成后的'扎念'还需要精心雕刻一些花纹图案在上面。"

尼玛次仁凭借着对相关乐理的精通和娴熟的手工技艺，经过多次尝试，在2010年，用一个精巧的可移动的木隔片，通过在琴弦上下移动划分出了高低音区，成功解决了一把"扎念"不可同时兼具高低音的问题。虽然自己的技艺很成熟，但尼玛次仁也有很多担忧：扎念制作技艺难度大，工序复杂，制作较为辛苦，如今许多年轻人多不愿学，再加上许多民族乐器厂家开始用现代化机械制作扎念，如今精通这门技术的手工艺人越来越少。他越发觉得自己的工作不能只是将一堆木头制成扎念，而是有责任将这门西藏民间代表性乐器的传统制作工艺技术传承下去。

尼玛次仁希望通过自己的双手让西藏的声音传播得更远。他说："我们打算建立一家西藏最大的扎念博物馆，筹备出一本较为全面的扎念琴音乐乐谱。"如今，扎念被越来越多的人熟知，尼玛次仁制作的扎念也远销国内外。

藏族鎏钴技艺

一、项目背景

1.1　流传区域

藏族鎏钴技艺是一种修复青铜器件的传统技艺，主要流传于青海西宁湟中县及周边区域。

1.2　人文环境

西宁，古称青唐城、西平郡、鄯州，取“西陲安宁”之意，是青海省省会和西北地区重要的中心城市，是青海省的政治、经济、科教、文化、交通、通信中心和国务院确定的内陆开放城市；素有“西海锁钥”、海藏咽喉之称，是世界高海拔城市之一。西宁历史文化源远流长，得天独厚的自然资源，绚丽多彩的民俗风情，是青藏高原一颗璀璨的明珠。

湟中县属西宁市辖县，位于青海省东部，为西北黄土高原和青藏高原过渡地带。县境西、南、北三面环围西宁市，总面积2 700平方公里，辖2镇、24乡。总人口437 835人，以汉族为主。少数民族有藏族、回族、土族、撒拉族、蒙古族等。

湟中县人文旅游景点主要有塔尔寺、群加国家级森林公园、上五庄水峡、大源南朔山、上新庄药水滩、莲花山旅游风景区等。

二、场景内容

2.1　制作技艺

时间久了，铜制佛像会氧化形成不同的斑点。鎏钴的神奇就在于能恢复这些斑点，做到真正的修旧如旧。神秘的鎏钴技艺，是将18种草木灰和8种矿物，研磨成粉，按特定配方，用药水调和，涂抹在待修复的铜质器件上。然后，用羊皮或牛皮包裹捂紧，在大锅里投入大量的盐和富含皮硝的泥土，用青海湖的水蒸煮，三天大火，三天小火。21天后，人工活基本完成后，再将器物充分与空气接触，适时涂刷药水，便大功告成。鎏钴时，草药灰配料复杂，不易掌握，几十种原料按比例配料，会出现奇妙的化学反应。尽管古人不识化学，但是却深谙世间万物之间的奥妙。

鎏钴技艺不是作假，而是文物修复，就像长城的修复、故宫的修复、字画的修复一样。鎏钴不像鎏金，鎏钴更复杂，三尺佛像如果鎏金要一天时间，鎏钴就得一个月。鎏金重在表皮，而鎏钴后造像的里外能浑然一体，给人一种沧桑感和历史感。端详它，就像是来自远古的一样。

2.2　传承方式

主要以师徒传承的方式流传至今。

“藏族鎏钴技艺”代表性传承人
张宪忠（青海省西宁市人，国家级非物质文化遗产代表性传承人）

20世纪80年代师旦正加学习藏族金、铜铸造，鎏金（生鎏、熟鎏），鎏钴工艺。苦心经营30余年，他熟练完成了对上千件文物进行修复的整个流程。他的精湛技艺赢得了国内各大博物馆和私人收藏家的信任，对寺院

的文物和法器修复达到炉火纯青的高度，以致很多寺院都将各种残件带来请他修复。同时，他又无私地把自己技艺传授给徒弟，为当地文物的保护做出了的贡献。

三、价值意义

鎏钴是藏族传统的青铜铸造技艺，能使古代青铜器件通过鎏钴技艺得到恢复，使之跟原先的一模一样，对文物修复与保护具有重大意义。

四、保护措施

2010年，“银铜器制作及鎏金技艺”由青海省湟中县申报，经国务院批准，被列选第三批国家级非物质文化遗产代表性项目名录。

2014年，“藏族鎏钴技艺” 由青海省西宁市申报，经国务院批准，被列入第四批国家级非物质文化遗产代表性项目名录。

八盖木制锁制作技艺

一、项目背景

1.1 流传区域

八盖木制锁至今仍沿用原始的方式，历史悠久。木制锁独特的制作工艺使得每把锁都是独一无二的，是流传于波密县八盖乡藏族村寨的传统手工艺。

1.2 人文环境

波密县位于西藏自治区东南部，帕隆藏布河北岸。全县总面积16 578平方公里，318国道从县中心穿过，距自治区首府拉萨市636公里，距林芝市市区230公里，距昌都市八宿县217公里。波密县城为冲积小平原，境内最高峰明朴不登山海拔6 118米。波密县辖3个镇、8个乡。根据第五次人口普查数据，全县总人口26 748人，以藏族为主。

波密，藏语意为“祖先”，原为曲宗、易贡、倾多三宗。波密县是一个以农为主、农牧结合的种粮大县和林业大县。受印度洋西南季风的影响，形成了独特的温带半湿润高原季风气候。气候温和、雨水充足、植被茂密，享有“东方瑞士”“雪域江南”“藏王故里 冰川之乡”等美誉。这里地形属于山地丘陵，四周为山地，中间为河谷区。因为独特的地形条件，这里相对闭塞，很少受到外界的干扰，所以民风淳朴，保留了很多原生态的民俗。

八盖乡位于波密县西北部，距县城240公里。该乡地处森林峡谷地带，是波密县10个乡镇中最为偏远的一个乡，也是波密县最为完整、最为原始的林区之一。茂密的森林、峡长的河谷、奇险的道路，构成了八盖特殊的地形地貌。

二、场景内容

2.1 民俗场景

很久以前，八盖乡的村民大多居住在木屋，为了防止火灾事故，这里的村民会集中将粮食和贵重物品存放于山上的仓库。仓库的锁因为年久损坏严重。如果使用金属锁，则需要打铁，又因为打铁与制作道具、杀生等联系在一起，这就与藏民的信仰相悖。为此村民想到了一个办法，即不换钥匙、只换木锁的主意，避免了“打铁、制作道具会杀生”的忌讳。所以长久以来，八盖乡的藏民已经习惯了使用自制木锁。

2.2 制作技艺

木制锁具制作工艺十分独特，主要由桦树树根或整节青岗树树根，通过选料、锯、磨、削、凿等多道工艺而制成。锁面直径达15厘米，每把锁都是独一无二的。钥匙分内外两把，弯曲度、宽度、长度各有不同。开门时还要凭感觉，先打开外锁，后打开内锁。工艺复杂、安全可靠。

波密八盖木制锁制作技艺（波密县供图）

2.3 传承方式

家族内部师徒传承。

三、价值意义

自八盖当地人用了自制的木制锁，几百年来从未发生过偷盗事件。“木制锁具”及其饱含的古老文化与传统技艺，反映出远古藏民的智慧，对研究古代机械工艺和人文历史有一定价值。

四、保护措施

2007年，“八盖木制锁制作技艺”由波密县申报，经西藏自治区人民政府批准，被列入西藏第二批自治区级非物质文化遗产代表性项目名录。

波密易贡藏刀制作技艺

一、项目背景

1.1 流传区域

易贡藏刀工艺历史悠久，迄今为止已有近400年的历史。易贡藏刀藏语为“易贡波治加玛”。此刀除了易贡以外，其他地区无法打造，因为易贡藏刀所用的原料是从当地山上开采的三种铁——“易贡妞日铁”“帕根森布铁”“工布扎松铁”——混合起来才能打造成易贡藏刀。其制作技艺分布在波密全县各乡镇。

1.2 族群简介

居住于波密县境内的藏族主要是康巴藏族。

1.3 人文环境

易贡乡位于波密县西北部，在易贡国家地质公园的中心，是西藏东南部著名的地方。面积约7 000平方公里，下辖5个行政村，人口2 242人（2010年）。易贡湖周围区域气候很好，似西藏江南。20世纪

易贡藏刀（西藏新闻网供图）

波密易贡藏刀制作技艺（波密县供图）

六七十年代曾是西藏自治区党校校址。易贡除了藏刀闻名于世，还有全世界海拔最高的易贡茶场，波密两个红色景点之一的将军楼等。

二、场景内容

2.1 民俗背景

易贡波治加玛能追溯的历史已近400年，早于日喀则地区的拉孜藏刀。据当地村民介绍，易贡藏刀当初是独立于噶厦政府之外的波密王国的显贵专用佩刀，也部分地用于军队配制，但是也只有高阶层军官才有荣誉佩带。限于古代西藏开采铁矿的技术，易贡藏刀曾流散到藏族各地，成为华胄显要的追逐。相传，当时的易贡藏刀是西藏上流社会的宝刀——早几年还能在市面上零星见到此类收藏的形迹，现几乎绝迹于市面。藏刀收藏者东朝·索朗顿珠收藏了数把，其血战沙场的斑驳刀身依稀可见折叠锻打的永在波纹。再后来，为了应付边境侵扰，加强西藏戍边的兵士配制，噶厦政府一度不惜血本地采购易贡藏刀来提高战斗力。然而铁矿石获取之艰难，锻制时间之长久，噶厦政府未能得偿所愿。

2.2 制作技艺

易贡藏刀，藏语称“易贡波治加玛”。其铁种是当地开发的铁矿——“易贡纽日铁”“帕根生布铁”和“贡布扎松铁”。易贡藏刀是由三铁合一、反复锻造、精心打制而成的。易贡藏刀最突出的方面：刀长、刀细、轻便、锋利无比、不容易生锈、波纹永在，其工艺技术扬名藏族。据说易贡藏刀摆放在家里象征着荣华富贵的身份，佩带在身上能够起到镇妖辟邪作用。

易贡藏刀最显著的特点是：遵照古制做法，刀身经过千锤百炼铸成，刀柄和刀鞘用的均是易贡原始森林里稀有的树种原木，辅之以珍珠鱼皮裹柄，始终继承发扬并保有了古代藏刀在战场上的显著优势。刀鞘外壳是牛皮鞣制之后缝合，最大限度地保护刀鞘不受外部环境的损坏。刀鞘上端用牛皮绳紧扎缠绕，穿有佩带时的吊绳，方便随时贴身行走。

易贡藏刀的刀制充分体现了藏民族佩带刀具的历史和旧时身份地位的象征，是西藏文化不可分割的一部分。独特的锻制工艺，展现了易贡藏刀与其他藏刀的区别。

2.3 传承方式

主要通过师承关系传授。

“波密易贡藏刀制作技艺”代表性传承人
西洛（西藏波密县人，省级非物质文化遗产代表性传承人）

三、价值意义

独特的矿源和锻制工艺是研究易贡铁矿资源科学成分、分布状况和藏族民间锻造技术的重要依据，对研究当地藏族的历史、经济、文化、政治、军事等都有重要价值。

拥有易贡藏刀是拥有财富的一种象征。目前，一把普通的“易贡波治加玛”最低市场价达到了2 000元左右，最贵的能卖到万元以上。藏族群众和游客都以得到一把易贡藏刀而自豪。

四、保护措施

2007年，“波密易贡藏刀制作技艺” 由波密县申报，经西藏自治区人民政府批准，被列入西藏第二批自治区级非物质文化遗产代表性项目名录。

江洛康萨青稞酒酿制技艺

一、项目背景

1.1 流传区域

江洛康萨是日喀则市城北街道办事处一个居委会的地名，也是日喀则一个传统酿酒的巷子，又是当年农奴主私家酿造作坊所在地。早在扎冲形成的时候（大半个世纪前，江洛康萨曾是日喀则有名的商业一条街——扎冲，“扎冲”藏语意为做饲草生意的街道），这里的人就开始酿制青稞酒。一条小街、一些商贩、零星的购物者，构成了那个年代社会物质生活的全部。

1.2 人文环境

日喀则属西藏自治区下辖地级市，位于中华人民共和国西南边陲，青藏高原西南部，西衔阿里地区，北靠那曲市，东邻拉萨市与山南市，外与尼泊尔、不丹、印度等国接壤；南北地势较高，其间为藏南高原和雅鲁藏布江流域。2017年，日喀则市人口75万，辖1个市辖区和17个县。

日喀则市境内定日县有世界第一高峰——珠穆朗玛峰。有西藏三大圣湖之一的羊卓雍湖。桑珠孜宗堡和江孜古堡都是曾经的政教中心。有扎什伦布寺、白居寺、萨迦寺等一批著名寺庙。有亚东口岸、樟木口岸和吉隆口岸。日喀则喜马南麓六大名沟被称为“西藏小江南”或“西藏江南”：亚东沟、陈塘沟、嘎玛沟、绒辖沟、樟木沟、吉隆沟。1986年日喀则被国务院列为国家历史文化名城。

“江洛康萨”园区位于日喀则市雪强路宗山脚下，隶属江洛康萨社区。据官方碑文资料记载，“江洛康萨”（藏语意为“大树南边的新

江洛康萨青稞酒酿制技艺

房”）园区以原日喀则宗堡粮仓为基础维修而成。粮仓始建于1922年，现存建筑由主楼、厢房、古井及院落等组成，总占地面积逾7 000平方米。因年久失修，建筑多有损坏。2012年，上海市第六批援藏干部联络组对粮仓文物建筑进行了保护修缮。

二、场景内容

2.1 民俗场景

江洛康萨现为西藏自治区日喀则地级市下辖的一个社区。“江洛康萨”园区、江洛康萨社区是日喀则市在城市建设中兼顾历史文化和地方民族特色保护的一个缩影，也是日喀则一个传统酿酒的巷子。民主改革之后，江洛康萨居住的那些过去世代酿酒上贡的农奴，手里也慢慢有了口粮之外的富余青稞，小巷就慢慢成了日喀则的美酒集散地。据老人回忆，旧时，酒馆的客人主要是贵族和商人。现在，这里已经成为“江洛康萨青稞酒”的重要酿造基地，琼浆玉液正从这里源源不断地销往全国各地。

日喀则江洛康萨街上的酿酒世家强巴丹达家，将自家产的当地最有名的江洛康萨藏酒青稞酒销往四面八方。曾经是家族酿酒的“江洛康萨”因酿造的青稞酒香气四溢，逐渐成了美酒、好酒的代名词。

2.2 酿制技艺

江洛康萨青稞酒在传统工艺的基础上，用日喀则出产的优质青稞、荞麦为原料，用无污染的天然优质矿泉水精心酿造，不勾兑，久储自然老熟而成。江洛康萨青稞酒原味醇香、清亮透明，饮后头不痛、口不渴，颇受欢迎。

酿造青稞酒之前，首先要选出颗粒饱满、富有光泽的上等青稞，淘洗干净后，用清水浸泡一夜，放到大平底锅中加火烧煮；约两小时后，把煮熟的青稞捞出来，稍微晾一下，去除水汽之后，再把发酵曲饼研成粉末均匀地撒上去，慢慢搅动；撒酒曲时，如果青稞太烫，青稞酒就会变苦，如果太凉，青稞又发酵不好。撒完酒曲之后，把青稞酒装进容器里，用棉被一类的保暖物包起来放好。如果温度适宜，一般只过一夜就会闻到酒味儿。

青稞酒色泽橙黄，味道酸甜，酒精成分很低，类似啤酒，分头道、二道、三道酒。在藏族史诗《格萨尔王传》中，对酿青稞酒就有非常生动的描绘，“要说酒是怎样造？造酒先要有粮食。青稞用来煮美酒，花花的汉灶先搭起，铜锅用毛布擦干净，青稞放在铜锅里。倒入清洁碧绿水，灶火膛里火焰升。煮好摊在白毡上，拌上精华好酒曲。以后酿成好美酒，点点滴进酒缸里。酿一年的是年酒，年酒名叫甘露黄。酿一月的是月酒，月酒名叫甘露琼。只酿一天是日酒，日酒取名甘露旋”。

青稞白酒则是将醪糟加少量水，进入蒸锅蒸馏，蒸出的酒精度达60度左右。还可以用土法蒸馏，就是将醪糟装入陶罐中，加水，罐中架一口铜锅，锅沿与罐沿平齐，锅上加一个锥形的锅铛。在陶罐下面加温，不断将锅铛中升温的水换成凉水，使罐中蒸汽凝结为水珠滴到铜锅里，即是青稞白酒。

2.3 传承方式

在保护中传承，在传承中回归生活，在千家万户的日常生活中得到体验，江洛康萨青稞酒酿造技术的生命力正在由家庭内部传承向工厂批量生产转变，进而得到活力和发展。

“江洛康萨青稞酒酿制技术”代表性传承人
尼玛顿珠（西藏日喀则市人，非物质文化遗产代表性传承人）
强旦（西藏日喀则市人，非物质文化遗产代表性传承人）

三、社会影响

2014年，“江洛康萨”荣获西藏著名商标。

2015年，桑珠孜区人民政府专门组织领导小组申报了“国家级地理标志”产品。现已具有了成熟的优质青稞藏酒生产技术和先进的生产设备，能达到国家规定的质量标准。

2015年，“江洛康萨”成功通过了“有机产品”的认证。

四、保护措施

2009年，“江洛康萨青稞酒酿制技术”由日喀则市申报，经西藏自治区人民政府批准，被列入西藏第三批自治区级非物质文化遗产代表性项目名录。

萨嘎牛皮船制作工艺

一、项目背景

1.1 流传区域

“牛皮船”，藏语称“果哇”，是青藏高原藏族人的水上运输工具。本档案特指流行于西藏日喀则市萨嘎县的牛皮船制作工艺。

1.2 族群简介

卫藏地区范围大致相当于现今西藏自治区除去昌都地区以外的大部分地区，以及不丹、锡金的部分邻近地区。卫，又称前卫藏，大致相当于现今的拉萨（当雄县除外）、山南和林芝西部（林芝、工布江达、米林、朗县四县）；藏，又称后藏，大致相当于现今的日喀则（北方小部除外）。萨嘎县境内的藏族为卫藏藏族。

1.3 人文环境

萨嘎县隶属西藏自治区日喀则市，位于西藏自治区西南部，日喀则市的西北部，地处喜马拉雅山北麓，冈底斯山脉以南的西南边缘，为日喀则市西部三县（仲巴、萨嘎、吉隆）之中心。东与昂仁县、聂拉木县接壤，南与吉隆县、尼泊尔为邻，西与仲巴县，北与阿里地区的措勤县相接。全县平均海拔4 600米以上，总面积为2.55万平方公里，下辖7乡1镇，38个行政村。据第五次人口普查数据，全县总人口11 947人，主要为藏族。

萨嘎藏语意为“可爱的地方”。县境里大小河流有10余条，总长度5 000公里。其中，雅鲁藏布江发源于邻县仲巴境内，流经萨噶县320公里。

此外，还有10多个小湖泊，6处地热温泉。萨嘎县的人文景观主要是五大寺庙，即努贡寺、土庆寺、布扎寺、苦郁寺达吉岭寺。萨嘎的藏族传统歌舞“甲谐”最具特色，2002年被西藏自治区文化厅命名为“甲谐艺术之乡”。

二、场景内容

2.1　民俗背景

在萨嘎，牛皮船作为水上运输工具，用途广泛。除主要运送藏茶、食盐、牛羊毛、杂货外，也有其宗教寓意。过去，每逢藏历四月十五日是萨嘎达瓦节，这是藏族人民为了纪念释迦牟尼降生、出家、圆寂的日子。男女老幼一早转完经就到龙王潭游玩。湖中间修有一座4层高的古式楼房，名为“洛康”（龙宫）。这是个绿柳成荫、湖水碧波荡漾的季节，更有雄伟的布达拉宫倒影映在水中，真是一个湖光秀丽、景色迷人的游玩胜地。过去，西藏地方政府的僧俗官员、活佛、贵族，带着全家人到这里欢度节日，牛皮船便派上了用场。宗教上又把善男信女乘坐牛皮船看成普渡苦

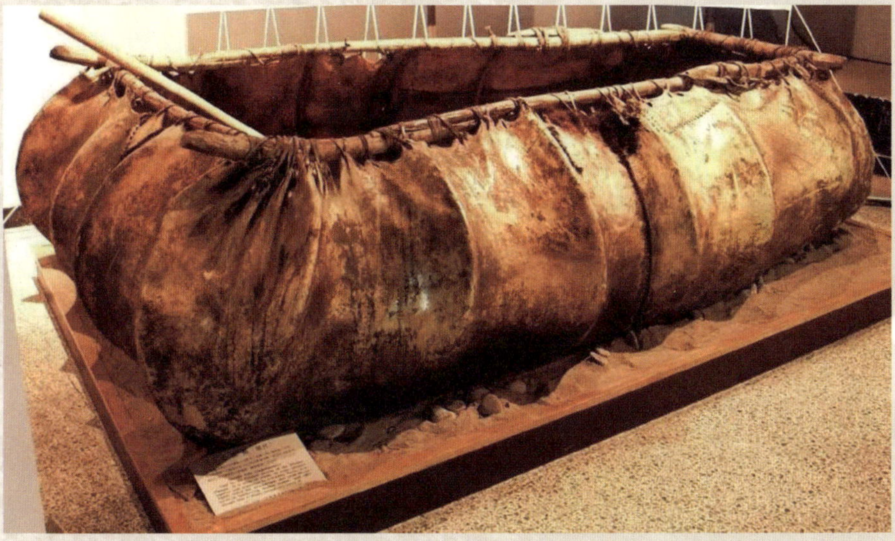

牛皮船制作（徐瑞康/摄影）

海、洗脱灾难，将来可以升入天堂的形式之一。所以这一天游人特别多，大家争相乘船游玩。

2.2 制作技艺

牛皮船的构造简单，但制作起来却很麻烦。牛皮船用木做船架、牛皮做船体。制作一只船，需要四张牛皮，而且必须是公牛皮。人们把新鲜的牛皮事先放在水里浸泡几日，待其褪毛后才使用。浸泡后的牛皮，容易去毛，也容易清除附于皮上的"肉"。做牛皮船的架子也需要浸泡。所谓架子，其实就是简单的木棍或树枝。它们是用来支撑牛皮的。

制作牛皮船时，先要将四张牛皮用牦牛绳缝合在一起。缝制的过程既要仔细认真，又要迅速快捷。如果缝合不好，就会影响船的寿命；如果缝得太慢，牛皮一干就无法穿针。卷边也很讲究，需将牛皮的边缘多卷一次，再进行缝合，这样可以保证不漏水。缝的线是用牦牛尾巴上的毛搓成的。将牦牛皮套上搭好的架子，木架把牛皮一绷，梯形的牛皮船雏形便成了。

接下来就是把龙骨撑进船里。"龙骨"就是撑在牛皮船内的木头支架，材料通常采用耐湿而有韧性的柳木。一只船，需要"三长八短十一根"龙骨。一只牛皮船质量的好坏，龙骨是关键，而龙骨的大小、长短，要根据四张牛皮的大小、长短来确定。龙骨过长，会把牛皮撑破；短了，船体就会松动。船身约3米长、1米高、2米宽，每船可载10人左右。

牛皮船撑好龙骨之后，一定要在船里涂上一层菜籽油，这也是制作牛皮船的最后一道工序。 这样既防水，也保护皮子。牛皮船的使用寿命取决于主人对船的保养情况，一只牛皮船如果保养得好，可以使用3~5年；否则，用不了一年船底就会烂掉。

保护牛皮船最好的办法，一是及时晾晒，二是使用过程中，要经常在牛皮接缝处涂上些菜籽油，因为经过这些菜籽油的浸润，牛皮船会变得更加柔韧耐用。最后把船抬到早已准备好的铁皮桶上晾晒，待干后就可以渡人了。牛皮船吃水浅，适合西藏河流的特点。牛皮入水，一经泡浸便发软，有弹性，耐撞击、摩擦，即使在激流中碰到暗礁，问题也不大。另外，牛皮船还有一个优点，就是轻便灵活（重量只有30~40公斤），船工可随时搬来搬去，船随人行。遇水撑舟，上路背在肩，都十分方便。

2.3 传承方式

在这一地区，牛皮船制作较为普遍，通常由老一辈传授给下一代。

三、价值意义

牛皮船具有三大优势：一是实用性。牛皮船吃水浅，入水后会发软，变得有弹性，非常适合在落差大、水流急的河流中航行；二是灵活性。船工可随时搬运上岸，非常方便，不像木船必须找地方固定；三是经济性。制作原材料均取自当地，成本非常低。

四、保护措施

2009年，“萨嘎牛皮船制作工艺”由日喀则市萨嘎县申报，经西藏自治区人民政府批准，被列入西藏第三批自治区级非物质文化遗产代表性项目名录。

雪拉藏鼓制作技艺

一、项目背景

1.1 流传区域

“雪拉藏鼓制作”，与被誉为西藏拉萨市尼木县的“三绝”（藏尼纸、尼木藏香和普松雕刻）同样名声远扬。雪拉村的藏鼓制作以家族作坊的方式代代相传，已有几百年的历史。

1.2 人文环境

尼木县隶属于西藏自治区拉萨市，地处西藏中南部、雅鲁藏布江中游北岸，位于自治区中南部，距拉萨市147公里，系西藏前、后藏的结合部。西部与日喀则市南木林县相邻，东部与曲水县相接，南部与日喀则市仁布县、山南市浪卡子县相连，北与当雄县接壤。尼木县总面积3 275.8平方公里，下辖1镇7乡，全县总人口34 044人（2012年），藏族占总人口的99.6%。

雪拉藏鼓制作（汪静泉供图）

尼木藏语意为“麦穗”。尼木县尼木藏纸、尼木藏香和普松雕刻被称为“尼木三绝”。境内有吉嘎曲德寺，以及古代西藏造桥专家唐东杰布造的尼木铁索桥等景点。

雪拉村属尼木县塔荣镇管辖，以世代生产制作雪拉藏纸、雪拉藏鼓闻名于藏族聚居区。

二、场景内容

2.1 民俗背景

拉萨市尼木县地处西藏中南部、雅鲁藏布江中游北岸，位于拉萨市西南140公里。尼木县的人文景观别具风采：有宁玛派的早期圣地托噶，据说可以追溯到公元8世纪莲花生来藏弘法时期；另有赤松德赞于公元8世纪修建的吉嘎曲德寺，以及古代西藏造桥专家唐东杰布造的尼木铁索桥等；同时，也是藏文发明人吞米·桑布扎的故乡。

从前，尼木县的手工艺人，都散居在各乡各村；现在，尼木县的手工艺人大多集中在县民族手工业园。该园内有集制作、展示、销售为一体的工作室，方便人们近距离感受民族传统手工艺的魅力。尼木县民族手工业园是集尼木特色藏纸制造、雕刻绘画、尼木藏鼓、经幡印刷及酸奶加工为一体的特色民族手工艺园区。项目实施以来，逐步建立了农牧民增收的长效机制，改变了以前尼木县各种手工艺散乱、规模小的家庭作坊式经营模式，使传统手工艺得到了继承和发扬，产品产量比原来增加一倍以上。

2.2 制作工艺

整个尼木县只有嘎伦一家是制作雪拉藏鼓的世家。

雪拉藏鼓传统制作工艺烦琐、周期长，一般一只大鼓需耗时一周以上，其制作程序包括选材、打磨模具、选皮、蒙鼓皮、定形、制作鼓柄、绘画、上漆等。做鼓的材料一般选用的是拉萨本地产的藏青杨。这种木质做出的鼓厚实、质量好、耐用。还有一种用柏树制作的鼓，质量更好，因为柏树材质密度高。不过，西藏的柏树比较少，木材很难买到，这种材质的鼓需要预订。

在制鼓的流程中，制作真皮鼓面是最为关键、技术含量最高的一个环节。鼓面要用韧性极好的、新鲜的，外表牛毛有光泽、均匀、毛多而密，内层不能有刀伤的牦牛皮制作。制作时，鲜牛皮首先要严格经过硝皮、晒干、泡浸、钻孔等处理；然后用牛皮绳子把牛皮固定在鼓壳上，将牛皮拉力扩张成形；最后再在鼓的边缘粘上胶。这样就可以让牛皮绷紧，以保证鼓的音质。一般的大鼓直径有一米多，鼓面由真皮蒙成，下面的鼓架雕刻着精美藏式花纹。

这些程序做完后便做鼓柄。最后一道程序是绘画，即在鼓面上绘上龙或祥云等图案。绘图一般打红色的底色，再用白色、蓝色、黄色或金粉等绘画。图案最终设计和绘制完成后，还要用透明漆刷一遍，这可以起到对图案的保护作用，而且外观会显得更加靓丽。

最后经过定形、油漆等工序，整个制作流程才完成。这样的鼓敲起来声音浑厚、纯正，堪称艺术品。

2.3 传承方式

家族内部世代传承，现今也通过师徒传承、培训等方式传承。

“雪拉藏鼓制作技艺”代表性传承人
嘎伦（拉萨市尼木县雪拉村人，省级非物质文化遗产代表性传承人）

三、价值意义

雪拉藏鼓具有独特的音色和形式，在藏族民俗活动中广泛使用。藏鼓制作技艺在尼木得以发展和传承，是研究藏族传统工艺的活态案例，具有较高的民俗价值与适用功能。

现在，尼木县已成立了雪拉传统藏鼓手工制作农牧民专业合作社。雪拉藏鼓制作技艺必将得到发扬光大。

四、保护措施

2009年，“雪拉藏鼓制作技艺”由拉萨市尼木县申报，经西藏自治区人民政府批准，被列入西藏第三批自治区级非物质文化遗产代表性项目名录。

安多眼罩编织技术

一、项目背景

1.1　流传区域

眼罩，藏语叫“咪热”，是安多牧民为了防治高寒地区常见的雪盲症，使用手工编织的护眼工具。它有着与游牧一样的历史。由于特殊的高寒气候，牧民在平日的生产生活中须在雪地里长期放牧。雪对眼睛有不同程度的伤害，迫使牧民与自然环境抗争实践中，发明了这种护眼工具。过去眼罩的编织及使用很广泛，近代逐步被墨镜所取代。如今，在藏北地区尚有遗存。

1.2　族群简介

安多县地处语言文化交叉地带，行政区划上属西藏那曲，以安多藏族为主体，同时在各方面也受到卫藏藏族的较大影响。

1.3　人文环境

安多县隶属西藏那曲市，地处西藏北部，著名的唐古拉山脉南北两侧，东与青海省治多县、杂多县、西藏聂荣县为邻，南与色尼区接壤，西与班戈县、双湖县搭界，北靠青海省格尔木市，是西藏地区的北大门。安多县面积约10万平方公里，辖4镇9乡、79个行政村，总人口35 947人（2007年），以藏族为主。

安多县自然矿产资源丰富，是一个天然的野生动物王国，也是一个纯牧业大县。安多县境内可供旅游的文化古迹、自然景观较多，境内有8座古寺庙，大多建于19世纪，最早的白日寺建于7世纪。

二、场景内容

2.1 民俗场景

安多牧民长期在雪地里放牧，容易患雪盲症等眼部疾病。这种手工编织的护眼工具“咪热”，是在野外为预防雪盲症而设。

2.2 制作技艺

“咪热”（眼罩）编制材料一般用一到两岁的黑牦牛牛尾毛，用这种尾毛编制的眼罩戴起来比较柔软。捻线需手搓，搓出来的线粗细均匀，编制的网眼需小而均匀。编织方法有两种：一种是用60根线来编织，而这60根黑线里要加一根白线（传说白线能辟邪）；另一种是用80根线，其编织方法一样。编织出来的成品类似现代眼镜，使用方便，细腻柔软，是藏北牧民的智慧结晶。

2.3 传承方式

作为牧民家庭日常防护用具，代代相传。

三、价值意义

用牦牛毛编制的眼罩是现代墨镜的雏形，体现了藏北牧民的智慧。对于研究藏北高原牧民的社会生活和民俗风情有一定价值。

四、保护措施

2013年，“安多眼罩编织技术”由那曲市安多县申报，经西藏自治区人民政府批准，被列入西藏第四批自治区级非物质文化遗产代表性项目名录。

藏靴制作技艺

一、项目背景

1.1 流传区域

西藏制作藏靴已有1 000多年的历史，传统制作藏靴的村庄遍布西藏各地。历史上藏鞋制作派别林立、大师众多，西藏各地均不乏制鞋高手。各地的藏靴，风格各有不同，昌都、藏北的浑厚朴实，大方不俗；山南、日喀则的精巧细致、典雅高贵；而拉萨的藏靴集各地之大成，色彩鲜艳。

1.2 族群简介

按方言分，三大藏族聚居区是卫藏、康巴、安多。卫藏指的是西藏拉萨、日喀则一带，康巴指西藏的昌都和四川的甘孜州、青海的玉树州、云南的迪庆州，安多指的是青海除了玉树以外的其他聚居区和甘肃的甘南州，四川的阿坝州（部分）；按省级分有云南区、四川区、甘肃区、青海区。

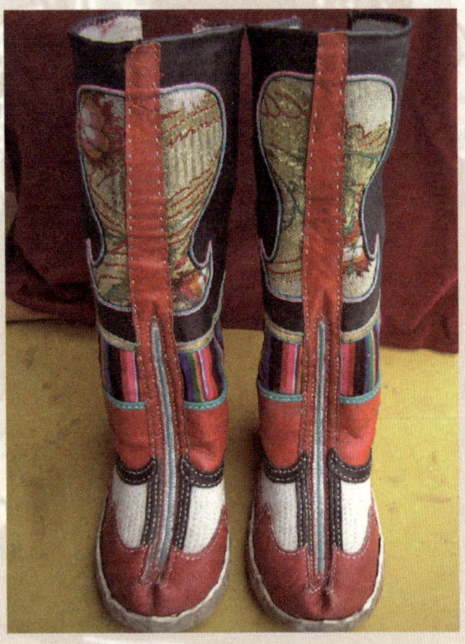
藏靴的制作技艺（波密县网信办供图）

1.3 人文环境

藏族人民创造了灿烂的民族文

化，在文学、音乐、戏曲、舞蹈、绘画、雕塑、建筑艺术等方面，都留下了极为丰富的文化遗产。

二、场景内容

2.1 民俗背景

藏靴、藏鞋不仅是此（特别是高寒地区）人们不可缺少的生活必备用品，其材质、形制、纹饰、工艺水平等还是藏族人一种身份和地位的象征。通过一个人所穿什么藏鞋，就能大致判断出这个人的职业和社会阶层。目前售价在900元以上的“嘉庆”鞋过去多为上层官员专用。

2.2 制作技艺

藏靴、藏鞋大致可分为四种，即“松巴拉姆”“嘎洛”鞋、靴子和“嘉庆”等。靴子大致分三种：黑色平绒布和牛皮相间作腰的称为“热玛鲁”；用绒布作筒的称作“布江”；鞋腰全部用皮料做的皮靴叫作“过瓦居尔达”。靴子的颜色以黑色居多，早期的具有典型的蒙古风格。而“嘉庆”是藏鞋中的高档品，藏语里是“虹影”的意思，鞋面及鞋腰上的两组线条恰似美丽的彩虹，底子很厚，用优质毛毡叠加，保暖结实。藏靴有一个特点，就是不分左右脚。这是因为生活中有的人腿脚有毛病，有的人拖着脚走路，所以有的鞋底左侧坏得快，有的右侧坏得快。藏靴的好处就在于可以把鞋子调换一下，继续用很长时间。

制作靴底的原料为“孙玛热杂”，一种麻类植物。“孙玛热杂”浑身都是宝，其果实可以用来炼油，制作藏靴的原料是它的杆茎。每年秋收过后农闲时，人们就到附近的山上把“孙玛热杂”砍回来浸在水中，数日后将其捞出晒干；洒干后，用木棍将其拍打成“棉花状”，然后抽出纺成线。

“孙玛热杂”的线多用来纳鞋底。用“孙玛热杂”纳出来了的鞋底结实耐穿，且经水浸泡会越变越硬，更结实，深受农牧民欢迎。此外，牛皮也是鞋底的主要原料，有的纯用牛皮做鞋底，有的将牛皮钉在“孙玛热扎”鞋底上，一般底高2厘米左右。为了让鞋底更柔软，有时制靴者也会将毛毡等衬在鞋内，以增加靴子的保暖性。

相比纳鞋底而言，做鞋腰、鞋面就是细活了，制靴技艺也大多体现于此。鞋面上一般要绣上许多精美的图案，一般以花朵为主。相对而言，女式靴子花朵较多，男式靴子花朵少；也有一些男式靴子鞋面上不绣花朵，唯求素雅。

过去，人们用马粪泡皮料；现在，马粪不好找，改用大叶茶渣。泡好的皮料剪成鞋底样，与提前粘好的麻布和毛毡钉在一起。麻布和毛毡必须盖住并明显大过皮底，因为麻布和毛毡是鞋底，也是鞋帮的一部分。

藏靴最难做的部分要数扎鞋底了。几厘米厚的皮鞋底需要用锥子一个个扎口，用针一个个穿线，完全是手工活。相比而言，做鞋腰和鞋筒就比较轻松，有些部分还能用上机器。鞋底做好之后和鞋腰、鞋帮缝在一起还不算完工，还要用一种特殊的工具把鞋里撑起来，这样才不会变形。

2.3 传承方式

过去，制作藏鞋藏靴主要是家庭内部经验积累，口传心授，世代相袭。现在，尼木县、白朗县、察雅县、嘉黎县的许多乡镇都自发地成立了许多“农牧民藏靴制作合作社”，聘请藏靴技师进行藏靴技艺的集中培训和制作学习，使其形成规模生产和经营，使这一传统技艺得到发扬光大。现在，逐渐发展成为工厂式的批量生产，科技手段得到运用。

“藏靴制作技艺”代表性传承人
旺堆（尼木县塔荣镇雪拉三村人，市级非物质文化遗产代表性传承人）
米玛（日喀则地区白朗县嘎东镇人，市级非物质文化遗产代表性传承人）

三、价值意义

藏靴、藏鞋是藏族人民必需的生活日常用品，其制作技艺直接反映出藏族聚居区的地理环境和气候特征。同时，藏鞋、藏靴又是一种独具民族特色的文化载体，具有独特的审美价值和历史研究价值。

四、保护措施

2013年，“藏靴制作技艺”分别由尼木县、白朗县、察雅县、嘉黎县等地申报，经西藏自治区人民政府批准，被列入西藏第四批自治区级非物质文化遗产代表性项目名录。

附录

藏靴制作传承人旺堆

藏靴制作传承人旺堆

历史上“制鞋”高人层出不穷，拉萨市非物质文化遗产藏靴制作传承人旺堆制作的藏靴五彩斑斓，引人入胜，件件都是精美的艺术品。旺堆的家在尼木县塔荣镇雪拉三村。据旺堆介绍，他们世家是藏靴制作匠人，到如今自己也不知道传了多少代了。他从17岁就开始跟父亲旦增欧珠学习藏靴制作，至今已学了17年。17年，对于人生而言，已是不短的时间；但旺堆坦言，自己也只是学了个皮毛而已。

旺堆说：“村里也有极少数人家在做藏靴，多是单打独斗。这样不行，得联合起来，大家一起干。”

塔荣镇是尼木县城所在地。“塔荣”，藏语意为“兴旺”。近水楼台先得月，背靠大树好乘凉，在党和政府关怀下，雪拉村已通上了水泥路。沿着尼木河旁的麻尼公路前行9公里，就到达尼木县城所在地塔荣镇，再往县城西北走一两公里便可达到雪拉村。旺堆的家二层小楼，土木结构，典型的藏式建筑，房子加院子，约有三四百平方米。旺堆家人丁兴旺，三世同堂，家里有13口人之多。

据了解，历史上藏鞋制作派别林立，大师众多，西藏各地均不乏制鞋高手。一般来说，藏鞋大致分为三种，即“松巴鞋”“嘎洛鞋”和“多札鞋”。“松巴鞋”以花纹美丽著称；“嘎洛鞋”美观、结实；“多札鞋”多产于昌都。

尼木县地处拉萨与日喀则交界处，两地的文化对其均有影响。“松巴鞋”一般分为“日喀则松巴”和“拉萨松巴”。因此，旺堆家的制靴技艺应属“松巴”一派，针脚细腻，巧夺天工，引人入胜，让人瞠目结舌，吸收了“日喀则松巴”和“拉萨松巴”的特长。据了解，“松巴”鞋可根据用料的质地不同及工艺的繁简程度不同分几个等级，同时也可以分为男式、女式及童鞋等式样。较为高级的有“松巴梯呢玛”，做工精致考究，喜庆节日才拿出来穿用。无论何种等级，何种样式，大的结构基本相同，都是由牛皮、棉线、丝线、金线、毛线、氆氇、呢子、棉布等材料用手工一针一线缝制而成。

松巴鞋的鞋底是牛皮做的，用粗毛线密密缝订，厚达寸余。鞋帮色彩斑斓，分别用红、黄、绿、蓝等8种颜色的丝线绣花边和花瓣；鞋面绣银花朵，十分艳丽好看。鞋帮用黑氆氇呢做长腰，长腰与鞋面间，用红、绿毛呢相接，颜色相配得体，长腰上端靠腿肚部位，竖开一条约十厘米长的口子，便于穿着和提携。这种鞋，实际是靴，非常适合在高寒地区穿。

旺堆告诉记者，一般来说，缝纫、绣花应是女人做的活计。因为，我们一般把这样的活计称为“女工”或“女红”。但旺堆的“女工”却做得比女人还女人，令巧妇们心悦诚服。旺堆的妻子卓嘎就坦言：“他比我做得好，你看这针脚，又细又密又匀称，花朵鲜艳漂亮，就像真的一样。”卓嘎所言不虚。在卓嘎说话的时候，旺堆已拿起针线“秀”了起来。只见他飞针走线，驾轻就熟，边与我们聊天，边绣花，一心二用，绝了，竟一点都不费事。

鞋底、鞋面、鞋腰做好后，就差上鞋底了。只见，旺堆拿出“索姆热扎”线，将鞋帮逐渐收口。旺堆说：“这是个经验活也是个技术活，收口太大，鞋腰将无法扣住，收口太小，做成的鞋子会挤脚。”一双“雪拉藏靴”做好了，旺堆告诉记者，藏靴一般不分左右脚。所以看起来，藏靴左右匀称，都很漂亮。

记者数了一下，旺堆做的“雪拉藏靴”共有6种款式，款款漂亮，让人爱不释手。旺堆说，“雪拉藏靴”还有很多款式，做好的卖出去了。至于“雪拉藏靴”到底有多少种款式，连他自己也说不清了。

旺堆告诉记者，最贵的“雪拉藏鞋”卖980元一双，一般的也要卖200元。

为了扩大销路，旺堆的父亲旦增欧珠在拉萨开起了店子，专做销售。旺堆说，父亲偶尔也回来指导一二或传授一些新的技艺。旺堆说，“雪拉藏靴”销路很好，今年已和拉萨、山南的经销商签下了不少订单。平时，做靴大多是旺堆一个人的活计。他告诉记者，父亲年纪大了，有时做起靴子来已经力不从心。妻子也只是偶尔做一下帮手，“绣花”、上底这样的“高级”活，她也帮不上忙；再说，经销商、顾客对靴子质量要求都很高，也不敢让妻子做。

旺堆说，做藏靴大多是利用农闲时间做，平时还得忙于种地，二者往往不能兼顾。做藏靴一年能带来2万元左右的收入，收入还算可观。有了这些收入，可让家人衣食无忧。旺堆家是一个人口大家庭，家里13口人，由于家庭观念浓厚，一直没有分家。

旺堆并不希望孩子们子承父业。他希望孩子好好读书，将来都上大学，谋个好差事。相反，旺堆却希望村里年轻人多来跟自己学习技艺，好组建制靴合作社，扩大生产规模，带动大家致富，把“雪拉藏靴”做大做强。“做藏靴收入还不错，但很辛苦、很累，所以至今没人来学。”这让旺堆很是头疼苦恼，他说：“村里也有极少数人家在做藏靴，多是单打独斗。这样不行，得联合起来，大家一起干；一起干有力量，能挣更多的钱。”

藏族传统画笔制作技艺

一、项目背景

1.1 流传区域

唐卡绘画时要用到不同类型的画笔。一支支或粗或细的画笔，加上绚丽缤纷的颜料，经过画师们的悉心绘制，一幅幅精美绝伦的唐卡作品就诞生了。因此，精选最好的原材料，精心制作成相对一致的画笔就很重要。凡有绘制唐卡的地方，定有传统画笔制作技艺的流传。位于拉萨的西藏唐卡画院画笔制作室是画笔制作的专业机构。

1.2 人文环境

绘制唐卡被视为一件神圣的宗教盛事。传统的唐卡画师都是自己制作画笔，选材不同，画笔的质量就不一样，劣质的画笔会影响唐卡的品质。卫藏藏族、康巴藏族、安多藏族以及个各特殊支系都有绘制唐卡的传统，因此，制作特殊画笔不但在拉萨，而且在各个地区都有传习。藏族人民创造了灿烂的民族文化，在文学、音乐、戏曲、舞蹈、绘画、雕塑、建筑艺术等方面，都留下了极为丰富的文化遗产。信众对唐卡的需求，促进了传统画笔制作技艺的发展和传承。

二、场景内容

2.1 民俗场景

西藏唐卡画院成立于2011年，是一家民办非企业文化艺术组织机构，如今已经成了西藏传统唐卡艺术领域最权威、最规范、最具影响力和规模最大的从事唐卡保护、传承、研究和交流的专业平台，先后培养了近300名合格的画师和画笔、画布制作技师。

走进西藏唐卡画院的画笔制作室，藏族传统画笔制作技艺的工艺流程在这里有序展开。这些流程完整地展示了西藏各地民间唐卡画笔制作的真实场景和工艺特色。

2.2 制作技艺

藏族传统画笔主要有木炭笔、石笔、天珠笔、勾线笔、染色笔、上色笔等类型，每一支小小的画笔，在绘制唐卡时都发挥着重要的作用。木炭笔主要用在唐卡绘画的草图上面。这种笔的最大优点是在绘制草图时，如果不小心画错了，用手轻轻一抹便能将错误的地方擦去，而铅笔画的线则要用橡皮擦才能除去。如果用橡皮擦去擦拭，会让唐卡用纸起毛，因此必须用木炭笔来绘制草图。据介绍，木炭笔的制作材料主要为插风马旗的木杆。先将木杆去皮切成筷子形状大小的木条，长度为15厘米左右；然后将木条排列有序地装进一个专制的圆形铁筒里面，将铁筒的两端紧密地用泥土密封，放入炉灶里面烧制；最后铁筒变红时将其拿出，待其冷却后将泥土除掉，铁筒里的木条便变成木炭笔了。

石笔的制作材料为材质较软的白色石头，将白色石头切开，然后打磨成长度为8厘米左右粗细均匀的石笔。石笔主要用于绘制黑底唐卡的草图。

这些石笔晶莹剔透，拿起来颇有质感，画在黑底上时颜色为白色，看起来比较醒目。

天珠笔的制作材料为质量上乘的天珠。制作方法为：先将天珠切开，将其一端打磨成尖锐的笔端，另一端则用纯银将天珠和笔根连接。据悉，天珠笔的笔根有象牙制作的，也有檀香木制作而成的，非常珍贵。天珠笔主要用在唐卡制作时使用金粉之后，用天珠笔轻轻勾画，可让金粉的光泽充分发挥出来。

勾线笔、染色笔、上色笔的制作材料及方法差不多，它们的主要区别在于笔尖的粗细不同。勾线笔主要有三四种粗细，染色笔及上色笔主要有四五种粗细。勾线笔笔根的制作材料主要有四种：竹子、柏树、檀香木和一种长在山上的乔木。这种树为一种藏药材，用它制作的笔根对缓解眼睛干涩有好处。唐卡画师长年累月地作画，有时会感觉眼部不舒服，而用这种笔根则可缓解眼部不适。因此我们经常能看到唐卡画师在休息之时将画笔别在耳朵上面，这时笔根处于眼睛周围穴位的位置，从而对眼睛起到保健作用。

勾线笔的制作方法为：先将上述笔根材料切开处理成筷子形状大小的光滑木条，然后将木条的一端削成笔尖。由于勾线笔有三四种粗细，因此笔尖的粗细各不相同。

勾线笔的笔毛材料是从毛质好的黑猫或棕红猫的脊梁毛中选出的又直又长的毛梢，最好是选激怒后的野猫毛。野猫被激怒后，脊梁上的毛会自然竖起，这时采到的毛是最好的。染色笔和上色笔的笔毛材料为山羊毛，主要取的山羊腿部内侧的毛，因为这个部位的毛品质较好，同时硬度合适，用其制作而成的染色笔和上色笔非常好用。

绘制唐卡的颜料为天然的矿植物颜料，这些颜料由于自身的物理特性，研磨调和后，仍然非常滞重，用一般的画笔很难运笔作画。唐卡的传统画笔主要由猫毛和山羊毛制作而成，这种画笔饱蘸这些特殊的颜料，仍能运笔自如，潇洒作画。

2.3 传承方式

传统的唐卡画师都是自己制作画笔，选材不同，画笔的质量就不一样。劣质的画笔会影响唐卡的品质。历史上，画笔制作技艺主要是师徒间口传心授；现在，逐渐转向学校式的教学传承方式。

近年，藏族传统画笔制作技艺已申请了商标，将大批量地生产画笔。

“藏族传统画笔制作技艺”代表性传承人
明玛（西藏自治区人，区级非物质文化遗产代表性传承人）

三、价值意义

唐卡、壁画作为藏族文化中璀璨的明珠，让世人在欣赏之余感叹其精湛的技艺。唐卡、壁画在制作时要经历一段独对自我的过程，作为画师，必须具有足够的耐心与实力。在绘制唐卡、壁画时，看似不起眼但却非常重要的就是画师手中的画笔。一支顺手的画笔往往能使画师们“如虎添翼”，创作出更为优秀的作品。

藏族传统画笔制作技艺是一门古老且具有浓郁民族特色的技艺，是我国文化艺术宝库中璀璨夺目的遗产之一。

四、保护措施

2013年，“藏族传统画笔制作技艺”由西藏唐卡画院申报，经西藏自治区人民政府批准，被列入西藏第四批自治区级非物质文化遗产代表性项目名录。

附录

唐卡大师罗布斯达和他的画笔制作

西藏唐卡画院的画笔制作室，在屋子的角落处，一位年轻小伙盘腿坐在卡垫上，正专注地制作着画笔。走近一看，他的身边零散地放着制作画笔所用的工具，有刀具、小块石板、小巧的竹筒、专用粘胶等。在他灵巧的双手下，各种制作画笔的材料被完美组合，变成了一支支工艺精良的画笔。

这位年轻小伙名叫罗布，来自日喀则。三年前经过罗布斯达的言传身教，他学会了藏族传统画笔的制作技艺。以前他一直在老家一边干农活一边制作传统画笔，半年前他来到西藏唐卡画院，成为一名专门的传统画笔制作人员。问及他为什么会学习这门技艺时，罗布说："罗布斯达老师一直告诉我藏族传统画笔制作技艺是一门古老且具有浓郁民族特色的技艺，是我国文化艺术宝库中璀璨夺目的遗产之一。对我来说，学会这门技艺收获颇多，一方面可以掌握一项独特的技艺，另一方面也有助于将传统文化发扬光大，因此我一直在坚持认真努力地学习，以制作更多更好的画笔，让更多的唐卡画师用上我们画院制作的画笔。"闲聊间，罗布也为记者介绍了勾线笔的制作材料及方法。

笔根制作好后，接下来便是制作笔毛。说话间，只见罗布从身旁的一个盒子里拿出了一些已分好颜色的猫毛，然后一根根地开始挑选，将质量好的毛选出后，将其放入了由竹节做成的一个小巧竹筒内；接着将竹筒放在平面的石板上以不同的节奏转拍多次，直到里面的猫毛变得整齐有序时才停止转动。罗布将排列整齐的猫毛拿出，用胶将其固定后放在了石板上。放置一段时间，待胶干透后，笔毛便制作好了。接下来，用丝线将其与笔根固定好就大功告成了。

罗布斯达表示，染色笔和上色笔的制作方法与勾线笔相同，只是笔毛所用材料不一样。染色笔和上色笔的笔毛材料为山羊毛，主要取的山羊腿部内侧的毛，因为这个部位的毛毛质较好，同时硬度合适，用其制作而成的染色笔和上色笔非常好用。

看完一支画笔的诞生过程，记者留意到，在这不大的房间里，有30多个年轻人正安静地绘制着唐卡。不远处一个年轻女孩手执画笔的侧影吸引了记者的注意。走上前去，只见她正专注地给唐卡上色，而她手里使用的画笔便是这里手工制作的传统画笔。女孩说，她学习唐卡已有三四年时间了，以前一直在练习画草图，画草图属于基本功，只有基本功打好以后才能学习后面的勾线、着色等步骤。女孩表示，几年来她一直苦心钻研、勤学苦练，小小的画笔终于能得心应手地运用。他们一直在使用画院手工制作的传统画笔。这种笔使用方便，同时也能将唐卡作品的各种神韵很好地表现出来。

出生于唐卡世家的罗布斯达，从小便对唐卡艺术产生了浓厚的兴趣，12岁开始便跟着爷爷学习唐卡工具的制作及画法，随后也一直坚持不懈地学习以提高绘画技能。30多年过去了，罗布斯达如今已成为西藏首屈一指的唐卡大师，也是国家级非遗藏族唐卡勉萨派的国家级继承人。多年来，他培养了不少唐卡画师和传统画笔制作师。“我教给他们的，就像当年爷爷教给我的一样，是最为传统的唐卡技艺。”罗布斯达如是说道。

罗布斯达表示，“工欲善其事，必先利其器”。要制作出精品唐卡，画笔的选用尤为关键。虽然目前可以在市场上买到各种现成的画笔，但与传统手工制作的画笔相比，其制作方法和笔毛的软硬度都有很大的区别，根本达不到制作精品唐卡的需求。

罗布斯达说，西藏唐卡画院作为一个为倡导藏族唐卡艺术的传承、发展、宣传、创新而奋斗的机构，一直致力于将与唐卡有关的优秀文化传承下去。在这里，学员们可以学到各种画笔、颜料的制作技艺及各派唐卡的绘画技艺。

多年来，罗布斯达不但用他手中的画笔记录和弘扬着藏民族优秀的传统文化，而且不知疲倦地培养着传统画笔制作技艺的传承人及更多喜欢唐卡绘画的接班人，以让这一历经千年而不衰的古老工艺传承下去。他说，经过几千年流传下来的唐卡及其使用的画笔都是非常经典的，现在的制作方法和绘制技艺更多保持原有的特点。罗布斯达希望他的学生如罗布一样可以做他们喜欢的事情，并且在画笔的制作过程中找到真正的乐趣所在。

每一支小小的画笔，都是一件艺术品，在绘制唐卡时都发挥着重要的作用。“要是细分起来，光上色笔、勾线笔就各有五六种，其他类型的笔也有三四种，每一种画笔在制作材料及方法上都各有不同，这就需要手工艺人具有精湛的技艺与耐心。最开始在制作细的勾线笔时，我们是从白色猫身上挑选笔毛。但时间一长，我们发现这种毛很容易变烂。后来经过仔细挑选，我们决定使用棕红色的猫毛。这种毛软硬适中，保存起来也比较方便，但是只能从猫的尾巴上一根一根地挑选，太长了不行，太短了也不行。”罗布斯达说道。

在西藏唐卡画院，工作人员还专门将制作画笔的材料与完成品陈列出来，每一支制作精美的画笔就像一件艺术品。记者仔细观察后发现，石头笔和天珠笔在选材时与其他画笔有很大不同。“石头笔的原材料很难找，我们在制作时一般会从昌都地区和日喀则地区选材，这种石头是白色的，质地很软，在绘制黑底唐卡时会用到。这种石头笔画在黑底唐卡上是白色的，所以比较显眼。”罗布斯达向记者介绍石头笔的制作过程。

除了石头笔，天珠笔也比较特别。在制作这种笔时，要将成块的天珠切开。一般来说，一整块的天珠大约能制作出4支天珠笔。在制作时，要将切好的天珠不断打磨，然后将笔杆与笔头用纯银包住。天珠笔主要用来打磨金粉，在绘制壁画、唐卡时都会使用。

“制作传统画笔确实是个费心的活儿，有的时候我们不仅要跑很多地方去寻找材料，还要一点一点地从材料中挑选精品，包括画笔的笔杆，我们也要一根一根去打磨，这些笔杆有的是选用白树、乔木，有的是用檀香木，根据用途不同，笔杆的材料也有所区别。”罗布斯达认为制作传统画笔很耗费精力。

罗布斯达还专门申请了商标，以后打算大批量地生产画笔。“像我们这些画师，平常难免会有外出交流的机会，有些人看到我们绘制的唐卡就很好奇我们到底是用什么样的画笔，制作技艺到底是什么。现在我把商标申请好了之后，就会将它用在西藏传统画笔上。我也带了一些徒弟，整理了一些资料，为的就是让更多人了解我们西藏的‘好东西’，绝对不能让这种传统手工艺白白流失。”罗布斯达对传承西藏传统画笔制作技艺有着自己独到的见解。

罗布斯达作为勉萨派唐卡国家级传承人，不仅通过画笔展现出西藏的良好风貌，同时还言传身教，培养了一个又一个优秀的唐卡画师。我们也希望他能够通过手中的画笔让更多人了解西藏、爱上西藏，并让优秀的传统文化散发出迷人的魅力。

达古石锅制造技艺

一、项目背景

1.1 流传区域

达古石锅，西藏山南市桑日县的三大特色之一，起源地为桑日县增期乡达古村，多用采自深山的类似玉一般的软质石料加工而成。过去，达古石锅是达贡地区（现在的林芝米林县和朗县、山南加查县、曲松县、桑日县一带）的当地藏族居民基本的煮饭用具。随着近些年来电器的逐渐普及，原始的石锅炊具被不断替代。迄今为止，达古石锅的手工技艺主要靠合作社这一种形式来进行重点制作与保护。

1.2 人文环境

桑日县隶属西藏自治区山南市，位于西藏自治区东南部，山南市北部。东邻加查县，东南接曲松县，西、南与乃东县毗邻，北靠墨竹工卡县，东北与工布江达县相连。县境东起夕拉崇山，西至大布卓布山口，北起那果木日，南到多果日山脚以南约1.5公里处，总面积2 633.62平方公里，辖1镇3乡。据2010年第六次人口普查数据，桑日县藏族人口16 771人，占总人口的97.16%。

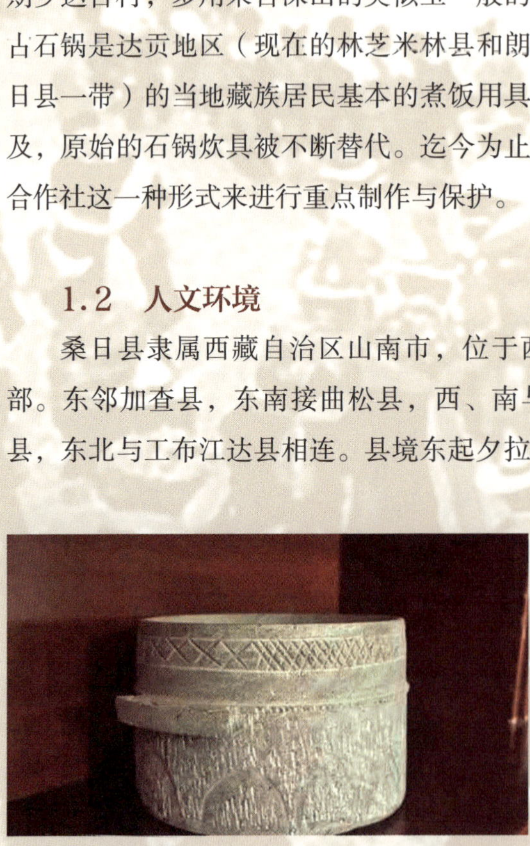

桑日，藏语“铜山”

达古石锅制造技艺（刘桂池 李珩供图）

之意。桑日县是帕竹地方政权的发祥地，文物古迹甚多，境内有宗教遗址4个，建于14世纪。桑日县流行的民间舞蹈有阿谐、谐庆、果谐、卓谐等。其中果谐在桑日流传最广。主要景点有丹萨梯寺、沃卡温泉、达古峡谷、马鹿自然保护区等。

二、场景内容

2.1 民俗背景

达古石锅具有悠久的历史，人类在新石器时代就开始了石锅的手工制作，后来在漫长的历史进程中逐步成了人们最基本的烹饪用具之一。达谷交通闭塞，当地农牧民的生活器皿多用采自深山的类似玉一般的软质石料加工制成，常用的有石锅、石囤、石碗、石托盘、石钵等，统称为石锅。用石锅烹制的食物具有特殊香味。不少装饰品也为石制，做工精细，美观古朴。

2.2 制作技艺

石锅有达古石锅和墨脱石锅，而达古石锅和墨脱石锅的外形不一样。达古石锅的锅耳仿造鱼尾的形状，惟妙惟肖，很可爱。石锅整体锅形下宽上窄，形状为桶形，壁厚2—3厘米。锅底有平底和弧形底两类，锅壁薄却不脆。

制作石锅的第一道工序便是上山采石。达古石锅的取材原料必须是沃德贡杰雪山雪线以上被雪埋住的皂石，每年的6、7、8月，手工艺人们到山上采集石头原料。“挖一趟石头要一个星期左右，上下山都需要两天时间，其余三四天都在山上采石。”在山上采石时，手工艺人就会做好原材料的挑选和初步打磨，排除较脆易碎的石头，选取埋藏在雪下的质地柔软的皂石，然后将其初步打磨成块状粗胚，用竹筐背下山。

第二道工序为凿磨石坯，先用凿子凿石锅，再用小锄头削平石锅。这需要看准石头的纹理，按照天然的纹路去凿，才能凿磨出耐用的石锅。益西师傅说，凿磨石坯最为关键的是石锅手柄的位置，在选择时也须考虑石头的纹理；否则，即使表面上看不出什么，但只要投入使用，石锅就会开裂。

第三道工序为打磨。由于石锅原材料的特殊性，加工打磨石锅时无法依靠机器，只能靠手工完成。现在益西师傅打磨一个石锅往往需要一天的时间。

最后一道工序为雕刻。谈及石锅两柄上的鱼尾图案，益西师傅说，石锅图案的雕刻并没有特殊含义，而是劳动人民在生产过程中形成的实用朴素美学，既美观又能防滑。石锅侧壁上的斜纹不仅仅是为了美观，还可以在煮饭的时候加快导热。益西师傅在制作石锅的过程中有时突发灵感，也会加上一些藏族吉祥图案。

2.3 传承方式

达古石锅制作原来都是家族式传承。成立合作社以后，目前已有四名传承人，开始了社区培训合作和流水作业生产，已突破家族式传承方式。

“达古石锅制造技艺”代表性传承人

索朗多吉（桑日县增期乡达古村人，区级非物质文化遗产代表性传承人）

三、社会影响

达古石锅是人们智慧的体现，是雪域高原独特饮食文化的重要构件。传承至今，达古石锅现在已经成为达布村的支柱产业，也是山南热销的旅游产品。

2016年10月，合作社自主设计商标“哆锅”，并向工商局申请，现已得到批准。

四、保护措施

2013年，“达古石锅制造技艺”由山南市桑日县申报，经西藏自治区人民政府批准，被列入西藏第四批自治区级非物质文化遗产代表性项目名录。

鸡爪谷酒酿制工艺

一、项目背景

1.1　流传区域

鸡爪谷酒，夏尔巴人叫它“曼加”，因以当地特产的鸡爪谷为原料酿制而得名。其传统制作工艺主要流传于日喀则市定结县的陈塘镇，定日县的绒辖乡，聂拉木县樟木镇的立新村、雪布岗村等中国境内夏尔巴人定居区。这些定居区的地理位置大体介于北面西藏高原和南面尼泊尔山地平原之间，平均海拔高度2 000米左右，气候温润，雨量充足，非常适合鸡爪谷的种植。陈塘镇夏尔巴人数量最多，有2 000多人，也是鸡爪谷酒酿制工艺的主要生产区域。

1.2　族群简介

夏尔巴人，藏语意为“来自东方的人”，又能解释为“留下来的人”，主要散居在中国、尼泊尔、印度和不丹等国边境外的喜马拉雅山脉两侧，语言为夏尔巴语，但无文字，使用藏语文。关于夏尔巴人的起源问题，说法不一，有的说是在成吉思汗时代，位于四川甘孜的一支部队被元朝军队打败，逃到西藏嘎尔定居下来，成为今天的夏尔巴。也有人说夏尔巴是从尼泊尔名叫“夏尔孔布”的地方迁居西藏的移民。夏尔巴人大都同意后者的说法。夏尔巴人有姓无氏，与藏族的姓名没什么区别，一般也不与外族通婚。宗教信仰为藏传佛教，以萨迦派和噶举派为主，还保留有较多的原始信仰。

1.3 人文环境

鸡谷爪酒（赵春江/摄影）

定结县位于西藏自治区西南部，喜马拉雅山北麓，属日喀则市辖县；东连岗巴县，西临定日县，北与萨迦县接壤，南与尼泊尔和锡金两国毗邻，边境线长达165公里，是西藏自治区边境县之一。定结县总面积5 816平方公里，总人口2万余人。定结县1988年被西藏自治区列入珠穆朗玛峰自然保护区的范围，成为研究自然历史和人文历史遗产的重要基地。

陈塘，汉语意为运输之路，因修筑萨迦南寺时，大量木材由此地提供而得名。陈塘镇属日喀则地区定结县管辖，位于喜马拉雅山北麓、珠穆朗玛峰东侧的原始森林地带内，与尼泊尔一衣带水，隔河相望。夏尔巴人世居深山老林，过去几乎与世隔绝，在漫长而复杂的历史过程中，始终顽强地保持着自己独具特色的民族文化。

二、场景内容

2.1 民俗背景

陈塘镇大面积种植鸡爪谷。鸡爪谷可能是最贵的经济作物，比米价贵2~3倍。但这没有阻碍陈塘夏尔巴人对鸡爪谷酒的喜好，对于他们来说，鸡爪谷酒是生命中的血液。有资料显示，2009年，陈塘镇农作物总播种面积为2 946亩，其中鸡爪谷播种面积占90%以上。在20世纪以前，鸡爪谷是夏尔巴人的主食，加工方法是将鸡爪谷脱粒、晒干、磨成细粉，放入烧开的水中稍微煮一下，然后用搅拌器（形如船桨的木棒）反复搅拌成面团，煮熟后即可食用。但现在夏尔巴人的生活越来越好，产于内地由人工背进去的大米成了主食，而鸡爪谷主要用于酿酒。

鸡爪谷酒不仅能解忧，还有药效：夏尔巴妇女生小孩奶水不足的时候，喝鸡爪谷酒可催生奶水；整天劳作，回家之后深感疲惫无力，喝一桶鸡爪谷酒，全身舒服很多；作为礼物，谁家新生了孩子，送一桶鸡爪谷酒以示庆祝；谁家老人病死，提一桶鸡爪谷酒以表悲痛悼念；受人恩德，回一桶鸡爪谷酒以示感谢……

请洛苯法师做法事时，供奉上好的鸡爪谷鸡，更是必不可少。在陈塘镇夏尔巴人的酒俗中，也有“三道酒定终生”的说法：第一道求婚酒。男方看上女方后，男方的父母提一桶酒到女方家去提亲。第二道回酒。女方同意婚事后，她的长辈要回送一桶鸡爪谷酒给男方，这门婚事就确定下来了。第三道成婚酒。成亲仪式中，双方亲朋好友聚在一起喝鸡爪谷酒对新人表达祝福。总之，鸡爪谷酒是夏尔巴人日常生活与民俗活动的必备品。

2.2 制作工艺

鸡爪谷系禾本科农作物，籽粒如白菜籽，红褐色，穗头呈爪状，喜肥耐水，生长期四个月，亩产五六百斤，是陈塘夏尔巴人的重要粮食作物。不仅陈塘种植鸡爪谷，喜马拉雅山脉东南麓大部分区域，如西藏山南的错那县、隆子县与林芝的朗县、米林县、墨脱县等地的门巴族、珞巴族也以它为食。

西藏各地酿制鸡爪谷酒的方法大都类似：先将鸡爪谷煮熟，捞出晾温后拌入酒曲，然后装入特制的泥坛发酵几天即可。而陈塘夏尔巴人的鸡爪谷酒是“吸”着喝的。酿好的鸡爪谷装在桶里，插上竹管吸上一口，再添加温开水，搅一搅，又是一壶酒；直至冲淡无酒味，再换鸡爪谷“原浆”。可以一人一桶自吸自饮，独享快活，也可以三五人一桶，团团围坐，一边聊天一边轮流“吸”酒。

头道鸡爪谷酒颜色略呈乳白色，口感酸酸甜甜，十分容易入口。吸酒的竹管有食指大小，管道较细；而鸡爪谷颗粒很小，容易吸入口中或堵塞通道。想“如龙吸水”般畅饮美酒，要有好的吸酒技巧。外地客人第一次吸酒时，往往不得其法，吸得面红耳赤，却滴酒未进，因为竹管被鸡爪谷堵满。

陈塘镇的夏尔巴人很讲究“酒道”。首先，盛酒的酒具由海碗粗的上好硬木掏空，再在其上、中、下三部分紧箍一圈錾有花纹的铜条，盖上箍有铜条的桶盖，是为酒桶。中端握手处包着尼泊尔打制的纯银外饰的竹管，为上等吸管。一套讲究的酒具，要花费逾千元。上酒时，在酒桶上沿用糌粑或酥油点上“三座小山”，以示对客人的尊敬。敬酒则是加温开水，看到客人吸一口后，立即在酒桶内满上开水，再示意喝酒。酒虽越喝越淡，酒香和情谊则越喝越浓。

2.3 传承方式

鸡爪谷酒为家庭自行酿造，在夏尔巴人定居点世代传承。

三、价值意义

夏尔巴人非常喜好鸡爪谷酒，这种较为原始的酿制工艺和酒俗文化对于研究夏尔巴人的经济、社会、历史等方面都有一定的价值。

四、保护措施

2013年，“鸡爪谷酿制工艺”由日喀则市定结县申报，经西藏自治区人民政府批准，被列入西藏第四批自治区级非物质文化遗产代表性项目名录。

拉拉奶酪制作技艺

一、项目背景

1.1 流传区域

“拉拉”是藏北独具特色的一种高品质乳制品，富有接近于奶酪的高蛋白、高脂肪，具有很高的营养价值。尤以那曲聂荣县的“拉拉”，在西藏地区享有盛名。

1.2 族群简介

居住于聂荣县境内的藏族统称为康巴藏族。

聂荣县牧场（张强/摄影）

1.3 人文环境

聂荣县是西藏自治区那曲地区下辖县，地处西藏自治区北部、唐古拉山南麓，位于青藏高原腹地。与新疆维吾尔自治区和青海省交界，平均海拔在4 700米左右，总面积14 540平方公里。辖1区9乡，173个村。2003年总人口3万，均为藏族。

聂荣，藏语意为“悦耳谷”。聂荣在元朝时境内出现了三个部落，明初又形成了一部落。后来这四个部落与比如、巴青、丁青等境内的另外一些部落一起，结成了在藏族历史上称为“三十九族”的大集团，其活动的范围称“三十九族”地区。

聂荣县经济以畜牧业为主，主要畜产品有羊毛、酥油、牛羊绒、皮张、牛羊肉等。也有大量的传统的家庭手工业，产品主要有藏被、搭把口袋、腰带等。

二、场景内容

2.1 民俗场景

在藏北草原，奶制品具有极高的营养价值，是牧民不可或缺的食物。不同的制作流程和工艺，都会将乳白色的牛奶做成人们自己喜爱的奶制品食物。食品按照藏北牧民的传统饮食习俗，可以分为“噶塞”（素食）和“玛塞”（荤食）两类。“噶塞”中，有广为人知的酥油茶、甜茶，还有奶渣、奶酪、酸奶。但另有一些食品，是许多人不知晓的，比如说“拉拉”“褪”等。到了夏天，勤劳的牧民还会用新鲜的牛奶做成酸奶后冰冻，便制成了牦牛酸奶冰淇淋。人们对其喜爱至极。

“拉拉”一般用以招待客人，也是藏北逢年过节时的主要食品之一，它一般和“褪”一起出现在牧民家中的茶桌上。牧民给客人倒碗香甜可口的酥油茶后，把“拉拉”掰成几条泡在客人的茶碗里，待浸透后食用。聂荣县牧民制作的“拉拉”，除了天然的优质草场外，用的是未经提炼的酥油，在藏族备受青睐。

2.2 制作技艺

聂荣县的农牧区一般是中午挤牛奶，然后把牛奶放入桶里自然发酵，晚上就可以制作“拉拉奶酪”了。“拉拉”的制作方法比较复杂，却也纯粹。把牛奶煮开后放凉，加入少许酪浆发酵成块状物后，将其拉成条状物晒干即可。

因为聂荣制作的“拉拉”不提炼牛奶中的酥油，而其他地方的“拉拉”一般是先将牛奶里的酥油提炼出来，再用来制作“拉拉”，所以说，聂荣的“拉拉”营养更加丰富，口感更好。“拉拉”的制作工艺堪称独一无二。

2.3 传承方式

为家庭生活用品自行制作，世代传承至今。

三、社会影响

在那曲地区，聂荣县牧民制作的“拉拉”，在一年一度盛大的畜产品交易会上，都会成为当地牧民炙手可热的产品。每年三天的交易会，前两天就会把聂荣县的“拉拉”抢购一空。现已成为藏北奶制品的标签食品。

四、保护措施

2013年，“拉拉奶酪制作技艺” 由那曲地区聂荣县申报，经西藏自治区人民政府批准，被列入西藏第四批自治区级非物质文化遗产代表性项目名录。

森布日制胶技艺

一、项目背景

1.1　流传区域

藏族人民很早就通过煮熟牲畜的皮和角制作胶，在江河上修建桥梁时使用，由此可见胶的制作具有悠久的历史。胶在农业生产生活和建筑业方面用途十分广泛，是藏民族传统手工技艺之一。

森布日村位于西藏山南市贡嘎县岗堆镇雅鲁藏布江北岸。森布日村制作的胶、皮制品不仅闻名于雅江两岸，甚至在整个山南地区也非常有名。

森布日制胶技艺（来源：山南网）

1.2 人文环境

贡嘎县是西藏自治区山南市下辖县，位于西藏自治区南部、雅鲁藏布江中游河谷地带。贡嘎县境内地势西高东低，属高原干旱季风气候区。全县总面积2 386.11平方公里，辖5镇3乡、43个行政村（社区），总人口5万余人，主要为藏族。

贡嘎，藏语意为“寨后白山，山顶白色”。贡嘎县手工毛纺工艺历史悠久，尤以“杰德秀围裙”享誉中外。主要宗教活动场所有贡嘎曲德寺、夏竹林寺、德庆曲果寺、次曲珠达寺、森布日拉康等，其中贡嘎曲德寺为自治区区级重点文物保护单位，德庆曲果寺为山南地区区级重点文物保护单位。贡嘎县是拉萨贡嘎国际机场的所在地，是西藏著名的航空大县。

二、场景内容

2.1 民俗背景

根据史料记载，胶的制作具有悠久的历史，在农业生产生活和建筑业方面用途十分广泛，是藏民族传统手工技艺之一。

2.2 制作技艺

制胶选材以牦牛等大牲畜的皮子为主，一般需要三张。将选好的畜皮在江水中浸泡7~8天。畜皮从江水中取出后，将皮内残肉刮去，并涂上石灰（这样能使皮外的毛更容易刮去），然后将牲畜的皮折叠好后再放入江水浸泡10天左右。捞出将皮外面的毛去尽，将皮子剪成一条条或者一块块的小块形状，便于放入水中用手或脚揉搓踩踏，将畜皮彻底洗干净。

为了防止畜皮在煮制过程中和铁缸粘在一起，需要在煮畜皮之前，把旧白桦树枝放在铁缸底部。如果没有旧白桦树枝，将新的白桦树枝放入铁缸煮，煮到一定程度时，把水倒掉，再把煮后的白桦树枝重新放在铁缸的底部。这样做的目的是保证胶的质量。

第一张畜皮需要煮24小时，将煮好的畜皮汤倒入木盆中，放置在阴凉处；第二张畜皮同样煮24小时，畜皮汤倒入已有第一张畜皮汤的木盆中；第三张畜皮煮20个小时即可，把畜皮汤倒入同一木盆中。缸内剩余的畜皮也就失去了价值，将其废弃。盆中冷却后的畜皮汤因具有黏度而凝固，将它切成条形放在准备好的木架上，等晾到七分干时再穿上绳子，悬挂在屋檐下继续晾干。过些天后，将完全晾干的胶条捆好，也就成功制成胶原料。

2.3 传承方式

作坊生产，把握火候和汤的黏度是关键，师徒间口传心授，积累经验，世代传承。

"森布日制胶技艺"代表性传承人
曲宗（山南市贡嘎县人，区级非物质文化遗产代表性传承人）

三、价值意义

在藏族聚居地区，胶的制作具有悠久的历史，在农牧生产生活和建筑业等方面用途十分广泛，是藏族传统手工技艺之一。

四、保护措施

2013年，"森布日制胶技艺"由山南市贡嘎县申报，经西藏自治区人民政府批准，被列入西藏第四批自治区级非物质文化遗产代表性项目名录。

擦擦制作技艺

一、项目背景

1.1　流传区域

“擦擦”一词据说是源于古印度中北部的方言，是藏语对梵语的音译，意思是“复制”，指一种模制的泥佛或泥塔。西藏发现的早期印度风格的擦擦多由红色陶土塑成，边缘不规整，胎泥外溢，图案以神降塔、吉祥塔和菩提塔居多，且大都印有般若经咒。

拉萨作为西藏政治经济文化中心，擦擦的制作无论其质量和数量在藏族都首屈一指。

1.2　人文环境

拉萨是西藏自治区的首府，具有高原和民族特色的国际旅游城市，是西藏的政治、经济、文化和科教中心，也是藏传佛教圣地。位于西藏高原的中部，喜马拉雅山脉北侧，海拔3 650米，地处雅鲁藏布江支流拉萨河中游河谷平原，拉萨河流经此，在南郊注入雅鲁藏布江。

被称为“世界屋脊”的青藏高原，陡峭的山峰，严寒的气温，稀薄的空气，变幻无常的环境，使任何生物在此生存都是对生命极限的挑战。人们在这样的环境中繁衍生息，对日月星辰、山川河谷、野兽牛羊以及一切未知都充满恐惧、敬畏、希望和企求。人们在心灵上极需要神灵的护佑，以纯净的虔诚之心崇奉佛教，以非常人所能做到的毕生神圣追求，叩长头，转神湖，绕圣山，转经朝圣。他们认为：为佛造像是一种积累功德

擦擦制作（余耀明/摄影）

的善行，敬塑佛像，打造擦擦，以最饱满的宗教激情，不厌其烦，不遗余力，力求在这小小的天地中开辟出大大的乾坤。

二、场景内容

2.1　民俗背景

擦擦的来源主要有三种说法：其一，源于古代印度中、北部方言，藏语对梵语的音译，至今在中国西藏、青海、四川、甘肃等省（自治区）还沿用；其二，源于制作擦擦时发出的音响，为拟声字；其三，藏语“萨”或“洽”就是土，至今通用的“擦擦”，本应该做“萨擦”或“洽擦”，即泥擦，似乎更接近原初。

原初，擦擦一词仅用来表示佛塔，后来才衍生出佛像。大者盈尺，小者不足半寸。以浮雕为多，圆雕为少，塔擦除外。擦擦是从古印度石板塔腹内置放圣物的风俗演变而来的藏传佛教艺术品，其题材大多为诸佛、菩萨等造像和佛塔、经咒。诸题材制作成的擦擦均符合最基本的藏传佛教仪轨，被藏传佛教僧俗视为禳灾祈福的宗教圣物，不可亵渎。

在藏民心目中，世间的一切物质都可以制成佛像、塔。不仅取材于金、木、土、石，甚至是水、火，乃至空气。至今尚可见到打水擦、打火擦、打风擦的奇特而又真实的情景。即操模具不停地往水、火、空气中打去，于是随水、火、风去的便是无尽的佛像、塔、经咒。祖辈已习惯于将打制的擦擦当作圆满自家夙愿的圣物，供奉于一切具有灵气的圣山神湖和生活着的空间……

在川西北若尔盖县班佑乡多玛村边，有一座高5米、周圈80米、保存完好的大擦堆，其上限可追溯到9世纪赤热巴巾时代，堆放着无数的泥擦，是千年历史的见证。1986年10月10日十世班禅大师亲临云南迪庆藏族自治州，在书松贡卡转经台的纪念碑上记录了这一光辉的日程。照片中几个白色擦康中供奉着云南地区的擦擦，照片中的圆形路径便是无数虔诚的善信年复一年、一步一步走出来的巡礼足迹。

千余年的擦擦史便全部包容在“有佛像期”近两千年漫长的宗教艺术史中。同其他宗教艺术品一样，擦擦所恪守佛像不同于凡人形象仪轨的最根本之处，是佛造像必须具备“三十二相”“八十种好”，即所谓的“相好庄严”。

除上述“相好庄严”种种仪轨外，还有适用于所有佛、菩萨、明王诸擦擦的八种成套造像尺度，藏语称作“提康”，意为“线房”。

2.2 制作技艺

擦擦是指一种用凹型模具捺入软泥等材质、压制成型脱范而出的模制小型佛像、塔。绝大多数擦擦是由一两件模具压制成型脱范而出的，是为常例；亦不排除变例，即由几件模具在同一块泥上，经多次压制成形的一种特大型的擦擦，此种擦擦尺寸较大，存世量较少。

擦擦从工艺上可分为单面模具制作的浮雕和双面模具制作的圆雕。

形制大致有两类：一是塔形，其上有佛像及各种变相；二是砖形，印有佛像和经咒。在色彩上又分为素泥、设色、泥金或二者兼具，此外尚有风干与火焙之别。从成分上看，擦擦的类别也较多。一般是用最普遍的泥土，考究的则用阿嘎土或掺有香灰、纸浆的泥土制成；另一种是用泥质药浆或藏药炮制而成的“药擦”。除此之外，还有将自己的上师、父母及亲友的骨灰、遗物与土混合制成的擦擦，以期消除罪孽；或者表示将身体供奉于佛，类似唐代的“善业泥”。

因材质的不同、年代的远近、制作者身份的尊卑、艺术水平的高下、出土和传世数量的多寡诸多因素，构成了对擦擦品评鉴赏及珍稀程度界定的客观依据。擦擦的种类有泥擦、骨擦、布擦、药擦、名擦等划分。

泥擦一般用最普通的泥巴，好一点的则用阿嘎土、炼泥、香泥（掺有香灰）、纸泥（掺有纸浆）等制成，统称“泥擦”。此类泥擦子以素泥为多，在古老的擦擦中，普通泥擦尚属于存世量相对较多的一种。除罕见品或属于“名擦”的泥擦以外，绝大多数泥擦的价值相对较低。

骨擦是将圆寂活佛、高僧骨灰混合泥土制成，因其掺入骨灰而得名，比重小于泥擦。此种“骨擦”也较泥擦少，传世者相对更少，多数出土自塔腹。其艺术、收藏价值较一般泥擦高，有一定文物价值。

布擦。据藏传佛教仪轨，历代达赖喇嘛、班禅大师及少数大活佛圆寂实行塔葬，此为藏地最高级葬礼。塔葬之先，须将大师法体用盐巴、藏红花等珍贵药品做脱水处理，方可塑成金身，安放于金、银灵塔塔瓶之内，供万世瞻仰。此种灵塔在布达拉宫灵塔殿内有八座，供奉着八位达赖（五、七至十三世达赖）的法体。将脱水处理出的大师体液混合泥土制成的擦擦称为“布擦”。藏语“布”意为法体。据藏地传说，身带布擦，无论人处何方可医百病，可避邪恶，可得平安，甚至刀枪不入。因此藏人认为布擦最宜作护身符，挂在身上，可得佛法护佑，以避邪恶。东嘎·洛桑赤列大活佛还认为，正挂大师布擦于前胸，不离方寸，意与大师心心相印。

药擦是以多种名贵藏药为原料，依藏医药工艺流程、宗教仪轨，精炼压制成型并可服用治病的擦擦，因其原料为藏药（或有藏药成分）而取名

"药擦"。传世药擦制成的年代大多在明、清两代和民国时期。有经验的收藏家和做古玩生意的明眼人，即使不精于擦擦一道，仅凭不同于泥土的"手头"感觉和反映岁月年代的表层"包浆"，便会准确无误地判断其极珍罕的文物、古董价值。此种药擦带于身上，不仅平时暗示自己可以护身抵挡邪气，若真遇疾患，也可作药物及时服用。需要说明的是，传世药擦必须细分为两种，其一是纯名贵藏药制成的药擦；其二是用泥质药浆制成的，即藏药与泥掺拌而成。常将此种材质的圆雕擦擦称为泥质药浆佛像。两种药擦的比重、观感都有分别。

"名擦"类似"名画""名作"，因出自名人、名家之手而得名。故将达赖、班禅等大活佛、知名人士亲手制作的擦擦称作"名擦"。此种名擦背面几乎都工整钤盖有大师本人的印鉴痕蜕、指纹或标记。药擦已较难寻觅，名擦更是难寻，其珍贵价值不言而喻。

后期采用了烧窑的技术来加工擦擦。这类擦擦属于陶质擦擦，由于陶器加工工艺的难度和复杂，其特殊材质的防雨耐磨性能，使这类数量有限的擦擦才得以保存长久。这类擦擦只有在"陶乡"才有可能出现。例如，山南的扎囊、贡噶一带；拉萨的林周、墨竹贡噶一带以及日喀则的江孜卡尔堆一带。

擦擦的大小没有明确的标准，通常大者高度30~40厘米；小者为1厘米左右。当然，习惯上高度超过30厘米的圆雕作品，即使用模具印制出来的，也不能看作擦擦类型。用模具印制和体积小是擦擦的最大特征，个别浮雕擦擦体积稍微大一些。

擦擦是用模具翻制出来的微型雕塑，它的模具通常采用硬质金属材料铸造，最常见的有红铜、黄铜和铁等金属，也有少量石质模具。因此，一件模具可以延用几代人，可以翻制无数个擦擦。也有用火胶翻制的模具，这种模具的保存期和翻制数量相对有限。三种工序相互间的默契配合是决定一件擦擦作品成功与否的关键因素。铜质模具的制作方法必须经过六道加工工序。

第一步，选择一块厚薄适中的铜皮，剪切并锻造出预定的大小及外形样式，在铜面上画出构图雏形，以錾刻的形式把造像图文的基本造型雕刻出来。细节的五官、衣褶可以暂且省略，看上去犹如一块印制好的擦擦，只欠精雕工序而已。这块母胎藏语称为“玛憨”。

第二步，准备一块揉好的胶泥，厚薄均匀地扣在“玛憨”上，外形上要进行修理。这块胶泥是单面模具，它是擦擦模具的母本，即模型，藏语称为“憨”。

第三步，准备砂泥（模具砂），用胶泥翻制的擦擦模型制作浇铸模具，分上下两块模具。干透后取出模型，清理内面，以便浇铸。

第四步，把两块模具合并之后，准备浇铸。浇铸材料通常选用黄铜和红铜的合金熔液，黄铜的比例要高一些，以避免起泡和加强熔液浇铸时的流畅性。

第五步，取出铸件后进行錾刻工序。与常见的錾刻方式不同，要进行阴錾，即从内向外凿形体，藏语称为“宫擦”，主要任务是把第一步工序中省略掉的造像图文的细节部位进行精雕细刻。但是，掌握适度是关键，錾刻师的工艺技术如何主要体现在这一点上，必须要考虑到单叶模具印制擦擦时取模过程中避免刮掉形体，掌握好准确的体积造型结构、前后叠压关系和起伏变化。这一步是制作擦擦模具的关键性加工环节。

第六步，擦擦模具的加工。由于模具是用铜材制作，质地偏软，印制擦擦时免不了高强度的敲打，因此，为了避免变形，通常在外围套上铁环。顶部的敲击点采用木棒，以减轻强度。

经过了上述的六道主要加工工序之后，一件擦擦模具就算完工，之后就可以印制擦擦了。

2.3 传承方式

擦擦的制作经历漫长的历史发展，其雕刻、雕塑、选材、制模、翻模、涂色等技艺主要在寺庙僧人中世代相袭，传入民间之后更得到广泛的传承。

“擦擦制作技艺”代表性传承人

琼达（西藏自治区拉萨市人，区级非物质文化遗产代表性传承人）

三、价值意义

擦擦的雕刻技术结合了绘画、建筑和雕塑艺术。它凝结着历代匠人们的智慧精华，影响了汉藏之间的文化交流，是藏传佛教艺术和工艺品的代表物品，体现了藏族人民信仰佛教的巨大虔诚和无比才智，是留给世人的中国古代艺术奇珍，更是世界人文宝库的重要组成部分。可见，擦擦具备了藏学、民族、宗教、艺术、文物、民俗等多学科的研究和收藏价值。

四、保护措施

2018年，“擦擦制作技艺”由拉萨德贡泥塑公司申报，经西藏自治区人民政府批准，被列入西藏第五批自治区级非物质文化遗产代表性项目名录。

藏族面具制作技艺

一、项目背景

1.1　流传区域

面具在藏语中称为“芭”，指在宗教仪式中跳神表演所戴的面具和藏戏面具。它自成体系，是在西藏本土文化与外来佛教文化相互融合的基础上逐渐形成的。西藏各地的宗教仪式、藏戏、民间歌舞活动都离不开面具。本档案特指西藏萨迦县、察雅县等地的“藏族面具制作技艺”。

1.2　人文环境

萨迦县隶属于西藏自治区日喀则市，地处西藏自治区南部、日喀则市中部、雅鲁藏布江南岸。东与日喀则市、白朗县接壤，南与定结、岗巴两县相连，西与拉孜、定日毗邻，北与谢通门隔江相望。地势南北高，中部低。境内最高峰海拔6 092米。萨迦县人口5万余人，是以农业为主的半农半牧县。

“萨迦”藏语意为“灰白土”，有“第二敦煌”之称。境内有萨迦寺、白玛曲林、超浦、举巴、康坚、仁钦岗寺等各教派的寺庙。萨迦是萨迦王朝的发源地，萨迦寺是藏传佛教四大教派之一萨迦派的祖寺，现存各类文物近10万件。

察雅县隶属西藏自治区，位于西藏自治区东部、昌都市南部。地处横断山脉，北连昌都市卡若区，东邻贡觉县，南与芒康县、左贡县接壤，西与八宿县毗邻。县城距昌都市区88公里，总面积8 413平方公里。人口近6万，主要为藏族。

察雅县自然资源丰富，矿产主要有铁矿、铜矿、铅矿、煤矿等，旅游景点主要有吉塘西西温泉、烟多寺、香堆向康大殿、旺布摩崖造像等。

二、场景内容

2.1 民俗背景

西藏面具艺术最早起源于吐蕃早期的苯教文化，即民间原始祭祀和图腾崇拜之中。据藏文典籍记载，实际上6世纪朗日伦赞时期，藏族民间各种文学艺术已经有了相当发展，如古老的民歌从民间进入宫廷。苯教“摇鼓作声”“吹螺击鼓”“木制鹿头带双角，纸糊牦牛面捏羊”的图腾拟兽舞蹈，也被吸收进民间综合性歌舞表演之中，由此产生了戴着人面的白山羊皮面具作为民间艺术表演的形式。

在我国藏族聚居区，藏传佛教寺庙神舞和藏戏、民间舞蹈、民间祭祀活动中都要广泛地使用面具。

2.2 制作技艺

在藏语中，萨迦面具是有专称的，叫“热盾木芭”，即“胶布面具”。因为这种面具在制作过程中须使用泥质胎模，在泥质胎模上用加胶糨糊层层贴布成形，脱胎后，经彩绘而成。这个名称既符合传统称呼，又体现了其在制作过程中的主要工艺特点和使用的主要材料。

萨迦制作贴布脱胎面具的主要材料为黏土、布料、牦牛粪、树叶末、牛羊毛、漆、牛皮、木材等。黏土用以塑制胎模；布料、胶用以塑制面具白坯；牦牛粪用以节约黏土并方便简易脱胎；颜料、漆用以白坯着色、上光罩面；牛皮和木材则用作附件。萨迦当代贴布面具的制作材料较历史上的传统用材在材质上有了一定的变化，诸如颜料、胶、漆、布等。

在历史上，所用颜料大都使用天然矿物和植物颜料，这种颜料多数产于萨迦本土，也有部分从印度、尼泊尔等地进口。天然矿物颜料最大的特点是色泽稳定，在自然环境中不易发生其他化学反应，不褪色。现如今，西藏萨迦面具制作依然使用天然矿物和植物颜料。

过去，西藏萨迦面具使用的胶是用本地生长的牦牛皮和黄牛皮用土法熬制的，而现在却多数使用内地工厂生产的成品牛胶或骨胶。两者相比较，内地工厂的成品牛胶或骨胶性能优于藏族土法熬制的牛胶。

过去，制作面具白坯所使用的布料大多来自于内地的土布，而当今使用的亦是工厂生产的细布（纱布），二者之间在性能上没有本质的区别，只是土布较厚实，粘贴出来的面具如果层数与细布相同，则显得厚实、稍沉；而细布（纱布）粘贴的面具则较薄而轻。

在用漆方面，当代用材与历史上传统用材则有显著差别：当代面具制作中所用罩面光漆多为现代化学清漆；现代贴布面具所使用的是现代化工业生产的聚氨酯类罩面清漆。其他牛皮、木材和黏土等材料的使用则依然如故。

贴布脱胎面具制作所用的工具大致分为四类：第一类为取土、调土工具；第二类为胎模和贴布白坯成形的工具；第三类为绘制着色工具；第四类为安装附件所需的钻、皮针、刀及其他木工工具。取土工具主要为锄头、锹、背篓等。调制黏土的工具主要为木槌、筛、水瓢、水桶等。

制作胎模和贴布白坯所使用的主要工具是艺人用硬杂木削制的，大则藏语名叫“热罗”，中则叫“帕点”，带弯则叫“阔点”，最小则叫“尖点”（刻刀之意）的工具。这种工具的形状比较特殊，两端呈斜椭圆形平

藏族面具制作（来源：甘孜新闻网）

面，两平面互相平行，一端斜向外，另一端斜向内。一端平面为光面，另一端为齿面，但也有光面。两端斜平面以下更渐收细，至中部又逐渐回粗，中部呈瓶鼓状。之所以颈细、中腰粗，主要可用铁质的小锤轻拍胎模，敲碎后大部分自然脱落，便于艺人把握并两端使用自如。一般每个艺人都备有长短、粗细不等的一套工具，多则十余支，少则四五支，以方便不同部位的细部修改和压实、抹光等。

此外便是用以裁剪布料所需的剪刀。萨迦面具着色彩绘的画笔都是艺人自己制作的，藏语称“笔尔”。其笔管很细，笔毛也很尖细，制作方法与内地的毛笔、工笔画用笔基本一致。笔管是用竹子做原料，有时用细木棒来代替，笔毛多数用松鼠的毫来制作。据老艺人讲，最好的笔毛是用青藏高原一种特有的“岩鼠”的毫制作的。贴布面具着色彩绘所用的笔与藏传绘画中（含绘制唐卡、壁画）使用的笔是一致的。在萨迦也有一些艺人不再自制“笔尔’，而是购买内地生产的绘画用笔，其效果与自制“笔尔”同样如意。盛装颜料的杯碟，依然使用盛产于当地的陶杯，有的地方已使用内地生产的搪瓷或细瓷杯碟。

安装附件时，有的面具需在头部顶端安装木管或铜管，安装木制件或其他附件，所以有的部位须钻孔；有的部位须用皮针引线将附件缝牢，有的部位须开口，故常须使用钻、皮针、刀等工具。若所安装的附件属木制件，那么木制件的制作还须使用木工工具，如锯、刨、斧、凿等。

萨迦面具制作有很多道工序，其工艺流程为：选料、采料、下料、开坯、放线、粗开脸、粗雕刻、粗打磨、细打磨、刮灰、上白底色、底色打磨、上底颜色、文开脸、描脸谱、熬桐油或生漆、上底油、上面油、上亮油；晾干后，栽胡子或眉毛，开光点相，每个程序中还有许多不同的细节操作过程和技艺方法。

首先，制作胎模是整个面具造型的关键，胎模成形质量的好坏直接决定着面具成形的水平和艺术效果，大致分三道工序。

第一道是备泥。面具的胎模均用黏土作为原材料，所需黏土不但要求细腻，而且要有很强的黏结性能。在制作面具时，都有固定的取土地方。有的就近取材，有的则要到几公里乃至几十公里的取土场取土。取回的土，需用细筛筛过，然后发水。水分适宜后，加入适量的动物毛、麻筋或棉花等纤维，用木槌捶击，一方面使纤维与黏土充分均匀，另一方面让黏土的柔性更佳。

第二道是成形泥胎模。并非实心，而是半空心，其面部凸出或凹陷部分，均为实心，而面部以外的后脑部分为空心。空心部分须用一块用布包裹着的树叶末或是牛羊毛、牦牛粪刨花团作衬垫。衬垫支好后，在其周围边布头道黏土边捏合。头道黏土捏合好后，然后分中；中分好后，开始逐渐在面部凸出处添加黏土，并渐塑出雏形。雏形形成后，便用自制的工具（藏语中“热罗”“帕点”“阔点”“尖点”）抹光和划刻轮廓线条。在贴布脱胎面具的制作过程中，胎模制作工序是面具造型形象和比例尺寸规范的关键环节，它与其他绘画与雕塑一样，凡属宗教性质的面具均须严格遵守佛教造像度量规范；否则，被视为过失和罪过。根据造型需要，反复抹光面部和作细部修改。

第三道是阴干。胎模成形后，为防止出现裂纹和变形，须放置于阴凉处，让其自然风干收水。若发现有细小裂痕，则及时采取措施进行补救；如出现大的裂缝和变形，则作报废处理。

二次成形为贴布白坯，此次造型一般分四道工序。第一道工序是贴布。贴布之前做好三件事：一是将布料裁剪成若干大小不等的四方形和三角形的小布块；二是熬制好粘贴布块用的黏结剂（牛胶或骨胶）；三是在泥胎模上敷贴一层用清水浸湿的纸垫层。该纸垫层是为了起到胎模与贴布之间隔离层的作用，以便脱模时贴布与胎模脱落彻底，以免发生因粘连引起的意外损坏。

第二道工序是在贴布上满涂黏结剂（加胶糨糊），然后往胎模上粘贴。因为面部总体幅面窄，且有五官凸出与凹陷，所以一般在额际和面颊平整处贴以稍大块的方形贴布，其余部分均用三角形小块贴布。贴布时须注意四点：一是要注意贴布与贴布之间的搭接；二是注意平顺，不能出现褶皱；三是上层贴布与下层贴布之间须贴实压牢，不能出现气泡；四是在眼线、鼻梁、唇部、耳际等部位，要将各部位线条贴显出来，细微之处一点都不能马虎。一个面具的贴布层数一般都在五层以上，多者达到七八层。贴布完成后，同样先须放置于阴凉处，让其自然干燥一段时间，待大体干定以后，再进行下一道工序。

第三道工序是脱模、晾干。当贴布面具白坯阴干至一定程度后，开始进行脱模。脱模工序比较简单，可用铁质的小锤轻拍胎模，胎模敲碎后大部分自然脱落。至于眼、鼻、耳、口等五官部位结合较紧处可用尖状、扁状的铁质或木质（阔槌）工具进行脱模。泥胎模本身干后具有易碎性，所以脱模工序的难度不大。脱模后的面具白坯，还须作进一步的晾晒。一般情况下，只要天气晴朗，便可放在阳光下强晒。但在阳光下强晒容易出现小裂缝现象，因此时间允许情况下最好是晾晒。干定后的面具白坯十分硬朗，表面有一些毛边，需要进行修整打磨，须用刀削或用剪刀剪掉，细微处则用砂纸打磨。

第四道工序是按照绘画造像规范进行着彩绘色和安装附件。安装附件是面具不可缺少的一个组成部分，不同角色的面具均有不同的附件，而且比较复杂，种类繁多。不过归纳起来亦不过如下几类：一是毛发类，例如佛、菩萨、神以及各种人物、妖魔鬼怪的头发、胡须，动物的鬃毛等；二是装饰品类，诸如发箍、耳环；三是特定装饰附件，即指角色标志性的特殊饰件。这种特殊饰件有的须同制作面具一样先制作胎模，然后脱模、彩绘；有的则为木饰件，木饰件制作完毕后，即作为附件安装于面具固定位置。面具着色彩绘与绘制唐卡、壁画所使用的颜料是相同的，均是柔和、纯净的高级矿物和植物颜料。

面具开光是指有一定修行成就的人或大德高僧来通过持印诵咒、修供仪轨，加上给予特别的灵力来消除面具中不好的“磁场”，赋予面具特殊的灵力，使面具成为可以调整风水的物品或护佑自己的幸运物。宗教面具把佛的法身请来一个使之附着到佛像上去，然后就可以把佛像作为佛在人间的一个法身来供奉。信徒有了这颗敬仰的心，修炼的时候，佛像上的法力就为他护法，起到保佑的作用。

萨迦面具的制作有一些基本规范，凡有关佛、菩萨、神的绘画和雕塑是不能与之相悖的，而其他非宗教面具则有较大的创作自由空间。

面具造型形象也大致有四种脸形，即蛋卵形、芝麻形、方形和球形。其相貌大致又可分为九态，即优美相、英武相、不净相、笑相、凶猛相、可怖相、慈悲相、傲慢相和寂静相。面部五官之间的比例关系和尺寸均按佛教造像度量有关规范中所载的“麦、足、指、拃、肘、寻”6种度量。一旦掌握了基本度量单位，艺人即可以在任何大小的画布上以自己的手为工具进行绘画度量比较，既方便又适用。

面具从类型上大致分为宗教、民间两大类，宗教面具占主要比例。从形式上有三种，即“羌姆面具”“藏戏面具”“民间歌舞面具”。三种形式涵盖了西藏萨迦面具艺术的全部风貌。

藏戏面具从文化学形态上看，藏戏源于羌姆。历史上格鲁、宁玛、噶举、萨迦等教派为吸引更多的人接受本派的佛法教化，将一些流传在民间或佛经中的故事内容、民间歌舞、说唱文学融合形成今天具有浓郁而独异的民族地方特色的藏族戏曲。随着藏戏的日臻完善，藏戏“面具”成为藏戏舞台美术的重要形制之一。

民间歌舞面具类型分三种，即“神祇类”“英雄类”“世俗类”。

2.3 传承方式

面具制作与宗教仪式、藏戏、民间歌舞活动同步发展，通过师傅口传、徒弟心受并实际操作的方式世代传承。

“藏族面具制作技艺”代表性传承人
拉木锁桑珠（日喀则市萨迦县萨迦镇夏尔巴村人，非物质文化遗产代表性传承人）
扎西（日喀则市萨迦县萨迦镇夏尔巴村人，非物质文化遗产代表性传承人）
阿布琼琼（昌都市察雅县香堆镇香堆村人，非物质文化遗产代表性传承人）
西洛（昌都市察雅县人，非物质文化遗产代表性传承人）

三、价值意义

藏族面具制作承载着深厚的宗教文化和民俗传统，对研究藏族历史上在宗教、政治、经济、文化等方面的发展过程有着重要价值。

四、保护措施

2018年，“藏族面具制作技艺”分别由萨迦县、察雅县等地申报，经西藏自治区人民政府批准，被列入西藏第五批自治区级非物质文化遗产代表性项目名录。

聂荣藏族皮具制作技艺

一、项目背景

1.1 流传区域

聂荣县当木江乡的藏族百姓创造了具有本地特色的各种文化。其中，使用皮、毛等牧区特有的资源制造皮具以御寒防身的情况较为突出，这也是羌塘牧区各地的普遍现象。聂荣县的手工业主要以传统的家庭产业为主，其皮具制作在西藏地区较有影响。

1.2 人文环境

聂荣县是西藏自治区那曲市下辖县，地处西藏自治区北部、唐古拉山南麓，位于青藏高原腹地，与青海省交界。地势西北高、东南低，平均海拔在4 700米左右。面积14 540平方公里。县辖1区9乡，173个村。总人口3万，均为藏族。

聂荣藏族皮具制作技艺

聂荣县地处藏北

南羌塘高原太湖盆区，境内山峦起伏，沟垒纵横，西北部一些山峰常年积雪，中部和南部的山峰相对高差大，低山丘陵与谷地错落相间。聂荣县境内著名的山脉是横亘在北部的唐古拉山。山体高耸雄伟，岭脊参差起伏，冰峰林立，风雪弥漫。著名的有玉浦峰，亦称“永浦”，意为“碧玉沟山”。汀给索瓦昂亚山，此山神被草原牧人视为重要的地祇山神。山脚下有神湖，叫逆若措根，是山湖相映的朝圣地。杂玛崩扎山，顶峰是乱石，山腰是片石，山脚是草坡。那塔赛保峰，那塔赛保峰亦称“那木褡赛保”，意为“岩羊黄绝崖山”。聂荣县经济以畜牧业为主。牲畜有牦牛、藏系绵羊和山羊、马等。主要畜产品有羊毛、酥油、牛羊绒、皮张、牛羊肉等。传统的皮具加工及制作皮具技艺驰名藏族。

二、场景内容

2.1 民俗背景

皮具制作的发源与传承在民间有很多故事版本，有人说是吐蕃时期开始，有人说是羌塘“三十九部族”形成之初起就有了。有文献记载，大约公元18世纪的藏历第十三饶迥的土羊年，聂荣的达杰仓家族中出生了一个叫“丹巴”的人，他长大成人后，组织全部落皮毛加工技艺最好的人们，先后前往拉萨、昌都等地制作并探究发展了祖辈们留下的皮具加工技艺。他先掌握了皮革鞣制的新方法，用鞣过的皮去制造生产生活中各类皮具，逐渐形成了独具特色的皮革文化。

到第四代达杰仓家族皮具技艺传承人嘎巴昂罗时，当地大部分皮具都是达杰家族人制造，并且皮具样式美观新颖。他们制作的皮箱、皮包、皮靴、皮绳、羊皮袄、药具皮套等常用工具，以及皮帽、马鞍、门帘、箱子上的皮具花纹等，在广大藏族聚居区很受欢迎。同时，他们的名气也传播到外地。从丹巴数起，至今的凯旺确桑已经是第十代传承人了。当木江乡的赛白皮具技艺传播到聂荣各地，并在西藏拉萨、昌都地区的丁青县一带也有了传播和发展。

2.2 制作技艺

当初，人们把植物茎叶和毛皮一起用水浸泡，再用烟熏或长期涂抹动物油，以改变皮质的性质，使皮变得柔软并能防止腐烂。用原始粗糙的工艺制成的用具在生产生活中广泛使用。现在，使用科学手段将皮料软化，通过复杂的浸泡、加色等技术处理后，在美工剪辑技术的支持下，制成各具特色的皮具生活用品，原材料更节省，样式更新颖，成本更低廉。

随着现代加工业的发展，家族的传统皮具加工技术与现代科技相结合，赛白（家族）皮具也增加了很多新产品。主要特征可以概括为四个方面：①赛白皮具加工技艺世代相传，以人为载体的活态传承特点决定了所有产品都以手工方式制作，少有机器加工成分；②赛白皮具技艺传承人来自民间，皮具美工技术来自民间，具有藏北民间审美风格；③赛白皮具产品柔软、透气、耐磨的特点，适应地方气候和藏族农牧生活习俗；④赛白皮质产品具有高吸湿性和透水透气性。

2.3 传承方式

达杰仓家族皮具制作技艺通过口传身授、世代相袭的方式传承，现在以赛白达旺的赛白皮具制作而闻名于世。

赛白皮具传人谱系：第一代传人丹巴（1769年，藏历第十三饶迥土牛年出生，卒年不详）；第二代传承人雍嘉（1799年，藏历第十三饶迥土羊年出生，卒年不详）；第三代传承人谢旺（1839年，藏历第十四饶迥土猪年出生，卒年不详）；第四代传承人嘎巴昂罗（1892年，藏历第十五饶迥水龙年出生，卒于1959年）；第五代传承人赛白达旺（1907年，藏历第十五饶迥火虎年出生，卒于1970年）；第六代传承人赛白布嘎（1930年，藏历第十六饶迥铁马年出生，卒于2016年）；第七代传承人达杰（1956年，藏历第十六饶迥火猴年出生）；第八代传承人次仁嘉（1964年，藏历第十五饶迥火虎年出生）。

“聂荣藏族皮具制作技艺”代表性传承人
嘎藏家（那曲市聂荣县当木江乡人，非物质文化遗产代表性传承人）
凯旺确桑（那曲市聂荣县当木江乡人，非物质文化遗产代表性传承人）

三、价值意义

皮具是藏北人民在长期生产生活中不可缺少的必备工具和用品，藏族皮具文化是一个民族古老的记忆，其内容多姿多彩，内涵博大精深，是活态的人类文化遗产，体现出一个民族的特质，有重要的经济、文化价值。

四、保护措施

2018年，“藏族皮具制作技艺”由那曲市聂荣县申报，经西藏自治区人民政府批准，被列入西藏第五批自治区级非物质文化遗产代表性项目名录。

藏族牦牛帐篷编织技艺

一、项目背景

1.1 流传区域

藏族牦牛帐篷编织，历史悠久。黑帐篷也叫牛毛毡帐篷，一般都是用牦牛的长毛织成，也就是用一种被称为“日雅”的粗氇氇缝制而成，是生活在青藏高原藏族游牧民普遍盛行的传统野外住所。本档案特指流行于西藏申达县、当雄县、江达县、巴青县境内的“牦牛帐篷编织技艺”。

1.2 族群简介

居住于申达县、当雄县境内的藏族主体为卫藏藏族，当雄县藏族各方面受蒙古族和安多藏族的影响。居住于江达县、巴青县内的藏族主体为康巴藏族，江达县藏族各方面受安多藏族的影响。

1.3 人文环境

江达县隶属于西藏自治区昌都市，位于西藏自治区北部，昌都市西北部，东与四川省石渠、德格、白玉三县隔江相望，北与青海省玉树州玉树市毗邻，南接贡觉县，西连昌都市卡若区。总面积13 164.09平方公里，辖2镇11乡，共94个行政村和1个居民委员会。藏族占99%以上。

申扎县隶属西藏自治区那曲市，地处藏北高原腹地南部、冈底斯山和藏北第二大湖色林措之间，南以念青唐古拉山为界、与日喀则市相连，北与双湖县相望，东与班戈县接壤，西与尼玛县为邻。总面积25 546平方公里，辖2镇6乡。以藏族为主。境内格仁错（湖）面积700多平方公里。色林错（湖）面积1 866平方公里，是藏北高原第二大咸水湖，也是申扎县与班

藏族牦牛帐篷编制技艺（来源：玉树旅游）

戈县的界湖。

巴青县地处西藏东北部、那曲地区东部、怒江上游。该县地处藏北高原南羌塘大湖盆区，地势北高南低，全县平均海拔在4 500米以上。面积10 326平方公里。辖2区12乡，161个村民委员会。以藏族为主。境内主要山峰东有布加山，北有瓦马拉山、珠洛山，西北有仓来山、曲如拉山、吾尔膏拉山。

当雄县隶属于西藏拉萨市，位于西藏自治区中部，藏南与藏北的交界地带，面积10 036平方公里。辖2镇6乡，藏族占绝大多数。当雄县北部有西藏第一大湖纳木措湖，面积1 920平方公里，45%在本县境内，是西藏高原著名的神湖。念青唐古拉山位于西藏高原中部，沿县的西北横穿全境，海拔7 111米的主峰位于县辖宁中乡境内。当雄县是整个羌塘草原的缩影。

二、场景内容

2.1 民俗背景

世代生活在青藏高原地区的藏族游牧民，最理想的居所是黑牛毛帐篷。它不但取材方便、编织容易，而且易于收藏、移动方便、造价成本低、避暑防寒、挡风避雨效果好，千百年来成为游牧民族世世代代的家。

2.2 制作技艺

黑牛毛帐篷多数由牛毛和牦牛绒编制而成。它的编制式样繁多，做工复杂，种类更是五花八门、形形色色。在黑牛毛帐篷的编制过程中，牧民们主要以黑牛毛为选材，牦牛绒为底，分别将牛毛和绒毛捻成质线和底线，然后用自制的织褐机纺织成长条牛毛褐子。褐子口面宽一尺左右，长度因帐篷的前后径长度不同而有所差异。用这种方式和材料做成的帐篷在藏族群众的生产生活中发挥着重要作用。它不仅经久耐用、冬暖夏凉，搬运便利，源头制作还节省了大量的人力和物力。

帐篷由黑牛毛织成的片子缝制而成。一般缝制成长方形两大片，中间用扣环连接起来。居住时，非常讲究选择地形。一般择取吉祥和顺，近水避风之地扎篷立帐。扎帐时，门朝哪个方向各家各有讲究，一般以朝低势、背风方向为宜。

所谓的“黑帐篷”，其外围共有9条长牵引绳，9根帐篷提绳杆子，大小木橛子30个，大小木制卡扣16枚，“V”字形牵引绳6条。在帐篷内部，用于固定帐篷顶部及前后左右上下的“面绳”，长度约3.6米的三股搓拧式毛绳8条；帐篷的4个角，内衬长1.6米的面绳共4条；帐篷顶部有“面绳”4根，各长约2米；还有长约4.8米的“面绳”两根。帐篷背面内衬“面绳”左右各1根，每根长约4米；帐篷前后左右垂地边幕固定“面绳”一根长4.8~6米；帐篷顶部用料为黑色牛毛褐子12条宽，帐篷前后用料约需褐子16条宽，其中两条褐子作为垂边。

黑帐篷总长度6~7米。黑帐篷的天窗约有2米长，宽约2尺，天窗有脊檩式横杆一条，横杆上纵搭着椽子式的阴环口扣，木制卡扣的左右帐篷连绳5根，横杆两端用牛的脊柱骨关节作为接搭机关；用两根长杆撑起横杆，成为帐篷的脊梁。在帐篷的长方形天窗的两极，作为左右两片帐篷的连接处，从天窗的后极到帐篷的背面，共有6根等距离的连接绳；从天窗的前极到帐篷的门楣，共有5根等距离的连接绳。帐篷内部的4个角，各有顶“角”帐杆一根。帐篷的天窗，有天窗盖一片，阴天可以盖住天窗，晴天可以掀开天窗盖。“黑帐篷”的开门处的两边，还有褐子和白布并排的黑白相间的门幕，藏语称作“郭尤”。

2.3 传承方式

以家庭传授的方式，世代相袭。

“藏族牦牛帐篷编织技艺”代表性传承人
加参（西藏那曲市人，区级非物质文化遗产代表性传承人）

三、价值意义

黑牛毛帐篷的制作在藏族群众的生活中不仅具有浓厚的历史、文化、宗教意义，也蕴含着藏族群众人生宇宙和自然宇宙观的丰富文化内涵。一顶黑牛毛帐篷往往代表着一个家庭的繁衍生息史。

四、保护措施

2018年，“藏族牦牛帐篷编织技艺”分别由江达县、申扎县、巴青县、当雄县申报，经西藏自治区人民政府批准，被列入西藏第五批自治区级非物质文化遗产代表性项目名录。

得荣藏式人力车模技艺

一、项目背景

1.1 流传区域

藏式人力车模技艺是流传于藏族民间的一种制作各类木制生活用具的特殊工艺，距今已有千年的历史了。其中以四川甘孜藏族自治州得荣县子庚乡的车模技艺最具代表性。这里木制品的品种、花样较多，有50余种。其中不乏传统与现代结合的民族手工艺术精品，工艺独特、外观精美，具有独特的艺术性、观赏性和实用性。其产品远销西藏、印度等地。

1.2 人文环境

得荣县属四川甘孜藏族自治州辖县，位于四川省西南部，地处川滇交界处大香格里拉旅游环线中部。北与甘孜州巴塘、乡城县相连，东南与云南迪庆州香格里拉县相邻，西南与云南迪庆州德钦县毗邻。得荣面积2 916平方公里，下辖3镇9乡，共127个村。得荣县总人口2.6万人，藏族人口占总人口的95%。

得荣藏式人力车模技艺（来源：甘孜日报社）

得荣藏族源流是公元7世纪松赞干布统一高原时，现今西藏自治区的阿里、江孜、贡布江达等地来的吐蕃人，以及公元1451—1509年，云南纳西王向康南各地军事扩张时随军的纳西人三部分构成。得荣属康巴藏族，信奉藏传佛教。主要旅游景点有莫木大峡谷、毛屋大峡谷、下拥景区、金沙江第一弯、翁甲圣地等，主要特产有树椒、松茸、虫草、蜂蜜、核桃、荞面等。

二、场景内容

2.1 民俗背景

得荣县木制产品丰富多样，有用不同木材制作的佛爷碗、僧侣碗、俗人碗，其中有极其珍贵罕见的则修（夜光碗）及贵宾用的镶嵌有金银的金碗银碗、金杯银杯；还有多种木材制作的巴冈（装糌粑器具）、巴鲁（装酥油器具）、茶桶、挤奶桶、汤匙、炒瓢、鼻烟盒、糖果盒、首饰盒、香盒、烟缸等近50余种，具有鲜明的时代性、民族性、实用性、艺术性和观赏性。

在一次“非遗”展会上，两架可手工操作的藏式木制机器有规律地运转着，来自得荣的格绒次仁父子正在机器上演示藏式木碗的制作过程。格绒次仁是藏式人力车模技艺代表性传承人。

2.2 制作技艺

首先要上山选材。一般需要在海拔3 000米以上的地方，选取节大、疙瘩多的树木作为原材料。在得荣境内，可用作原材料的树木有20余种。选好材料后，便把原材料在水中浸泡近一天。浸泡完毕后的树节、树段放在阳光充足的地方风干，约10天，以免做成成品后破裂。

人力车模技艺是通过人踩踏板，由杠杆传导动力（现在有了电力驱动），使木具材料呈定点旋转运动状态，再由人工从旁边控制刀具深浅，按预先设计削去多余部分，制作出各种不同直径的圆形器具，如杯、碗、盘、盆等。器具的厚薄、纹饰全靠所持刀具和踩踏板两者的默契配合。不同的树疙瘩材料，要通过不同的技术处理（浸泡、沤制、阴干等），再根据材料的特性设计不同的工艺产品。

2.3 传承方式

家庭作坊内师徒传承。

“得荣藏式人力车模技艺”代表性传承人
格绒次仁（甘孜州得荣县子实村岗学村人，省级非物质文化遗产代表性传承人）

三、价值意义

过去，得荣传统的车模工艺品类别仅有五六种，局限在糌粑盒盒、藏茶饮具方面。在当地政府的帮扶支持下，其种类扩大到了50多钟。流传至今的得荣藏式人力车模技艺得到更多人的喜爱和关注，并得以延续和传承。

四、保护措施

2007年，“得荣藏式人力车模技艺”由甘孜藏族自治州得荣县申报，经四川省人民政府批准，被列入四川省第一批省级非物质文化遗产代表性项目名录。

藏式茶具（竹木陶）制作技艺

一、项目背景

1.1 流传区域

木里藏族传统茶具制作技艺主要流传于四川凉山彝族自治州木里藏族自治县麦日乡、东朗乡、水洛乡、唐央乡、博窝乡、固增乡、芽祖乡等北部藏族聚居，以及甘孜州西南部的藏族聚居区。“唐央的篾盒，东朗的茶罐，麦日的茶碗”，组成了木里民间手工艺的典型代表，被称为“藏族三绝”。

1.2 人文环境

木里藏族自治县隶属四川省凉山彝族自治州，位于四川省西南边缘，东跨雅砻江，西抵贡嘎山，南临金沙江，北靠甘孜州，辖区面积1.3万平方公里。全县共辖29个乡镇，9个牧场，113个行政村，603个村民小组。全县总人口为13.4万人（2014年），其中藏族人口4.51万人，占总人口的33.7%。

木里是藏族大县、幅员大县、资源大县，尤其具有非常明显的资源优势。一是森林资源。木里现有林业用地面积94.14万公顷，其中林地62万公顷，森林覆盖率达67.3%，活立木蓄积量1.17亿立方米，占全省的1/10，全国的1%。木里独特的自然景观与人文习俗，具有很高的旅游品位，开发生态旅游和休闲度假旅游的潜力很大。在国家发改委、旅游局编制的《中国香格里拉生态旅游区总体规划》中，将该县确定为核心区进行定位规划。木里幅员辽阔，属矿产资源富集区，自古就有“黄金王国”的美誉。目前已探明了一定储量的铁矿、铜矿和黄金矿，现已着手开发储量22吨的梭罗沟金矿。该县矿产资源优势已逐步显现，成为支柱产业之一。

藏式传统手工烧制茶具制作（凉山州文化广播电视和旅游局供图）

二、场景内容

2.1　民俗背景

木里藏族系公元11世纪迁入，历经900多年的历史，逐步形成了有别西藏、甘孜藏族民俗生活的独特文化。藏族茶具制作工艺历史悠久：《格萨尔》中描述“篾其身，形似箱”，说明很早就有此项工艺；汉文献记载可追溯到公元7世纪，至今已有1 300多年的历史。沙罐制作工艺可追溯到远古时期，藏族先民以沙罐为整个部落提供生活用品。

2.2　制作技艺

木制茶具制作工具和原材料有车架、车刀、木料。制作工序分如下几步：首先是砍料，砍挖树桩、树根、疙兜，锯成大小各异的木块备用；紧接着是蒸煮和腌沤原料，将原材料入锅蒸煮后放入麦麸皮内腌沤，或埋于植物枝叶堆积发酵而成的农家肥中一两个月；再下来是烘干，将原材料放置火塘上方烟熏火燎，烘干；接着是初坯加工，根据需要将原材料进行粗坯加工；然后是在粗坯上涂抹松油和旋木加工成形；最后是修理装饰。

竹制类茶具的制作，其工艺流程较为简单，一般选用韧性好、纤维细密的青剑竹，其主要工艺流程主要为砍竹、划竹、编织。藏式竹木陶茶具的基本特征如下所述。①原料特征。陶制、木制、竹制茶具在原料选取上十分考究。制作陶器的红泥与黑泥，质纯、黏附性好；木制茶具的原料纹理考究、色彩均匀，结构密度大，不易开裂；竹制茶具选取纤维均匀、细密、韧性好的青剑竹。②工艺特征。藏族茶具的制作均系手工，全凭制作者的经验，其工艺大都保留着原始、古朴、实用性强的特征。小型工艺品，具有小巧玲珑、精细剔透的美感。③产品特征。烧制、木制茶具做工比较复杂，其产品主要以茶杯、茶盒、茶罐为主，其外形美观实用、色彩感好，具有耐久性、保温性强的特点。

烧制茶具的制作工具和原材料有：泥、木槌、木刀、木琢、木钻。其工序首先是挖泥备料，挖取一种叫“锁”的黑色泥块和褐红色泥块，备料待用；然后是舂泥拌料，将泥放入舂中分别捣碎成粉末，过筛，按一定比例混合、捶打后，揉制成粳米面状团泥；用棉布或麻布袋包好，放置在墙脚阴暗潮湿处若干时间；接下来是制作坯形，根据制作物品的大小取出发酵好的泥团置于案上，根据需要敲打摊薄成形，然后扣在一个类器范上，用木拍等工具拍打，形成初步坯形；接着是烘干，将制作好的物品放置在火塘的上方，置于木架上烘烤7~15天。

烧制时，在地面上先耙一层10厘米厚的槽，把物品按“品”字形均匀堆码于杉树皮上，再盖以树皮，点火烧制，待树皮燃尽，盖3~5厘米厚的麦皮密封，适时取出。最后一道工序是上色，将制品放入红杉树油脂的大缸中，加盖，闷上20~30分钟后取出，产品呈紫红状。

2.3 传承方式

木制茶具的加工器具由一个叫打珍降初的老匠人在20世纪初根据木里大寺的车架仿制改进，用来加工碗、盘等日常用具；数年后传于徒弟降央温珠，后经传承人不断改进，知名度传遍周边各地。烧制茶具在木里逐步发展壮大，得到周边各地村民的欢迎，成为家家户户必不可少的生活用品。后传土丁降初，土丁降初传给了外甥次仁旦珠，次仁旦珠把该项目工艺进一步提高。在他的影响和辅导下，一批能工巧匠从事了这项工作。竹制茶具制作如何传入本地，时间久远，无从考证。20世纪初，次翁桑珠将此传给丫米扎西旦珠，丫米扎西旦珠又传给次真降初。传习至今，已是一种家庭或作坊内部师徒传承的模式。

“藏式茶具（竹木陶）制作技艺”代表性传承人
降映温珠（凉山州木里藏族自治县麦日乡哈朗村人，省级非物质文化遗产代表性传承人）
次仁旦珠（凉山州木里藏族自治县东朗乡亚英村人，省级非物质文化遗产代表性传承人）
次真降初（凉山州木里藏族自治县人，省级非物质文化遗产代表性传承人）

三、价值意义

木里藏族传统茶具（竹木陶）制作技艺是历代藏族工匠智慧的结晶，倾注了藏族民众特有的自然观念、审美情趣、宗教信仰和哲学思想，具有重要的价值，包括实用价值、工艺价值、收藏价值、经济价值。

四、保护措施

2009年，“藏式竹木茶具制作技艺” 由凉山彝族自治州木里藏族自治县申报，经四川省人民政府批准，被列入四川省第二批省级非物质文化遗产代表性项目名录。

锦带编织技艺

一、项目背景

1.1 流传区域

锦带是甘肃省甘南藏族自治州舟曲县藏族妇女用以束腰、扎靴、拢发乃至点缀服饰的花带，色彩艳丽，图案优美。舟曲及周边地区盛行锦带编织，其技艺传承历史悠久。

1.2 人文环境

舟曲县隶属于甘肃省甘南藏族自治州，位于甘肃南部，地处西秦岭岷、迭山系与青藏高原边缘，东接陇南，西连迭部，北邻宕昌，南通四川九寨沟。全县总面积3 010平方公里，辖15个镇、4个乡，有208个行政村，403个自然村。总人口14.2万人，其中藏族人口5.04万人，占35.8%。

锦带编织技艺（舟曲县供图）

舟曲有国家4A级旅游景区拉尕山、沙滩林区、大峡沟国家森林公园。舟曲民俗独特，文化浓郁，有博峪采花节、天干吉祥节、东山转灯踩道节、坪定跑马节、正月十九“迎婆婆”等各类民俗文化活动；有历史悠久的藏民族原生态舞蹈、音乐、服饰和神秘的宗教文化。

二、场景内容

2.1 民俗场景

舟曲特殊的自然环境是造就其独特的藏族服饰结构式样的根本原因。传说古时候，藏族姑娘达玛看见美丽的孔雀、天空的彩虹、绚丽的秋色、可爱的鸟兽，十分喜爱，精心模仿编织为花带，佩戴在身上作为饰品。这项手工编织技艺世代相传，随社会发展不断改进、丰富内容，形成了巧夺天工的舟曲织锦带工艺。

2.2 制作技艺

传统的锦带编织一般用胡麻、羊毛、棉花等捻成线，染成五色或十色丝绒手工编织。现在也用七彩真丝、尼伦线、腈纶线、膨体纱、金银线等材料混合编织。锦带的宽窄长短依用途而定。每逢吉庆节日，藏族妇女穿戴的华丽盛装就需要少则五、六条，多则十几条宽窄长短相宜的锦带来装饰。藏族姑娘通常以亲手编织的锦带作定情信物，有的还织上自己的名字或爱情格言，表达对爱情的忠贞不渝。如遇婚丧嫁娶等事，藏族亲友间也送锦带表示祝贺或致哀。锦带上也可以特意织上祝福的话语，敬赠尊敬的客人。

舟曲县流行的锦带图案有上千种之多。通常可以在一个锦带上编织出15~38种图案，而出类拔萃、技术精湛者可以在一条锦带上织出上百种图案。最原始的图案多是质朴、古拙、简单而色彩逼真的仿生题材，主要有羚羊、孔雀、虎豹、梅花鹿、耕牛、九龙、河鱼、海子、松柏、猎枪、箭镞、城垛、栈道、舍利塔等图腾灵异；还有宗教器具、民宿用具、飞禽走兽、山水花木、建筑物等图纹式样。随着社会的发展和各民族长期的文化交流，锦带的图案、色彩、材质、规格都更加丰富，各民族文字、英雄人物、卡通形象、奥运会吉祥物、枫叶、红豆等多种文化元素在藏族锦带上出现，体现了藏族包容、开放、善于学习的精神特质。

2.3 传承方式

村寨间相互学习交流，能者为师，不断改进发展，世代传承至今。

“锦带编织技艺”代表性传承人
金东秀（甘南藏族自治州舟曲县人，非物质文化遗产代表性传承人）

三、价值意义

舟曲锦带工艺在古羌文化、吐蕃文化、汉族文化交流融合的历史进程中，吸收借鉴、继承创新、不断演进的藏族风格文化载体，让人可以清晰地感觉到各民族之间文化交流互动的历史痕迹，也有多种文化的美学体现。藏族织锦带技艺历史悠久，说明一千多年以前，古羌族和吐蕃已有了较发达的手工编织技术，在艰难的生活条件下强烈的对美的追求，是研究舟曲藏羌文化的“活化石”。

四、保护措施

2006年，“锦带编织技艺”由甘南藏族自治州舟曲县申报，经甘肃省人民政府批准，被列入甘肃省第一批省级非物质文化遗产代表性项目名录。

四 传统体育

传统体育、游艺与杂技指一种既有相关的身体运动内容，又与中华民族文化血脉息息相关的传统文化现象，是一个民族精神世界与生活品位的生动体现。藏族传统体育、游艺与杂技代表性非遗项目有『赛马会』『传统箭术』『赛牦牛』『骰子游戏』等。

传统箭术

（南山射箭）

一、项目背景

1.1 流传区域

南山射箭是流行于青海省乐都县的一项传统体育项目，明代时传入当地，至清代成形，历数百年而不衰。南山射箭比赛方式独特，内容丰富，深受当地汉族、藏族、回族、土家族等各民族喜爱。

1.2 人文环境

乐都区是青海省海东市政府所在地，地处青海省东北部湟水中游南侧，西与海东市平安区相邻，东与民和县毗连，南接化隆县以青沙山为界，北与互助县隔河相望，距省会西宁市95公里，距甘肃省省会兰州市115公里。乐都全区总面积3 050平方公里，111个行政村，7个社区。2011年底人口36.02万，共有藏族、羌族、土家族、汉族、回族等15个民族，汉族占大多数。

射箭（江孜县供图）

乐都按地理区划，分为“川水、北山、南山”三大片区，南山片区下营、中坝、瞿昙等乡镇藏族村寨较为集中，每年的民间射箭活动主要在这一带举行。

射箭（普布扎西/摄影）

二、场景内容

2.1 民俗背景

大明正德四年（公元 1508 年），蒙古左翼封建主亦卜剌和满都赉阿固勒呼起兵反抗新兴贵族达延汗失败后，进入甘青一带沙州、瓜州、肃州、凉州等地，纵兵抢掠富饶的青海湖地区，逼走了原在这里驻牧的藏族部落，原居住在沙州（今敦煌）的红帽儿番亦被逼迫迁至河湟流域。红帽儿善箭，常令蒙古骑兵头痛不已。据《西宁府新志》记载："红帽儿族，沙州番也，一云安定王部落，正德中为海敌（亦卜剌等部）残破，流沙州外，后徙西宁塞外。善射，海敌畏之。"

红帽儿番进入河湟流域后，被当地部落所接受，并融入当地民族之中。从此，红帽儿高超的射箭功夫被当地人接受，并一代一代流传下来。尤其是居住在乐都南山一带的汉族、藏族、土家族、回族等民族都喜欢射箭，都以"善射、善箭"著称，形成了人人都能射、户户备弓箭的习俗。如今，每年都举行的射箭比赛已成为乐都、平安、民和等县夏季体育活动的一道风景线。乐都南山射箭一般以村为单位进行比赛，实行主客场赛制。整个射箭活动分祭弓、请箭、布排箭场、比赛、置公馆、送箭手等环节。这里主要以卓仓藏族的射箭习俗为例，简要介绍其赛制程序。

2.2 表现形式

每到夏季，乐都南山一带各乡、镇、村之间的射箭比赛，以擂台赛、邀请赛、集中赛、分散赛等多种形式进行，参加人数众多。南山射箭同时也是“花儿会”和物资交流会上的夺眼项目之一。

南山的箭弓是牛角弓，箭是木杆铁镞的羽尾箭，杨柳条编成的靶（用馒头花簇编制成的靶心，靶上首左、中、右各插一面小彩旗，用以辨方向、看风力）；记分用的材料是捡来的蛋状圆石，俗称“羊儿”。所有的射箭器械，既简单又实用。

每年农历四月前后，当地藏族、汉族等民族射箭爱好者便在各村活动组织者的统一指挥下，由技术精湛的老射手任教练，集中练习射箭。端阳节前后，各村便纷纷举行射箭比赛。届时，各村相互邀请参赛。比赛之日，双方射手首先物色各自的“对摹子”（即对手），等到监靶人一声令下，一客一主，轮流射击。每中一箭，公证人便将一枚拳头大小的河卵石投入该队前方的土坑内，以作标志。每位射手可射两支箭，主客双方射完后，公证人便“退羊儿”，并当众宣布上午比赛结果。中午，主方射手邀请自己的“对摹子”到家中做客，热情款待，双方交流经验，叙述友情。下午比赛程序与上午大致相同，只是在射击临近结束时，增加“盖靶”仪式。当双方射手射箭完毕后，由盖靶子射手上场，射出最后3箭，每命中一箭，全场欢声雷动。全天比赛结束时，以上、下午两轮总成绩判定最后胜负。傍晚，客方射手告辞，主方男女青年聚集村口，高歌“花儿”，热情相送，客方箭手们亦用“花儿”答谢。主客双方一唱一和，直到夜幕降临时才结束。

2.3 传承方式

南山射箭比赛历史悠久，一直流行于民间。近年来，当地政府加大了推广扶持力度，组织举办了具有较大规模的射箭比赛主题活动，使这一传统体育项目得到了更好的传承和发扬。

“传统箭术”代表性传承人
包仁欠本（海东市乐都县人，国家级非物质文化遗产代表性传承人）

三、社会影响

乐都南山射箭比赛是一种古老的、传统的竞技体育项目，富有浓郁的民族、民间特色。长期以来，南山一带涌现出了好几代“名传南山”“箭压万人”的神箭手，成为当地争相传颂的英雄。相传，在清朝，因箭术出众，在这里还出过三名“武先生”，即“武秀才”。现今，南山射箭已成为海东市一张响亮的文化品牌。

南山射箭具有丰富的文化内涵，既是历史上河湟地区各民族融合发展的见证，又是弓箭文化和青海少数民族历史的重要载体。这一活动形式对增强各民族之间的交流与团结起到了积极的推动作用。

四、保护措施

2006 年，“乐都南山射箭”由海东市乐都县申报，经青海省人民政府批准，被列入第一批省级非物质文化遗产代表性项目名录。

2008 年，“传统箭术（南山射箭）” 由青海省乐都县申报，经国务院批准，被列入第二批国家级非物质文化遗产代表性项目名录。

赛马会

（当吉仁赛马会、玉树赛马会）

一、项目背景

1.1　流传区域

赛马，藏语称“达久”，历史十分悠久，是藏族传统节日庆典不可缺少的重要组成部分，深受广大农牧民的喜爱。在藏族聚居区，以赛马为主题的节（会）有很多，如藏北赛马节、江孜达玛节、康定赛马节、盘坡赛马节、天祝赛马节、当雄赛马会、定日赛马节等。本档案指流行于西藏当雄县的“当吉仁赛马会”和青海玉树州的“赛马会”。

1.2　人文环境

当雄县位于拉萨市北部，平均海拔4 300米，是拉萨通往藏北牧区的“北大门”。当雄地处藏南与藏北的交界地带，面积10 036平方公里。全县下辖6乡2镇，28个行政村，172个村民小组。2013年全县总户数10 758户，总人口50 596人，主要为藏族。

赛马场景（陇轩/摄影）

当雄在藏语中意为“挑选的草场”，是整个羌塘草原的缩影。当雄县北部有西藏第一大湖纳木措湖，面积1 920平方公里，45%在本县境内，是一个令人神往的地方。纳木措蒙语称作“腾格里海”，是天湖的意思。它依偎在终年积雪的念青唐古拉山脚下，是西藏高原著名的神湖。念青唐古拉山位于西藏高原中部，沿县的西北横穿全境，海拔7 111米的主峰位于县辖宁中乡境内；是雅鲁藏布江和怒江两条大水系的分水岭，同时将西藏分为藏北、藏南、藏东南三大地域。

玉树藏族自治州地处青藏高原腹地，介于青海省西南部。全州总面积26.7万平方公里（包括海西蒙古族藏族自治州代管的唐古拉山乡6.4万平方公里），占青海省总面积的37.2%。辖玉树市、称多县、囊谦县、杂多县、治多县、曲麻莱县六市（县），11个镇34个乡，258个村（牧）委会。2016年全州总人口403 656人，其中以藏族为主，占全州人口的98.53%。

玉树藏语意为“遗址”，长江、黄河、澜沧江三大河流均发源于本地，三江源自然保护区和可可西里自然保护区覆盖自治州全境，素有“江河之源”、“名山之宗”、“牦牛之地”、“歌舞之乡”和“中华水塔”之美誉。自治州首府玉树市结古镇是历史上唐蕃古道的重镇，也是青海、四川、西藏交界处的民间贸易集散地。藏传佛教在玉树地区源远流长，宁玛、萨迦、噶举、格鲁等教派齐全，寺院历史悠久，佛教文化博大精深。州境内有独特的高原自然景观和民俗风情，有名扬中外的玉树歌舞，有独树一帜的藏族服饰和奇特的风俗人情，有闻名遐迩的文成公主庙和众多教派的佛教寺院，有列入世界之最的新寨嘉那嘛呢石堆和岗察寺殿内宗喀巴佛像，有“三江源”、隆宝滩（黑颈鹤的故乡）和可可西里三个国家级自然保护区。

二、场景内容

2.1 民俗背景

据藏族史书记载，约在公元729年，藏地第一次赛马节在桑耶寺落成庆典时举行，那次赛马活动足足举行了半个月。从藏族古时候的壁画来看，比赛方式有两种：一种是长距离赛马跑，以马匹先后到达终点的时间快慢

赛马（吉隆县供图）

决胜负；还有一种是选择一个中心点，两名骑士从离中心点相等的距离相向而行，谁先到达中心点就算赢。

公元17世纪，蒙古和硕特部落首领固始汗率部入藏，选中拉萨西北部的草原牧养军马，进行军事训练。这片草原位于念青唐古拉山南麓，平坦宽阔，水草丰美，故被命名为“当雄”，意为“精心挑选的牧场”。蒙古骑兵规定每年举行一次检阅式，这便是当雄赛马大会的起源。铁骑声远，历史上每年一次的骑兵检阅式今天已演变为“当吉仁”赛马会。

玉树赛马会源头可以追溯到吐蕃盛世，距今已有1 300多年的历史。

2.2 表现形式

（1）当吉仁赛马会。“当吉仁”原为公众诵经的意思。当吉仁赛马会每年藏历七月十日开始，历时三天，持续一个月之久。赛马射箭的三天中，牧民们穿着节日的盛装前往赴会；青年人更是踊跃参与，他们搭起图案精美的帐篷，唱歌跳舞，追逐嬉戏。来自西藏各地的农牧群众和商人亦携带着各类农畜产品和生活用品进行贸易。

当吉仁赛马会的参赛选手一般是12岁以上、20岁以下的青少年。比赛取20名入选者，给予奖励。赛马的马匹分为其林、甲达、都瓦、母庆、如欧五类，比赛中又将马匹分为走马和跑马。赛马会除跑马射箭、马上捡哈达、走马赛、赛马等民族传统项目外，还有赛牦牛、藏式举重、拔河、搬石头、藏式服装表演等活动。

（2）玉树赛马会。传统的玉树赛马会每年七月下旬至八月初在扎西科草原举办。玉树赛马会是青海规模最大的藏民族盛会。玉树人无论祭山敬神、迎宾送客、操办婚事，都离不开赛马。届时，藏族群众身着鲜艳的民族服装，将各自的帐篷星罗棋布地扎在结古草原上，参加赛马、赛牦牛、藏式摔跤、马术、射箭、射击、民族歌舞、藏族服饰展示等极具民族特色的活动。

玉树赛马会以燃柏煨桑这一敬天祭神的古老习俗拉开序幕。每年七月二十五日至八月一日，一年一度的以大型歌舞、赛马和物资交流为主要内容的康巴艺术节拉开帷幕。届时，会场周围几公里内搭满了五彩缤纷的帐篷，如同一座独具风情的帐篷城。赛马会是玉树地区最隆重的传统娱乐节日，除赛马项目外，还有藏舞表演。之后便是宗教仪仗队、歌舞表演队、马队的入场仪式，主要内容包括跑马射箭、乘马射击、跑马拾哈达、跑马倒立、跑马悬体等。此外，还有远距离跑马赛、走马赛、牦牛赛及多姿多彩的民族民间传统歌舞、民族服饰表演等。

2.3 传承方式

赛马会起源于草原上马匹放牧及军事训练，随后经历代骑手不断丰富完善，融入多种文化娱乐元素而成为重要的体育民俗项目。

如今赛马会已成为发扬民族体育、展示民族传统文化和物品展销交流为一体的文化旅游产业品牌。当地农牧民凡遇节庆，都会展示跑马、格萨尔说唱、民族传统舞蹈等体育游艺活动。

三、价值意义

赛马会具有鲜明的民族民俗文化特色和广泛的群众基础，深受藏族人民喜爱。传承至今，藏族聚居区的赛马节（会）被融入了新的文化内涵，已成为当地人文旅游、招商引资的重要平台。发展赛马会对继承和弘扬藏族优秀民族文化有着重要意义。

四、保护措施

2008年，“赛马会（当吉仁赛马会、玉树赛马会）”分别由西藏自治区拉萨市和青海省玉树藏族自治州申报，经国务院批准，被列入第二批国家级非物质文化遗产代表性项目名录。

工布毕秀

一、项目背景

1.1 流传区域

工布毕秀（也叫尖啸、工布响箭）是一种射出后可以发出悦耳声音的箭头。“毕秀”是这种响箭的象声词，主要流传于古工布地区（今林芝地区）的米林县和林芝县一带，原为藏族村寨自娱习俗，后逐渐发展成为工布地区一种特色民间体育运动项目。

1.2 族群简介

工布藏族主要在今天西藏的林芝，以工布江达、林芝为中心。“工布藏”为古时部族名，据《敦煌本吐蕃历史文书》记载，“赞普雅隆王系外，有十二小邦”，工布即为十二小邦之一。工布服在西藏服饰中独具一格，不论男女都爱穿这种称为“果秀”的长坎肩。这种服装无领无袖，套头穿着，多为黑色和紫色。前后两片衣襟通过腰带系在一起，再配上腰带和领口的精美装饰，夏天以氆氇缝制，冬天以毛皮缝制，十分适合在高山耸立、森林密布环境中生活的人穿着。工布帽是圆筒形的，帽底缝一层绿色的绸子，帽檐镶上一圈虹形彩缎，与“果秀”十分相配。

工布地区处于雅鲁藏布江中下游，海拔低，森林资源丰富，气候宜人，是西藏著名的旅游胜地。除藏族外，还生活着门巴、珞巴等十多个民族。在这片美丽富饶的土地上，民风古朴，民间工艺众多。

1.3 人文环境

林芝是西藏自治区下辖地级市，古称工布。“林芝”是藏文“尼池”或“娘池”音译而来，藏语意为“娘氏家庭的宝座”或“太阳的宝座”。林芝市位于西藏东南部，雅鲁藏布江中下游，其西部和西南部分别与拉萨市、山南市相连，西连那曲市嘉黎县、东接昌都市，南部部分区域与缅甸国接壤，平均海拔3 100米，辖区面积11.7万平方公里。下辖巴宜区、工布江达县、米林县、墨脱县、波密县、察隅县、朗县。林芝是一个以藏族为主体的多民族市，藏族人口占总人口的90%以上。

林芝境内有世界上最深的峡谷——雅鲁藏布江大峡谷和世界第三深度的峡谷——帕隆藏布大峡谷。林芝风景秀丽，很多地带被誉为“西藏江南”，有林芝桃花节，有丰富多彩的南伊沟等，还有被誉为“西藏西双版纳”的墨脱县和察隅县底部。工布毕秀和珞巴族服饰制作技艺被称为米林手艺的“双绝”。

二、场景内容

2.1 民俗背景

工布毕秀的制作技艺有1 000年左右的历史。关于工布毕秀的起源有多种传说：一说认为毕秀最早起源于后藏地区，称为“藏毕”，是由牛角制成，有三、四、五眼等规格的毕秀，其特点是质地坚硬、声音洪亮；另一说认为毕秀最早起源于工布王阿吉杰布时代，是战场上的通信工具之一，主要用于传递信息；还有一种传说与藏族人民对方位的理解有关。在藏族人民眼中，南方代表极乐世界，北方则代表妖魔鬼怪出没的地方，所以，射箭时人站在南方把箭射往北方，射出的箭发出的声音可以震慑北方的魔鬼，使其不敢前来，可保佑一方平安。毕秀是老百姓劳作之余的一项运动，遇到重大节日时，他们常着盛装，进行射箭比赛；米林县城、林芝镇等也经常可以看到玩毕秀的人。

2.2 表现形式

工布响箭（波密县供图）

响箭比赛场地为一块长37~40米、宽25~30米的空地。比赛射程30米，靶场空中悬吊20厘米见方的靶子，靶心是活动的可以脱落。传统习惯靶子设北朝南，箭手由南朝北射箭。这样的摆布既有民间传统习俗上的说法，也有风势方向上的科学道理。响箭的比赛形式既有团体赛，也有个人赛。比赛正式开始前，箭手和歌舞队要齐唱“工布箭歌”。比赛中，男女歌舞队不停地口唱箭歌，并且跳一种动作特别的“工布箭舞”。比赛时，首先箭手们横向排成“一”字形，然后，男女歌舞队分别排成纵向“一”字形（男右、女左）。每次比赛活动要进行10~15轮，每轮每人射两箭。第一轮从箭手排着横队的左边开始，第二轮从右边开始，依次类推至比赛结束。比赛时箭中靶心，只要“玛尔帝”（红心）脱落就得两分，黑圈脱落则得一分。一轮中两箭都射中则要加射一箭，如果再射中继续加射。

比赛记分方式既简单又公开，每一个箭手前的左边弓架放八颗圆形石子、得一分的箭手自己从左边的石子中拿一颗摆放在右边。在比赛期间除收箭人以外，任何人都不能在场地内随便走动和横穿。对比赛获胜者的奖励办法各种各样，一般以精神鼓励为主，物质奖励为辅。箭手射中靶子，众人便向他敬一杯酒，比赛获胜了献一条洁白的哈达，以呼欢声来祝贺，以歌声来赞扬。 参加比赛的选手，每人射两箭，中一箭，献哈达一条；中两箭，献哈达两条；两箭都失利者，罚酒一杯。

2.3 传承方式

林芝工布毕秀起源于古代军事需要和藏民对南北方位的认知。其后，其娱乐功能和健身功能逐渐代替军事功能，并在娱乐健身活动中代代相传。

“工布毕秀”代表性传承人
巴鲁（西藏林芝市人，区级非物质文化遗产代表性传承人）

三、社会影响

在西藏林芝地区，世代聚居着藏族、回族、珞巴族等十几个少数民族。他们智慧勤劳，留下了众多丰富多彩、极具特色的优秀传统文化。其中，林芝工布毕秀作为一种体育活动项目，深受各族群众喜爱。在林芝市的各区、县城镇乡村，经常可以看到玩毕秀的人。

四、保护措施

2007年，“工布毕秀” 由林芝市申报，经西藏自治区人民政府批准，被列入西藏第一批自治区级非物质文化遗产代表性项目名录。

强杆踏许

一、项目背景

1.1 流传区域

“强杆踏许”是一种在爬杆上做高难度表演的民间杂技。表演者由主、配角及七八名身强力壮的拉绳的男子组成。主角在爬杆上表演杂技，配角在杆下与主角对演逗趣的“阿古顿巴”。主要流行于日喀则市萨迦县一带。

1.2 人文环境

萨迦县隶属于西藏自治区日喀则市，地处西藏自治区南部、日喀则市中部、雅鲁藏布江南岸。东与日喀则市、白朗县接壤，南与定结、岗巴两县相连，西与拉孜、定日毗邻，北与谢通门隔江相望。萨迦县地势南北高，中部低，境内最高峰海拔6 092米。有冲曲河、夏布曲河等河流。总面积7 510平方公里，县辖2个镇、9个乡、130行政村，总人口为47 304人（2010年），藏族人口比重为99.10%。

境内有萨迦寺、白玛曲林、超浦、举巴、康坚、仁钦岗寺等各教派的寺庙。代表性乐舞“萨迦索”是一种流行于当地的民间歌舞，起源于元朝八思巴时期，距今已有700多年的历史。

扯休乡1962年1月从日喀则市（今桑珠孜区）划归萨迦县，位于县境东北部，距县府99公里，是以农为主的半农半牧乡，种植青稞、油菜、小麦、豌豆等，牧养绵羊、山羊、牦牛、黄牛等。

二、场景内容

2.1 民俗背景

在西藏民主改革前，“强杆踏许”表演活动是西藏噶厦政府对后藏地区民众每年所规定的一种差役。当时表演的是高空滑绳，表演者往往要冒极大的生命危险。后来将绳技改成杆技活动，这种活动逐渐演变成民间的一种杂技表演，延续至今。

2.2 表现形式

强杆踏许表演者最重要的两点就是要胆大、心细。胆大，才敢在10米的高空表演旋转、翻筋斗、倒立等高难度动作；心细，才能在毫无保护措施的情况下，全身而退。强杆踏许表演非常惊险，表演中的语言诙谐幽默。与其他民族杂技艺术不同的是，强杆踏许的表演过程中始终伴随着说唱词，而且唱词内容紧扣表演的各个阶段与题材内容。

强杆踏许表演最重要的一个工具叫“达吾”，是一段一米多高、直径约二三十厘米的木头，一端嵌入一根约1米长的细钢钎（藏语称“甲顶”），并在钢钎和木头的衔接处绑上一块椭圆形木板（藏语称“巴吾”），供表演者站立或坐在上面。表演时，将“达吾”紧绑在一根6~10米长的松木杆上，杆子直竖在平地上，用3根绳子系在杆顶作为拉线，往外拉直并且打桩固定；然后用另一根绳子作为表演者爬杆的攀爬工具，这根绳子由六七个壮汉用力拉直。表演者爬杆之前，要遥拜各种神圣尊者，大声念经祈祷；并在爬杆中途，扬撒糌粑以作为祭神的供品，祈求神灵保佑。然后沿绳攀爬往上，其间表演爬上爬下的各种技巧。表演者爬上杆顶之后，半蹲站在木板“巴吾”上，双掌合拢三次致意；然后在腰间绑上“丹东”，趴在钢钎上旋转三圈。“丹东”是一个方盒子，以木头作为骨架，中间嵌入一段比钢纤稍粗的钢管（钢管里端封闭），最外层包裹牛皮，并固定用于捆绑的牛皮绳。旋转时，将“丹东”的钢管对准钢钎插入，以钢纤为轴进行旋转。由于钢纤顶端较细，旋转时很难掌握平衡，因此难度和危险性都很大。

2.3 传承方式

其特殊技能非一般人可以自习，主要方式为师徒传承。

“强杆踏许”代表性传承人
巴桑（日喀则市萨迦县扯休乡人，非物质文化遗产代表性传承人）
格桑（日喀则市萨迦县扯休乡人，非物质文化遗产代表性传承人）
扎西（日喀则市萨迦县扯休乡人，非物质文化遗产代表性传承人）

三、社会影响

强杆踏许整个表演充满刺激和趣味，是群众喜闻乐见，技巧性与娱乐性高度统一的杂技表演，在当地具有一定的影响力。

四、保护措施

2013年，“强杆踏许”由日喀则市萨迦县申报，经西藏自治区人民政府批准，被列入西藏第四批自治区级非物质文化遗产代表性项目名录。

古姆游戏

一、项目背景

1.1　流传区域

“古姆”是藏语，“古”意为卦算，“古姆”意为卦算游戏。其方式是参加游戏的人，每人拿出两件自己的心爱之物，如戒指、发卡等，一件代表自己，另一件代表自己的心上人，将所有物品集中交予一人。在大家演唱前，保管物品的人便从众人的心爱之物中任意取出一件，握在手上，不能出示于人；待大家唱完之后再当众出示，看是谁的东西，并认定刚才大家所唱歌词内容就是物主的命运。古姆游戏在昌都城乡及广大藏族聚居区都有流传。

1.2　人文环境

昌都市是中华人民共和国西藏自治区所辖七个地区（地级市）之一，地处横断山脉和三江（金沙江、澜沧江、怒江）流域，位于西藏东部，处在西藏与四川、青海、云南交界的咽喉部位，是川藏公路和滇藏公路的必经之地，也是“茶马古道”的要地。以昌都为中心，东与四川省相望，东南面与云南省接壤，西南面与西藏林芝市毗邻，西北与西藏那曲地区相连，北面与青海省交界，西望西藏自治区首府拉萨，处在商贸往来的枢纽地位，素有“藏东明珠”的美称。

截至2014年11月，昌都市辖原昌都地区的江达县、贡觉县、类乌齐县、丁青县、察雅县、八宿县、左贡县、芒康县、洛隆县、边坝县和新设立的卡若区。即一个区十个县，包括24个镇，118个乡。总人口71.53万，藏族占总人口的95%以上。

昌都是康巴地区的中心，是康巴文化的发祥地，这里的藏族常以“康巴人”“康巴汉子”称谓。由于居住地域和社会交往的因素，昌都逐渐形成了既有多方位、多民族文化复合，又有独特个性和凝重宗教色彩，具有丰富内涵和底蕴的康巴文化，并在语言、服饰、宗教、民俗、民居建筑、民间文化等方面，都有着明显区别于其他藏族地域的特殊文化表现。

二、场景内容

2.1 民俗场景

“古姆”不受特殊场景所限，是节庆、婚宴、农闲、男女青年聚会时常见的一种娱乐方式。

2.2 表现形式

“古姆”歌词一般风趣幽默、生动诙谐，人们常常以此取乐，相互善意嘲弄却真诚祝福，在欢笑声中不断交流感情，建立友谊。游戏轮流进行，意尽为止。此种游戏集歌唱、娱乐为一体，充分体现出了藏族人民乐观向上的生活态度。游戏的歌谣节奏多半是二与三的混合拍子，歌词比较固定，多为六言四句；内容主要是男女情爱、家长里短、民俗乡风之类，一般不在家人和长辈面前演唱。歌词如：

“羊卓雍措湖水，波光粼粼闪烁，看见湖水摇动，想起心上哥哥（妹妹），我的心儿跳动，快快到你身边。”

“河那边柳树随风飘曳，河这边柳树随风飘曳，要飘咱们一起舞动，不飘各走各的路。”

2.3 传承方式

在游戏中互教互学，以老带新，世代传承。

三、价值意义

深受年轻人喜爱，是休闲娱乐、联络感情、增加友谊的游艺民俗活动。

四、保护措施

2009年，“古姆游戏”由昌都市申报，经西藏自治区人民政府批准，被列入西藏第三批自治区级非物质文化遗产代表性项目名录。

藏族骰子游戏

一、项目背景

骰子游戏作为藏族传统的民间娱乐游戏之一，在藏族人民的日常生活当中扮演着不可忽视的角色。它既是一个较量人们之间智慧的竞技活动，也是一个消遣寻乐的娱乐活动。由于骰子游戏适合藏民族的生存环境、地理条件和生活习俗，因此具有广泛的群众性，至今在藏族的各个角落都散发着它特有的魅力。

二、场景内容

2.1 民俗渊源

藏族骰子游戏历史源远流长，寻根溯源，还得从骰子说起。据文献记载，骰子在上千年前已经在青藏高原上出现，在远古时期藏族先祖把骰子作为打卦的卜辞。从敦煌文献等资料来看，藏族的占卜形式十分丰富，计有鸟卜、骰子卜、羊骨卜、梦卜、水卜等，这些卜术大多为原始文化之遗存，有些是进入阶级社会后，依据原始思想发展、创造、变通而来的。

在苯教经典《猫九眼》中记载：苯教祖师辛饶米沃且和恭孜两人相遇时，谈到了当时人们用华丽的垫子和精制的骰子来算卦的方式。这些文献记录说明了骰子在2 000年以前就在青藏高原存在，与当时盛行的西藏苯教信仰有着千丝万缕的联系，骰子仅仅作为一种打卦的工具，还没有成为民间娱乐活动。

公元6世纪时期，吐蕃王朝逐渐强大，当时用骰子进行占卜打卦已十分盛行。在新疆若羌地区出土的吐蕃文物中发现了骰子，其形制与现在的骰子完全一样。自佛教传入后，苯教势力日渐衰落，佛苯两教之间的矛盾日益激化，最后导致吐蕃王朝的彻底崩溃，藏族历史也进入了分裂割据时代，盛行于吐蕃王朝上层阶级的诸多文化习俗向底层民众流传，骰子开始走向民间。

2.2 表现形式

骰子游戏的基本规则简单明了，一般有2人、3人、4人、6人局之分， 4人和6人局是二人为一组对峙。开始时，每人（每组）手持九枚筹码，上午必须由年岁最大的开始掷骰子，下午由年岁最小的开始掷骰子。按顺时针方向掷骰子。游戏开始后按照骰子点数摆放的第一个筹码，规定为放两枚，如果掷出的点数为2、3或12，则可以放三枚。这一开头的筹码叫作母筹码，从第二次起只能下一枚筹码，这种单放的筹码称为子筹码。

游戏过程中，当掷出的点数与自家原先摆放筹码所处的点数吻合时，可以从手中的筹码在自家筹码上另加一枚，凡点数与自家的筹码之间的点数相同，可以合并。玩家筹码间可以互相拼杀，其条件为以多吃少、等数互吃。不管是合并、上加或吃对家的筹码，都有再次掷骰的权利。此外，当自家的筹码数目比对方少，而且刚好掷到对家筹码所处的点数上时，只能停留在原位，按兵不动。当一家的筹码被对家吃光时，只要这一家掷出九点（必须是6+3点），那么将手中的九枚筹码全部放在九点上，与对家继续游戏。另外，当玩家掷出2点时，可以在2点上放2枚筹码。如果2点上已有自己的筹码，可以直接加上多于原有筹码一枚的筹码，比如原有2枚筹码，则可以再加3枚；如果2点上有对家的筹码，则可以吃对家的筹码，而且在2点上放比对家原有筹码多一枚的筹码，然后让对家继续掷骰子。如果玩家掷出2点后，不想直接放筹码或吃对家的筹码，则可以再掷一次，然后可以将掷出的点数与2点同时运用。

骰子游戏中分晓胜负的主要形式有：①玩家中谁先将自己的筹码过关斩将，走完64颗小子者为胜者，特别是将九枚筹码集合在一起后，成功过关是最佳的胜利方式；②当母筹码摆放后，玩家此后掷出的点数都打在对家母筹码的位置上时，只能把自己的母筹码往前挪位，这样一直把母筹码走完局点时也算是赢得胜利；③在游戏过程中，当一个玩家掷出2点时，他就可以继续掷骰。如果连续三次掷出2点，赢得胜利；④当玩家掷出两颗骰子上下叠起的特殊点数时，只要能够及时、完整地诵出针对这一情况的专用骰词，则不仅赢得该局胜利，连整套玩具都归为己有，并且将这种现象视为最吉祥。

虽然各地方有不同的游戏规则，但基本游戏规则大同小异。

骰子游戏的相关器具有：①一对骰子。骰子一般为骨质品，但也有用塑料等比较坚硬的材料来制作的，象牙制作的骰子视为上等。骰子为六面正方体，每面有1~6个点，其中一和四的点数通常用红色，其余为蓝色或黑色。②骰碗。骰碗是掷骰子时最重要的器具之一，一般采用优质木料做成。此外，在骰碗底部的中央打一个小孔，以免在掷骰子时空气积压而破裂。③骰盘。骰盘多为圆形皮制软垫，直径约为20厘米，高度约为3厘米，表面平整光滑。④筹码。一般用相同形状和颜色的古币、小木棍或铁丝制作，每组9枚，各组所持的筹码必须有明显的区别，以便摆放时区分。⑤小子。用来计数，一般用海贝、豆粒或小石子，其中以海贝为最好，标准数量为64颗。⑥骰垫。用表面光滑的布料、氆氇或皮革做成，面积约1平方米。

2.3 传承方式

民间游戏，代代相袭。

三、价值意义

骰子游戏作为藏族传统的民间娱乐游戏之一，既是人与人之间智慧、耐心和运气的较量，也是一种消遣娱乐活动。它实际上是人们趋利避害、祈求好运的一种心里寄托。由于藏族聚居区较为特殊的生存环境、地理条件和生活习俗，因此具有广泛的群众性。

四、保护措施

2009年，“藏族骰子游戏”由西藏自治区文化馆申报，经西藏自治区人民政府批准，被列入西藏第三批自治区级非物质文化遗产代表性项目名录。